本书是国家哲学社会科学基金项目：《慈善捐赠人权利研究》（项目编号：12CFXO27）与聊城大学十二五重点学科建设项目：《慈善法研究》之阶段性成果。

非政府组织行为准则译汇

A COLLECTION OF
CODES OF CONDUCT
CONCERNING
NONGOVERNMENTAL
ORGANIZATIONS

刘海江　编译

中国政法大学出版社

2014 · 北京

图书在版编目（ＣＩＰ）数据

非政府组织行为准则译汇 / 刘海江编译.— 北京 :中国政法大学出版社，
2014.3
ISBN 978-7-5620-5292-0

Ⅰ. ①非… Ⅱ. ①刘… Ⅲ. ①非政府组织－组织行为－行为规范－汇编－
世界 Ⅳ. ①D564

中国版本图书馆CIP数据核字(2014)第033914号

出　版　者	中国政法大学出版社
地　　　址	北京市海淀区西土城路 25 号
邮寄地址	北京 100088 信箱 8034 分箱　邮编 100088
网　　　址	http://www.cuplpress.com（网络实名：中国政法大学出版社）
电　　　话	010-58908586(编辑部)　58908334(邮购部)
编辑邮箱	zhengfadch@126.com
承　　　印	固安华明印刷厂
开　　　本	720mm×960mm　　1/16
印　　　张	20.625
字　　　数	335 千字
版　　　次	2014 年 3 月第 1 版
印　　　次	2014 年 3 月第 1 次印刷
定　　　价	59.00 元

序

‖‖
Preface

在国内法看来，非政府组织是由民间资本和人士组成的不以营利为目的的社会团体；从国际法观察，非政府组织则主要指不是根据政府间协议建立的国际组织。总的来说，在性质、地位以及功能上，这类组织既区别于政府组织，也不同于企业组织，非政府性、非营利性是它们最主要的特点。

可以说，无论是国内法上的非政府组织，还是国际法上的非政府组织，均有着较悠久的历史，它几乎是国家的伴生物。在国家经济社会调节职能充分显现的垄断资本主义时代之前，非政府组织，尤其是公益性非政府组织在经济和社会生活中发挥着十分重要的作用，在某国家或者某些国家的特定历史时期，它们甚至是社会公共物品最主要的提供者。历史发展到福利国家时代，尽管政府承担了社会公共物品供给的主要责任，但非政府组织在社会公共物品的提供中从来也不是微不足道的。逮至上个世纪50年代以后特别是70年代以来，伴随着国家职能的深入调整、国内外社会问题的不断爆发以及可持续发展理念的喷薄而出，非政府组织在国内和国际社会中的地位和作用骤然上升。这些组织对于社会福利、环境、文化、教育、卫生保健、科学、技术、人道主义、人权乃至国际经济等问题关注的频度和烈度空前未有。

因而，加强对非政府组织问题的研究，遂成为当代学者对时代命题的重要责任，更是正处于转型时期作为发展中国家的中国法学学者不可推卸的神圣使命。受制于我国政治、经济、文化、社会、生态等领域的体制特点、改革取向，非政府组织在中国一直主要生长于经济、政治体制改革的配套措施之中。因而中国的法学研究，长期以来主要集中对政府组织和企业组织的研究，而对于第三部门的重要主体——非政府组织，则鲜有人关注。然而，在社会主义和谐社会、小康社会乃至科学发展观等社会建设和生态建设不断被推进的背景下，非政府组织研究已迈开跬步。国际法学者从国际非政府组织的性质、地位、作用及其规制等多方面对该问题展开探讨，如武汉大学的黄志雄教授、吉林大学王彦志副教授、年轻学者谢晓庆等都有精彩的论作面世。民商法、宪法行政法学界，则从这类组织的私法和公法规制方面，做了较多的研究，也成绩斐然。从而，非政府组织、非营利组织、慈善组织等领域的研究在当代法学研究百花园中正在绽放并吐露芬芳。

但总的来说，我国学者对于这一课题的研究，还显稚嫩。特别是在有关非政府组织行为准则规制方面，明显缺乏实践经验和研究经验。因而加强对于其他国家非政府组织行为准则研究正是作为转型国家学者开展研究的优先路径。为此，聊城大学慈善法研究院，在2011年曾经组织刘海江博士等人，翻译了英美等几个国家的慈善组织行为规则，在学界产生了较好的影响。今天，刘海江博士，充分结合并发挥自己的英语基础和法学优势，满怀热情遨游于枯燥条文，阅外览中，咬文嚼字，历经两年艰辛，翻译完成《非政府组织行为准则译汇》这部译著，铸成了非政府组织研究的又一重要成果，也标志着他个人对非政府组织问题的研究迈上了一个新的台阶。

该译著致力于世界范围内各种非政府组织行为准则的辨别整理，对38部国内、国际以及地区的有关非政府组织行为准则实施译介，内容涉及到非政府组织行为准则的定义、行为准则的类型、行为准则的目标、行为准则的内容及其适用等。该译汇可使读者较为详细和直接地了解世界上不同国家、国际以及区域是怎样通过对非政府组织的设立条件、基本使命、内部治理、人力资源管理、资财筹集和使用等行为的规范，提出非政府组织运作需遵守的行为准则和道德准则，从而为增强非政府组织的问责性、透明性起到非常好的作用。在不断推进法治中国建设的今天，该译汇必将为我国正在起草和论证的慈善法提供十分重要的规范模版，从而促进我国慈善事业立法；该译汇还对于其他社会组织立法，提供十分有益的条文参考，从而提高我国第三部门立法水平；该译汇也必将推动国际和区域的非政府组织立法质量的提升。难能可贵的是，该译汇还是非政府组织、慈善组织的学习者、研究者绕不开的学习研究资料和工具书，从而为该领域的学习、研究奠定了不可替代的基础。

　　昨夜西风凋碧树，独上高楼，望尽天涯路。今日东风催暖花，路在脚下，已挂云帆图。衷心希望海江博士在非政府组织、慈善组织法制研究方面，再展万仞之雄才，为世人贡献更多的智慧成果。

杨道波
2014 年春月于聊城大学

目 录

⊙ 国内非政府组织行为准则 ⊙

⊙ 区域内非政府组织行为准则 ⊙

⊙ 国际非政府组织行为准则 ⊙

国内非政府组织行为准则

埃塞俄比亚非政府组织行为准则

‖‖

　　我们现在的很多非政府组织在埃塞俄比亚开始行为已经几乎 30 年了。在国家和国际层面上起领导作用的非政府组织在缓解 1973～1974 及 1984～1985 年的干旱时已经开始进行工作。但是，他们对紧急事件的应对和救济活动开始逐渐消退，这已经成了在重置和发展区域的一个重要挑战。

　　从紧急事项救助到可持续发展对埃塞俄比亚有很深的意义，应该被谨慎、透明及符合问责性的处理。在倡议性活动、人权和公民教育领域，越来越多的非政府组织进行了参与。非政府组织已经作为重要发展伙伴而出现，他们需要被告知他们所代表的利益，他们的政策、成就和将来他们打算怎么做。

　　非政府组织的网络状工作、协调和理解组织，在过去有很少一部分理想和独立的提议被用来检查俄塞俄比亚非政府组织的角色和关系。这些提议包括：

　　·埃塞俄比亚志愿组织联盟的工作；

　　·在日益出现的埃塞俄比亚公民社会的过程中非洲集团所进行的有关非政府组织角色的一系列专题论坛；

　　·基督教救援及发展协会进行的有关约束非政府组织的原则和法律的专题论坛。

　　上述这些机制讨论了管理非政府组织、志愿问题及非政府组织行为准则所需要的基本原则。1997 年 3 月 14 日，几个伞式组织的成员（基督教救援及发展协会、埃塞俄比亚志愿组织联盟、埃塞俄比亚参与发展协会及埃塞俄比亚计划生育非政府组织联盟）共同指派了"临时非政府组织咨商工作小组"，该小组由每个伞式组织的代表和两个志愿组织，即 IAG，PACT 组成，通过与非政府组织社区的一系列咨商并且采用前述提议的意见，通过了非政府组织行为准则草案。基督教救援及发展协会作为该小组的秘书处。

小组在其规律会议上检查在本领域内的一系列工作和其他国家非政府组织社团的采用情况。它设计了埃塞俄比亚非政府组织行为准则的第一个草案，并且在 1998 年 2 月和 9 月召开的两次国家咨商会议上被审查和进一步发展。在 9 月的会议上，由超过 200 个非政府组织代表参加，并且通过了该自我约束机制的最终文本。

行为准则第一次为原来没有受到约束的活动提供了标准。它将会鼓励非政府组织更有效的工作方式和增强非政府组织部门、政府和私人部门之间的关系。它最终会为所有的部门、及对埃塞俄比亚的可持续发展和人民的生活环境做出贡献。

■ 序言

在埃塞俄比亚行为的非政府组织承诺促进人类的发展，包括提高人类生活质量及关注社会公众，尤其是关注残疾及被边缘化群体的利益。因此应用及实施行为准则对非政府组织部门是非常重要的，不但反映了其自身核心价值目标，保证遵守该准则，而且保证促进政府、广大公众和其他合作方之间的有效协调和合作关系。

《埃塞俄比亚联邦宪法》第 31 条保证了集会的权利并且已经建立了使非政府组织有效合作及规划和实施行为准则的环境。因此，在埃塞俄比亚经过正当程序认证的非政府组织代表应该自愿加入该行为准则并且承诺我们的组织应该遵守该框架设定的规则和标准。

■ 出处

本文中所有的参考都来自于 1998 年埃塞俄比亚非政府组织行为准则。

■ 定义

1. 行为准则是指为非政府组织的行为标准设定的一系列规章、原则和价值目标。其承认非政府组织是参与促进社会公正和发展的志愿性、非营利性、非自我服务性、非政府性、非党派性的独立组织或协会。非政府组织既可以是国内组织又可以是国际组织，并且长期以信仰为基础。

在本定义中限定的志愿性是指非政府组织及社区合作者的自由意志。虽然非营利性意为不是为了个人所得或者利益，但是也可以有单纯为了公共利益而对职员支付报酬和产生收益的情况。非党派性和独立性是指非政府组织在遵守其使命、尊重社区价值、义务和其责任时受其创立者的控制和引导。

埃塞俄比亚非政府组织行为准则（以下称准则）分为两个部分，包括行为标准和准则的遵守。行为标准是指在按照行为准则的实施标准进行遵守行为准则时必须要遵守的原则。

2. "签署者"是指签署和接受该行为准则经公认代表的非政府组织。

3. "我们"是指签署该行为准则的所有非政府组织。

4. "公民社会"是指不是公共和商业部门的正式和非正式团体及协会。

■ 行为准则的目的

本行为准则会：

·通过志愿自我约束在非政府组织的行为中保证透明和问责；

·通过帮助非政府组织采用行为的高标准和制定有效的决策程序提高非政府组织提供服务的质量；

·增强非政府组织社区和各种利益相关者之间的交流；

·鼓励在成员之间进行经验的交流和学习已被证明是，提高非政府组织社区执行力的最好实践。行为标准应指签署者行为和工作的方式。

行为准则应该被非政府组织、政府机构、捐赠者、目标社区和广大公众作为参考和指南使用。

■ 非政府组织的使命

作为在埃塞俄比亚行为的非政府组织，我们的一般使命是提高和促进社会公益、残疾和易受伤害群体的生活质量及对后代生活环境的正确管理。为了实现该使命，非政府组织应该提高建设社区能力、为可持续发展提供服务。他们也应该与其他非政府组织、政府、捐赠者、社区合作者和公众寻求合作进行工作。

I 行为标准

1. 以人为本

1.1 我们把我们的努力作为人们和社区自行解决问题的方式。我们鼓励和促进自我依赖的发展、并促进人们全面参与影响他们生活决定的权利。

1.2 我们要尊重我们工作社区的目标和我们社区合作者为他们自己确定的优先权。

1.3 我们应最大限度的使我们目标社区所有的男人、女人、年轻人和儿童参与进来，使他们为计划和项目的观念、实施和评估负责。

1.4 我们应尊重土著知识，个人的尊严和身份，他们的文化、信仰和价值目标。但是我们不会支持伤害自然人或社区的传统实践。

1.5 我们的项目设计会把人们的需要、环境和国家的福利考虑在内。

1.6 我们的项目应该在平等实践和使所有相关的人共同参与的基础上进行计划、设计、实施、监督和评估。

1.7 我们应遵守在我们组织和我们目标社区内部有效的分配资源原则。

1.8 我们应尊重和坚持国际所承认的人权。

2. 公平和公正

2.1 我们应该在我们所有的活动中以及与利益方、社区合作者和大众进行交易的时候促进公平和公正。

3. 道德整体性

3.1 我们应对我们所有的活动保持信任，并且杜绝降低我们组织道德整体性的实践。

3.2 我们应按照实现我们使命和策略目标的目的使用所有的资源和我们组织得到的特权。

3.3 我们应该以与我们的使命、目标和能力相符以及不能降低我们独立和身份的方式接受资金和捐赠物。

4. 透明和问责

4.1 我们应该保持我们与政府、社区合作者、公众、捐赠者和其他利益相关者之间的所有交易报酬透明和问责。我们应利用所有可得的机会向公众通知我们的工作、我们资源的来源和使用。

4.2 我们应向所有的相关机构制作和提交周期性审计、财务和活动报告。

4.3 我们应该与埃塞俄比亚宪法、法律、政府的原则和规章制度保持一致，并且在需要的时候，为上述法律规章制度作出变化。

4.4 为了管理我们的账户，我们应该制定和执行可行的财务政策和体系。

4.5 我们应该对所有的有关集资、使用和管理资金的事项保持信任和诚实。

4.6 我们应该保持由独立审计公司进行和维持年度财务审计，并且向公众通报。所有的财务陈述应该按照相关利益群体的要求使其知晓。

4.7 我们应该具有一套可行的财务和会计体系，能够按照既定的目的使用资源。

5. 善治

5.1 我们应该有书面章程或者协会的备忘录来明确规定我们的使命、我们的活动目标和组织机构。

5.2 我们应具有强调下列承诺平等的书面政策：我们的雇佣政策、职员的升职和董事会的组成。

5.3 我们所有的组织交易应该没有个人和职业利益冲突。

5.4 除了在服务过程中所发生的必要花费之外，管理机构的服务应该被自由和志愿的给予。

6. 独立

6.1 我们的活动和实践应该促进我们目标人口和部门的利益。

6.2 虽然我们应一直尊重社区价值和传统，但我们也应努力的实现我们的自治和抵制会损害我们使命和原则的条件限制。

7. 交流和协调

7.1 我们应促进实现我们组织和目标人口最大目的的合作和协调关系的氛围。

7.2 我们在我们部门内外应该促进和谐、协调和团队精神。

7.3 我们在部门内外，在促进学习和共同谅解的基础上对有关我们使命的信息、经验和资源进行分享和互换。

8. 性别平等

8.1 我们应寻求促进性别平衡和平等，努力保证在我们所有的发展活动中妇女的平等参与。

8.2 我们应该完全地把性别意识纳入到我们人力资源的发展中，并且促进非歧视的工作实践和关系。

8.3 我们应该努力促进总部和其他领域、董事会、以及建议群体在高级决策过程中增加妇女参与的数量。

8.4 我们的政策和程序应该保证在招募、雇佣、培训、职业发展和进步中促进性别平等。

9. 环境意识

9.1 我们应该采用对环境负责任的工作方法并在我们所有的活动中对生态环境实行正确管理。

10. 可持续发展

10.1 我们所有的项目应该在与我们社区和其他利益群体全面协商的基础上作出。目标群体和政府机构进行的活动计划应该在促进可持续发展的基础上被设计和促进。

10.2 我们应该在对我们社区和我们社区伙伴自我依赖的基础上进行行为。

11. 影响

11.1 为了实现它们的相关性和效率，我们应该为我们的项目或者计划形成和促进清楚的、可测量的影响指标。

11.2 我们为了实现活动的目的、增强长期或短期目标的执行力，我们应该形成各种各样的监督和评估工具。

11.3 我们应该把我们活动获得的所有的评估方式使公众知晓。

11.4 我们应该为我们的内部或外部的评估实施正确的机制。

Ⅱ. 准则的遵守

1. 设立

下列机构是为了保证本行为准则的遵守而设立：

1.1 大会。

1.2 行为准则遵守委员会。

2. 大会

2.1 准则的所有签署者应该设立大会，作为行为准则遵守机制的最高机构。

2.2 大会的一半成员应由具备投票权的法定人数组成。

2.3 大会应该分配其代表和他们从公民社会选定的代表组成行为准则遵守委员会——该机制是为了保证行为准则标准的遵守。

2.4 大会应审查和决定所有的呼吁。

2.5 大会应该由签署者评定对行为准则标准遵守的情况。

2.6 大会应该为行为准则遵守委员会的公民社会代表规定和实施详细的标准。它也为公民社会代表提供使命、义务和职责。

2.7 当认为需要的时候并且得到大会的同意之后，委员会可以设置秘书处。

2.8 大会每年应该召开一次常规会议，并且在三分之一签署者、行为准则委员或者秘书处号召的情况下召开特别会议。

3. 行为准则遵守委员会

3.1 程序。

3.1.1. 行为准则遵守委员会（以下简称委员会）应该包括 5 个从大会选举的成员和公民社会的两个代表成员。

3.1.2 委员会应该指定或者解雇秘书。

3.1.3. 委员会应该每季度会面一次，并且审查由个人或者团体向委员会秘书处陈诉的争端。

3.2 委员会的秘书处应该：

3.2.1 当行为准则的签署组织被诉违反了行为准则的标准时，要求该签署组织提供一份详细的书面报告。

3.2.2 保证签署组织接受对其提起的违反申诉的副本。

3.2.3 作为委员会的注册处。

3.2.4 在部门内部表达明确的参与意愿并且为准则的高道德行为标准作出贡献。

3.3 委员会应向大会负责，并且应监督、促进和维护准则的遵守，并且在遵守过程中为签署组织进行指导。

3.4 秘书处应该向行为准则遵守委员会报告。

4. 委员会的组成

4.1 委员会应有 7 名成员。其中应包括 5 名签署组织的代表和 2 名来自公民社会的代表。

4.2 签署组织应该通过简单多数的原则任命和选择行为准则遵守委员会的成员，并且应任命主席。

4.3 委员会应该选出两名后备成员，以代替因失去能力、死亡或者辞职的成员。

4.4 委员会成员的任期应该为 2 年，每个成员最多可以连任 3 期。

5. 委员会的职能

5.1 委员会应该作为行为准则的维护者。

5.2 委员会应该保证公众、政府、捐赠者、非政府组织部门自身及社区组织之间的谅解、信任和合作。

5.3 委员会应促进和维持行为准则的遵守。

5.4 委员会应该受理和决定由签署者成员、政府、捐赠者、社区合作者、公众和其它非政府组织提及的针对行为准则不遵守的控诉。

5.6 委员会应决定其自己的工作程序和制度并且为委员会指派秘书。

5.7 委员会应审查对行为准则的重大违反。

5.8 委员会应该对签署组织之间对行为准则的遵守保持警觉。

6. 控诉

6.1 任何人或者群体可以向委员会的秘书提起控诉。

6.2 书面控诉应该包括：

6.2.1 控诉者的名字和地址。

6.2.2 被提起控诉的非政府组织或者行政人员的名字和地址。

6.2.3 违反行为准则的具体事项。

6.2.4 当可能的时候，对违反行为准则行为的参考。

6.3 秘书处应该在确定控诉满足 6.1、6.2 的条件后公开该档案。

7. 委员会的管辖

7.1 委员会应该听取和决定任何签署组织或者其他为签署组织或者代表签署组织而行为的人或者群体违反行为准则的所有事项。

7.2 当按照第 6 条所提及的控诉完成后，委员会可以决定其没有违反行为准则或者通知控诉所指向的签署组织或者职员。

7.3 在对行为准则重大违反的事项中，委员会：

7.3.1 应该召开由被控诉人、提起控诉的签署组织、机构的职员和个人参加的会议来讨论案例。

7.3.2 应要求任何的签署组织或者职员提供有关讨论案件的证据。

7.4 当委员会发现签署组织或者其职员违反了行为准则，其应采取以下一项或者多项措施：

· 提供遵守的必要教育；

· 要求另一个签署组织帮助教育进程；

· 建议违反行为准则的签署组织辞去对该违反行为直接负责的非政府组织的办公人员或者雇员；

· 训诫签署组织；

· 建议大会中止或者终止违反行为准则签署组织的成员资格。

8. 上诉

8.1 受害方可以在接到委员会决定副本之日起两周之内向大会提起上诉。

8.2 对于超出上诉期限的上诉只有在上诉人能够解释迟延的原因之后才能被受理。

8.3 大会可以在考虑委员会的决定、上诉备忘录以及可以得到的证据之后：

8.3.1 要求委员会重新考虑该案件。

8.3.2 维持、或者更改决定。

9. 委员会成员的回避

9.1 委员会的成员当对提交给委员会的案件有利益的时候，其应回避，不能参加决策的制定过程。

10. 使用的范围

10.1 行为准则的标准应该适用于所有符合本行为准则中非政府组织的定义以及在埃塞俄比亚行为的非政府组织的所有签署者。

10.2 行为准则的标准应该适用于已经同意遵守该行为准则的为或者代表非政府组织行为的所有办公人员和职员。

11. 行为准则的遵守

11.1 所有的签署者、所有的为或者代表签署组织行为的个人或者群体应该尊重和坚持行为准则的标准。

11.2 为了实现该目的，每个签署组织应该保证其所有的办公人员和职员应充分的熟悉行为准则的标准并且使用该标准。

12. 行为准则的修改

行为准则的修改需要签署组织代表的三分之二同意之后方可进行。

1999 年 3 月签署于埃塞俄比亚首都亚的斯亚贝巴

爱沙尼亚非营利组织道德准则

‖‖

 非营利组织尊重正直、平等、尊严、开放、团结、协调、多样化和责任，并且他们在尊重这些价值的基础上进行工作。他们的合作建立在善意合作、共同尊重和承认的基础上。对安全的发展和建立平衡与关爱的社会做出贡献是非政府组织的责任。为了做到这一点，非政府组织如今的行为是受到爱沙尼亚共和国法律的指引。行为准则为非政府组织的行为提供了原则，将会增加对非政府组织和社会非营利部门的依赖度。

■ 非政府组织道德运作的原则

民主治理

 1. 非政府组织应该具备明确和易理解的使命。为了实现其使命，非政府组织应该受到其章程、内部文件和运作标准的指引。

 2. 非政府组织表达和代表人民利益和需求的多样化。非政府组织通过公民教育、参与民主、倡议和其他的形式使人民参与到公民社会的发展中。

 3. 非政府组织作为社会成员的志愿协会，尊重其成员、保证组织的民主治理、保证组织的管理机构和雇员对他们的错误行为负责并作出回应。

 4. 非政府组织考虑到人民的参与和志愿工作作为公民社会的基础，尊重国民和他们的志愿工作。

 5. 非政府组织为了实现其工作的最好结果，应该持续不断的追求有技能的行为、职业化和保护。

 6. 主要是从支持者和捐赠者手中获得资金，非政府组织应该按照既定目的有效地使用资金。

公民勇气和护理

7. 非政府组织在与社会不公正作斗争时展现公民勇气。

8. 当在立法中发现对社会正义原则的不适当运用和不尊重时，非政府组织应努力地工作以修改该法律。

9. 非政府组织不能使用或者宣称使用武力表达其意见、实现其目标和获得公众的注意。

在使用资金和资源中的可持续性和谨慎

10. 在寻求实现其目标时，非政府组织应该以可持续性和谨慎的态度使用自然、人力和知识产权资源、物质和财务资源，要考虑到当代和后代的需要。

11. 非政府组织在自己能力范围内同时作为申请者和捐赠者，要遵守普遍接受的资金原则，使用公正和透明的预算和避免资金的重复。

责任和问责

12. 非政府组织应该对其活动负责，并且对组织设立者、成员、利益相关者、支持者、捐赠者和大众负责。

13. 非政府组织应该考虑重要的准备为其活动负责、实现职业管理、内部问责和追求使用普遍接受的会计原则。

14. 非政府组织应该至少每年一次披露其活动和财务的报告。

开放和透明

15. 有关其使命、成员、活动和非政府组织资金的信息必须是公开和易于理解的，其活动必须是透明的。

16. 非政府组织应该以公开和直接的方式与所有的利益相关方进行交流，不能匿名进行行为。

独立和避免利益冲突

17. 非政府组织应该独立地设置其目标、决定和活动，禁止导致丧失其独立性、自治和为公共利益而活动的能力，不受政治团体、公共机构或者公司的控制。

18. 非政府组织和涉及到的个人应避免进入利益冲突。在发生利益冲突的情况下应该采用必要的措施减少这种利益冲突。

19. 非政府组织只能在对实现其目标和对组织的独立和自我控制不产生冲突的情况下与政府、政府间机构和营利组织签署合伙协议。

尊重承诺和承认主意的作者身份

20. 非政府组织应该尊重所有的书写合同和口头协议。

21. 非政府组织应该尊重其他组织的主意和计划的作者身份和所有权。

忍受

22. 非政府组织承认思想方式、组织和他们目标的多样性。

23. 在保护其意见和与其他组织进行讨论这些意见的时候，非政府组织不能贬低或者诽谤其他组织及其意见或者做出行为的个人。

澳大利亚国际发展委员会联合应对贫困行为准则

‖‖

一、序言

澳大利亚国际发展委员会是澳大利亚国内非政府组织的最高委员会，其主要致力于促进人们可持续发展条件的实现，使人们能够充分享有人权、脱离于贫困实现各自所需及有尊严的生存。

澳大利亚国际发展委员会的一个主要目的就是装备及鼓励其成员在其所有的行为中遵守最高道德标准，包括严格遵守澳大利亚国际发展委员会行为准则（以下称行为准则）。

行为准则是一项具备自愿及自我约束性质的良好行为准则，其目的在于实现国际发展结果、通过增加签署该行为准则非政府组织的透明度及问责性来提高利益相关者的信任。行为准则发展于 1997 年并于 2010 年被全面修订。

所有澳大利亚国际发展委员会的成员都为该行为准则的签署者，但是其签署者并不局限于澳大利亚国际发展委员会的成员。

行为准则委员会将监督行为准则的遵守及调查被任何的公众成员所提及的控诉。

符合行为准则的发展政策及程序将根据组织的大小、复杂程度及他们的行为范围而分配给他们。

■ 价值目标

每个签署组织都是不同的，并且在他们进行援助及发展的独特方法中显现出他们各自特殊的情形。但是他们也分享共同的价值目标用来巩固其援助和发展的工作和履行行为准则。所有的签署组织都承诺：

（1）在致力于处理贫困和劣势的根本原因和症状时，采用可持续性、公平及公正的解决方法；

（2）他们的行为及完整性对所有的利益相关者负责；

（3）和他们工作的社区创建具备创造性的及信任的关系：

·基于对他们历史和文化的理解

·优先考虑他们的利益

·在设计、实施、评估计划和项目时最大限度地涉及到他们，鼓励独立，并且

·以尊重尊严及每个人的个性及独特价值目标的方式来评估男人和女人、男孩和女孩。

（4）主动学习、创新及持续性的提高他们的援助及发展工作；

（5）在他们所有的行为中坚持诚实及透明；

（6）尊重、保护及促进国际所承认的人权，包括公民和政治权利，经济、社会和文化权利，特别强调性别平等，保护儿童、残疾人、少数种族、易受伤害及被边缘化群体的权利；

（7）在他们国际援助及发展国内行为中坚持环境的可持续发展；并且

（8）在澳大利亚及他们工作的地区增强公民社会的发展。

■ 结构

行为准则在为实现问责性的三个领域内设定标准：

程序原则——包括为实现援助和发展活动、人权和合作机构的效率而遵守的义务。

公众参与——包括签署组织在市场营销、募捐及报告行为中保持道德及透明度要遵守的义务。

组织——包括在治理、管理、财务控制、对待职员和志愿者、控诉处理的程序和法律需求的遵守等活动中要遵守的义务。

每一个原则都是为了实现序言中所列价值目标的意向说明。签署组织的特殊要求在列举的义务中体现出来。

设置实施指南、实施行为准则并为行为准则的遵守提供帮助。不像在行

为准则中设置的原则和义务，指南不起契约性约束作用，除非在义务中有特殊的说明。

行为准则会随着环境的变化、利益相关者及在部门中出现的良好实践的需要而不断被修改。

■ 遵守的评估

签署组织对行为准则的遵守应该符合以下要求：

（1）对行为准则原则遵守的承诺；

（2）把行为准则的相关标准向公众披露；

（3）签署组织管理机构年度自我评估；

（4）行为准则委员会对行为准则遵守的选择性核查，特别是有关遵守及周期性核查；并且

（5）一个独立的控诉处理和处罚程序。

二、程序原则

（一）有效的援助及发展

援助及发展指的是为了减少贫困及关注全球公正问题所进行的活动。在非政府组织部门，这些活动可以通过一系列的安排而发生，包括社区计划、紧急情况处理、社区教育、倡导、志愿者的派出、技术和职业服务和资源的条款、环境的保护和恢复、促进和保护人权。

虽然并不是所有的援助和发展活动都为行为准则的签署组织（以下简称签署组织）所行为，但是这些原则构成了在所有领域有效工作的基础。

1. 对首要利益相关者的问责

签署组织将保证按照利益相关者的需求来形成他们的工作目的及方法，并且他们的工作要对类似的合作者和参与者开放，允许他们进行检查和评论。在所有的进行援助和发展的活动中必须把首要利益相关者的观点放在首要考虑的地位。

义务：

（1）签署组织要对当地居民及那些援助和发展活动直接影响到的人首要负责，优先考虑到他们的权利和需要，特别是要考虑到性别、年龄、残疾及其他特殊易受伤害者的需要及利益。

（2）签署组织要寻求当地居民真正的、正式的及全面的参与及在援助和发展活动中他们代表的参与，保证他们在这些活动的设计、实施、监督和评估中作出贡献。

（3）签署组织会在援助和发展活动中分析主要利益相关者的需要和期望，寻求对他们各自正式及平衡的问责。

2. 质量方法

签署组织会在设计、实施、监督及评估援助和发展活动中采用质量方法，强调关系、学习、适用和影响。

义务：

（1）签署组织会在工作的过程中注重与合作者、当地居民及相关组织构建和维持强烈的、诚实的及坚定的关系。

（2）签署组织应关注他们活动的影响，并且应利用在监督和评估中所得到的信息来不时地完善援助和发展活动的程序和结果。

（3）签署组织会保证他们在进行相关活动之前已经分析和明确了相关环境，并且会随着环境的变化不断修改其所了解的情况。

（4）签署组织会为其所有的援助和发展活动设置清晰的目的和目标，主要包括时间规划、活动的可持续性及他们参与之外的影响力。

3. 与展望、目标和价值目标保持一致

签署组织将保证他们的援助和发展活动必须清晰地和他们组织的展望、目标及价值目标保持一致，并且与他们所有的相关利益者保持畅通的交流关系。

义务：

（1）签署组织必须保证他们的援助与发展活动与他们的展望、目标及价值目标保持一致。

（2）签署组织必须与所有的利益相关者交流他们的核心和共享的价值目标。

4. 致力于性别平等

签署组织将承诺致力于性别平等及公正，这已经成为全面实现人权的基础及可以提高他们援助和发展活动的效率。

义务：

（1）签署组织保证在对援助及发展计划的设计、实施、监督及评估的过程中要充分考虑及致力于性别问题。

（2）签署组织会努力于帮助其合作伙伴在其援助和发展活动中对签署组织承诺处理的性别问题保持警觉和支持。

5. 非发展活动

为实现援助和发展目的的资金和资源只能用于实现这些目的，而不能被用作促进支持特殊的宗教性质或政治性团体，也不能被用作支持某一竞选者或组织加入某一特殊的团体。

义务：

（1）签署组织必须通过政策或指南的形式对援助和发展目标与非援助与发展目标、基于行为准则第六部分设定的援助和发展定义基础上的活动与非援助和发展定义基础上的活动进行严格区分。

（2）这些区分必须在所有的募捐活动、计划和其他活动，与公共交流和所有的包括年度报告在内的报告中进行严格使用。

（3）任何包括援助和发展活动及非发展活动在内的筹款性的募捐，都要提供给捐赠者只适用于援助和发展活动的选择。

（4）签署组织必须保证在上述的任何募捐、计划和其他活动，与公众交流和在报告中的适用的区分适用于合作者和实施组织，并且在文件中体现。

6. 环境的可持续发展

签署组织所有的援助和发展活动将旨在对环境影响理解的基础上被制定和实施。

义务：

签署组织必须承诺在坚持环境可持续发展的基础上实施他们的援助和发展活动。

（二）与合作者的关系

合作者是指在援助及发展活动中与签署组织合作实现共同议定目标的个人、集体或者组织，也可以包括分支机构。

1. 共同尊重和支持

签署组织和计划合作者的关系以互相尊重为主要特征，并且互相学习和支持。

义务：

（1）签署组织和其计划合作者的关系将建立在诚实、透明交流及互相学习的基础上，只有这样才能保证两者的关系在发展实践中持续提高。

（2）签署组织将明确表示为他们的合作组织投资，使投资者可以：

①更有效地实现他们自己的发展目标及优先性；并且

②增强协助签署组织在实现行为准则所设置的对首要利益相关者、儿童保护、性别平等和控制资金和资源等义务的能力。

2．严格明确角色和责任

在与合作组织工作的过程中，签署组织必须确保双方明确和统一合作的目标、各自的角色、责任和双方的问责机制。

义务：

（1）合作组织将与每一个合作组织签署一份书面协议，设置议定的进行援助和发展活动的目标、角色、责任和每一方的义务。

（2）在与利益相关者交流的过程中，签署组织必须恰当地提及在进行援助和发展活动中合作者的角色。

3．控制资金和资源

签署组织会采取合理的努力保证资金和资源在考虑到对捐赠者的承诺、适用于恰当的目标、进行合理地控制和风险管理的基础上，分配给合作者及第三方进行合法使用。（澳大利亚政府立法需要）。

义务：

（1）签署组织只有在满足以下条件的情况下，才能把捐赠的资金和资源分配给第三方进行援助和发展活动：

①活动与捐赠者明示或默示的承诺相符；

②活动要与签署组织的策略、目标、目的和价值目标相符；

③根据对捐赠者的承诺、行为准则、签署组织的策略、目标及目的、签署组织特别的指示，第三方必须有使用资金和资源的能力；

④资金将根据相关法律，包括税法、反恐怖主义融资及反洗钱法等的规定进行分配；并且

⑤一旦资金和资源被分配，将会有合适的控制和风险管理的机制被建立，目的是减小滥用及不恰当使用资金和资源的风险。

（三）人权

1．援助及发展中的人权

签署组织的援助和发展活动将在理解活动中人权范围的基础上被制定和

实施。

义务：

（1）签署组织将保证他们在组织内部坚持国际承认人权原则。

（2）签署组织将保证他们的援助和发展计划与尊重和保护国际承认的人权相一致，包括公民权利，政治权利，经济、社会和文化权利。

2. 易受伤害及被边缘化人们的权利

签署组织承诺致力于满足易受伤害和被边缘化人们的需要和权利，并且在他们援助和发展活动的各个方面有他们的代表。这些群体也许包括妇女、儿童、残疾人、土著民族、少数种族、难民、无家可归的人以及感染了艾滋病的群体。

义务：

签署组织必须保证尊重和保护易受伤害及被边缘化群体的人权，在进行援助和发展的活动中要恰当地关注促进这些权利的实现。

3. 与残疾人共同工作

签署组织必须承诺致力于残疾人的权利并且注意在援助和发展活动中有这些人的代表。

义务：

签署组织必须保证在理解残疾人的权利方面给予恰当地关注，并且在援助和发展活动中致力于实现这些权利。

4. 保护儿童

签署组织必须承诺在评估他们的服务、计划、活动、志愿提供、募捐、工作经验、雇佣中充分考虑到儿童的安全和最大利益，承诺减小被滥用的风险。

义务：

（1）鉴于他们与儿童进行接触的情形和范围，签署组织应有成文的儿童保护政策和处理儿童问题的程序，并且将会被有规律地审查。政策将建立在对风险恰当评估的基础上，致力于：

①发展项目规划和实施；

②使用个人肖像和信息进行募捐和促进目的的实现；

③从澳大利亚和海外进行包括职员、志愿者、咨询者和供应商在内的人员的招聘；

④所有使用中的包括强制政策在内的法律义务适用于所有与儿童有规律接触的职员；

⑤行为议定书或准则；

⑥对职员进行教育和培训，并且对所有的利益相关者进行政策的交流；并且

⑦报告程序。

（2）致力于儿童工作的签署组织必须在形成影响到儿童的发展计划中寻求各种方式考虑到儿童的需求。

（3）致力于儿童工作的签署组织必须保证他们处理控诉的程序对儿童是友好的。

（四）倡议

本部分仅适用于进行倡议工作的签署组织，并且第二部分（1）项目中所列的原则构成本部分活动的基础。

倡议是指从事改变贫困和劣势系统性及结构性原因的活动，主要包括受欢迎的活动、游说、研究、政策定位、结盟和使用媒体。这些活动可以在澳大利亚和全球进行。它包括适用一系列的策略，作为全球最重要目的的一部分进行行为。

1. 以证据为准

当一个签署组织在澳大利亚或者全球作为倡议型角色，或者单独或者与其他组织进行合作进行，这应在其位置的基础上被证实，并应包含被影响群体的回应。

义务：

（1）签署组织将对支撑其倡议主张的基础保持透明。

（2）签署组织将披露利益的任何冲突。

（3）当政府已经明确表示提出一项倡议，签署组织只能主张作为代表。

（4）签署组织在进行或者响应一项倡议活动时，必须采取合理步骤去保护被影响到的当地居民的安全和利益。

（5）签署组织将旨支持在当地社区为自己倡议而受影响最大的群体。

（6）在可能和合适的时机，签署组织会与代表受倡议影响最大群体的组织进行合作。

（五）紧急情况管理

本原则只适用于承担紧急情况管理活动的签署组织，并且在第二部分1项目中所列的原则构成本部分活动的基础。

紧急情况管理包括因政府、志愿者和私人机构以全面及合作的方式应对整个紧急情况需要而做出的通常努力及制定的计划、结构和安排。这些包括准备、减缓、应对、重新安置、重建、发展和预防活动。

1. 国际标准

签署组织承诺按照国际标准和道德实践原则在灾难、武装冲突、国内动乱及旷日持久的危机时期提供人道主义救援。

义务：

（1）签署组织应把行为准则的原则，国际红十字会、红新月运动及从事救灾援助的非政府组织行为准则适用于其工作过程中。

（2）签署组织应加入人道主义宪章与赈灾救助标准。

（3）当对药品和其他捐赠物进行分配时，签署组织应适用澳大利亚对发展中国家药品捐赠指南，并且要在他们的实践和倡议中体现这些原则。

（4）签署组织的活动应符合国际人道主义法、人权法、难民法及其他相关国际公约。

（5）签署组织在活动中应认真考虑机构间常设委员会在紧急情况下精神卫生和社会心理支持指南中的原则。

2. 与其他行为者的协调

签署组织应该在行为过程中尽最大可能地与在提供人道主义救济的过程中的其他行为者进行协调。

义务：

（1）签署组织应旨在成为现存的交流和计划网络中的积极参与者。

（2）签署组织应利用在参与交流中所获得的信息来提高他们在灾难应对中的效果。

三、公众参与

（一）在营销和报告中的整体性

1. 透明度

签署组织应承诺与他们所有的利益相关者进行准确和透明的交流。

义务：

（1）签署组织应积极主动的为利益相关者提供准确、易获得的和及时的信息。

（2）签署组织应清楚地知道什么信息会或者不会提供给利益相关者。

2. 价值目标的反映

营销材料中必须反映签署组织的宗旨和价值目标及行为准则的价值目标。

义务：

签署组织应保证在其营销材料中清楚地反映他们组织的价值目标和行为准则的价值目标。

3. 当地居民的描述

签署组织应保证在他们的交流中描述女人和男人、男孩及女孩时使用图像和信息，并且保证尊重被描述人的尊严、价值目标、历史、宗教和文化。

义务：

（1）女人和男人、男孩及女孩的图像和信息必须以尊严的及受尊重的方式进行描述，并且在发展的过程中以平等伙伴的方式进行描述。

（2）图像和信息应真实地反映当地居民的不同，包括年龄、残疾及其他边缘化的群体。

（3）图像和信息应真实的涵盖当地居民所生活的环境和复杂程度。

（4）图像中的关键数字应告知什么样的图像正被使用，如果可能，应披露已获得允许。

（5）图像的来源应被告知，以及已获得允许的任何可能的信息，包括产权的获取。

（6）必须谨慎的保证使用当地居民的图像信息不会威胁到被描述人的安全。

（二）年度报告

1. 透明

签署组织应把他们的年度报告作为向相关利益方负责的关键部分。

义务：

（1）签署组织应向他们所有的利益相关者提供一份书面的及易获得的年度报告，信息包括他们的成员、职员、志愿者、提供者、合作机构和公众成员。

（2）年度报告应该向利益相关者提供以下信息：

①对签署组织目标、目的和价值目标的详细描述;

②对签署组织的收入、支出及整个财政运作提供一份简要的总结;

③对报告期间内从事的最重要的援助和发展活动及其影响进行描述;

④有关组织对行为的援助和发展活动的有效性及经验进行评估。

(3) 年度报告应特别强调的内容包括:

①由管理或者治理机构做的报告;

②根据行为准则的需要准备的财政陈述;

③对全面遵守行为准则承诺的陈述;

④对提交控诉组织和组织行为能力的确定;并且

⑤对违反行为准则和其中行为而提交控诉能力的确定。

2. 财政陈述

签署组织应在他们的年度报告中公开其财政陈述。

义务:

(1) 签署组织在年度报告中公开的财政陈述应该包含:

①按照本原则的实施指南和实施指南中的第七部分所设定的财政定义所准备的财政陈述。本要求不经过任何其他的法律机构要求的考验。

②指明全面财政报告的获取途径(如果年度报告中不包括全面的财政报告)。

③行为准则财务报告摘要,或者财政报告已包含在年度报告中的全面财政报告的审计报告。

3. 全面财政报告的获取

签署组织应保证对财务行为进行说明,相关利益者应被告知他们有获得全面财政报告的权利。

义务:

(1) 当签署组织只在其年度报告中公开了行为准则财务报告摘要时,年度报告应清楚地告知全面财政报告可以随时索取。

(2) 任何其他的财务说明,不管摘要是细节性的还是评论性的,都应清楚地告知全面财政报告可以随时索取。

(三) 募捐

1. 法律义务与道德原则

签署组织应遵守现行的募捐法律及注意在募捐中已形成的最好实践标准。

义务:

(1) 签署组织应具备募捐程序,保证其所有的募捐行为都符合法律需求。

(2) 签署组织应被鼓励注意和遵守澳大利亚道德准则和职业行为募捐机构及他们为特定的募捐活动所设置的标准。

2. 信任度

签署组织所进行的或者代表其进行的募捐必须是可信的,必须正确地描述该组织的地位、目的、计划和需求,因为这将成为组织实现其主张的唯一要素。

义务:

(1) 签署组织应保证其职员、志愿者和协约者注意使募捐可信的要求。

(2) 募捐的材料中应准确地标明组织的名字、地址、澳大利亚商业号码及目的。

(3) 募捐应清楚地陈述是否存在着募捐的特殊目的。

(4) 募捐材料必须特别避免材料的丢失、夸大事实、模糊的描述、夸大需求或捐赠者的目的会被实现。

(5) 募捐应准确地描述接受者及其情形和可能的解决方法。

3. 责任

签署组织应为外包给第三方的募捐活动负责,并且应把所有的合同和协议书面化。

义务:

(1) 签署组织应保证所有的募捐合同均符合现行法律及规范性制度的要求。

(2) 签署组织应该与第三方募捐者签署书面合同用来确定每一方的责任和义务。

(3) 签署组织应保证由第三方进行的募捐活动明确认同签署组织作为资金的受益方。

4. 保护捐赠者

在所有的由签署组织进行的或授权进行的募捐活动中,必须有适当的政策和程序保护捐赠者的权利。

义务:

(1) 签署组织应有适当的政策和程序保证捐赠者或者潜在的捐赠者的隐

私得到保护（按照 1988 年的隐私法案），包括下列权利：

①在邮寄发送清单中删除或禁止透露捐赠者的名字，包括组织打算分享的名字；

②确定收款员，参照证明确实的证据来确定他们的善意，并且知晓他们是否为志愿者、组织领薪的职员或者代理人；并且

③应告知捐赠人欲募捐资金的用途，并且告知因受他们捐赠而进行的计划可以获取的信息。

5. 捐赠的接受

签署组织应保证接受或拒绝接受捐赠的决定符合组织的目的。

义务：

签署组织的管理机构应决定接受或拒绝资金。

6. 捐赠资金的使用

为特殊目的而进行的公共募捐，签署组织应有一个计划来处理对募捐者的资金进行获取和证实。

义务：

（1）签署组织应保证因特殊目的而进行的募捐，应对获取资金的使用制定计划，并且应在募集资金呼吁书的开端使公众知晓。

（2）签署组织应保存财政记录以证实捐赠者资金的使用，并且在得到请求时出示。

7. 募集和行政支出的披露

签署组织应把在募捐行动中发生的所有支出诚实及透明地进行披露。

义务：

（1）签署组织不能留下募捐没有支出的印象，也不能留下援助和发展计划没有行政元素的印象。

（2）如果有财政支出，签署组织应该符合第三部分 2.2 项目中的财政报告实施指南和在第七部分中实施指南中的财政定义。

（3）签署组织应全面及正确地向公众披露他们在募捐和行政过程中发生的财政支出，并且应以财政比例的方式在出版物和营销材料中表现出来。

（4）签署组织应以书面的形式解释他们所增加的任何支出是怎么决定的。

四、组织

（一）结构

1. 公共利益

签署组织是指非营利性的、由一群为了共同兴趣，为了实现共同目的的群体自愿形成，为公共利益服务的，而不是为了成员个人的获利而组建的组织。

义务：

（1）签署组织的管理机构必须清楚地表明本组织具备非营利的目标和性质，是为公共利益服务的。

（2）签署组织可以赚取、获得或者投资盈余，但是该盈利必须是为了实现组织的目的而运行的。

（3）签署组织的管理机构应阻止组织在运行或者结业期间，为了成员或者其他私人的目的而分配财产或利润。

（二）整体性和道德

1. 法律要求

每一个签署组织应有责任保证他们的行为符合他们工作区域适用的现行法律的要求。

义务：

签署组织的管理机构应保证他们的组织有适合的遵守机制和程序，保证他们的行为符合他们工作区域内法律的要求。

2. 尊重其它非政府组织

签署组织应保证他们在公共交往的过程中尊重其他非政府组织。他们不应诋毁其他机构，或者向公众作出针对其他机构不正确或误导性的说明。

义务：

（1）签署组织应保证其与任何其他的非政府组织的公共交流都是准确的，而不是故意误导性的。

（2）签署组织应保证其作出的针对其他非政府组织的声明，都意在为自己创建良好的声望或者其他优势。

3. 反对欺诈和贪污

签署组织应保证杜绝在其管理机构、领薪职员、合约者、志愿者和合作组织之间发生犯罪、贿赂、欺诈、贪污或者其他财政不正当行为。

义务：

签署组织的管理机构应保证他们的组织：

（1）针对犯罪要摆正立场，保证他们工作的任何方式都积极地杜绝犯罪的风险，并且监督犯罪的行为。

（2）具备安全报告犯罪的内部和外部程序，包括：

①公开任何公开接触的要点（包括管理结构的每一位成员）；

②调查和升级的程序；并且

③规定调查和应对的时间规划。

（3）当犯罪行为被确定时，立即采取迅速的、坚定和正确的行为。

4. 利益的冲突

签署组织的管理机构应保证他们组织能够处理任何真正的或能察觉到的发生在他们管理机构、领薪人员、志愿者和其他合作者之间的利益冲突。

义务：

签署组织应具备一套清楚的处理利益冲突的程序：

（1）要求管理机构的人员、领薪职员、志愿者披露任何真正的或能察觉到的利益冲突、或者披露他们与真实或潜在的货物与服务供应商之间、被给予资金的接受者或者与签署组织有竞争性或冲突性目标的其他组织之间发生的依附关系。

（2）要求管理机构的成员和领薪职员在讨论、投票决定与他们有利益冲突的事项时进行回避。

（3）要求管理机构的成员、领薪人员和志愿者披露接受用于个人使用的任何礼物，禁止他们接受任何贵重的或者其他不恰当的礼物。

5. 行为的环境影响

签署组织在国内进行行为时应致力于以可持续发展的方式进行。

义务：

签署组织应致力于减少因他们的国内行为而产生的环境影响。

（三）治理

1. 治理章程

签署组织应具备书面性的治理章程，用来设置组织的目的及目标并且定义他们是怎样运行的。

义务：

（1）签署组织的治理章程应设置：

①组织的基本目标和目的；

②组织和成员的构成和成员的权利及义务；

③组织的治理机构和程序；

④成员会议的频率和程序（至少每年一次）；

⑤治理机构领导者的选任方法、他们的任期、任期终止的条款、甚至包括他们薪水的构成；

⑥管理机构会议的规则，包括开会的频率（至少每年两次）和法定人数的规模；

⑦管理机构的权利和责任，包括全部管理机构责任的叙述；

⑧管理机构的策略控制（如通过商业计划、制定首席执行官）；

⑨管理机构的财政控制（如通过预算、接受财务账户的审计及制定审计员规则）；

⑩管理机构选派办公室领导、职员及其他人员的权利。

（2）治理章程应较容易的被成员及支持者所获取。

（3）治理章程应符合澳大利亚的相关法律要求。

2. 管理机构

每一个签署组织应有一个管理机构，为组织的所有方面及组织的服务对象负责。

义务：

（1）签署组织的管理机构应从组织机构内部成员及支持者中选出或者指定，并且对他们负责。

（2）管理机构必须有过半数的非职员成员。

（3）管理机构可以选派职员及其他成员的领导，但是不能指派他们所有的职责。

（4）当领导被选派去从事管理或其他工作，应较清楚地区分管理机构领导与他们的界限。

（5）管理机构、职员和管理层各自的角色和责任应被清楚地设置并通知给所有相关方。

3. 年度大会

签署组织应该按照其管理章程中的规定召开年度大会。

义务：

签署组织的年度大会，应该

（1）处理包括向领导层报告、接受年度审计财务陈述和制定下一年的独立审计员等实体事项；

（2）根据其治理文件，给其成员提供尽可能的机会参与到领导层中来；

（3）应提前告知所有成员召开会议，并且提供获取相关信息的渠道。

4. 管理机构政策

签署组织应该有一个书面政策，包括作为管理机构领导者的选派、就任、终止、薪水，以及他们对花费和任何贷款的偿还。

义务：

（1）如果在管理章程中没有规定管理机构成员的选派和终止条件，就应该有一个书面政策设置选任、指派和就任的程序。

（2）签署机构应该有一个书面政策来规定管理机构成员对花费偿还的方法。

（3）如果可能，应该有一个书面政策来规定签署组织管理机构成员的薪水，这一政策应该由组织成员的年度大会通过。

（四）财务管理

1. 内部财务控制

签署组织应该具备内部财务控制程序，用来防范滥用资金的风险。

义务：

（1）签署组织应具备详细的账务记录。

（2）签署组织应该具有合适的政策和程序，在考虑到组织规模和能力的基础上，保证责任的分配。

（3）签署组织应该有适当的程序用来审查和监督管理机构由于管理所产生的收入和花费。

（4）签署组织应该有政策来规则内部职员和管理机构成员发生的贷款和交易，此政策由管理机构批准，而且应该包括对这些贷款和交易的披露和报告。

（5）管理机构成员或者相关方的关系性质、贷款及支付款项的数目应该在年度财务报告中全面披露并且应该被审计。

（6）签署组织应该保证托付给他们的资金和资源在分配给任何第三方之前应被正确的控制、投资和管理。

2. 财务陈述的审计

签署组织应通过把他们的财务报告独立地交予一个有资质的会计师进行审计的方式表明其对财务报告透明度和完整性的承诺。

义务：

（1）签署组织的全面财务报告和行为准则财务报告的摘要应按照澳大利亚相关审计标准被独立审计。

（2）审计员作为有资源的会计师应该至少是下列机构的成员，即澳洲会计师工会的成员、澳大利亚特许会计师协会或澳大利亚国际会计师协会的成员。

（3）一项特别针对行为准则财务报告摘要的审计报告应该包括在年度报告中，并且由审计员签字，注明他的身份、资质及联系方式。

（4）针对全面财务报告的审计必须附上全面财务报告，并且由审计员签字，注明他的身份、资质及联系方式。

3. 有效使用资源

签署组织应该致力于资源的有效利用，并且杜绝在计划实施援助和发展活动中的财务浪费。

义务：

（1）签署组织应保证其援助和发展活动是在衡量成本的基础上作出的。

（2）签署组织应该根据援助和发展活动的环境及性质勤勉地检查其管理的成本、审查的花费及其效率。

（五）职员和志愿者

1. 人力资源

签署组织应该保护包括在澳大利亚和海外工作的领薪职员和志愿者的人权和个人安全。

义务：

（1）签署组织应满足所有的有关个人的最低法律和规范性要求，应该具备有关个人的政策和程序。

（2）签署组织应该在其人力资源政策和程序中列举明确不被接受的行为，包括任何形式的性骚扰和虐待行为。

（3）签署组织所有的个人都应该被提供有关他们权利和安全的相关就任信息，并且应该具备易获取的个人和职业卫生与安全的政策和程序。

（4）有关澳大利亚国内外职员和志愿者的政策和程序应该以管理和支持受援助人们良好实践准则的形式作出。

2. 职业行为

签署组织应该明确表达对职员、志愿者和管理机构成员职业活动的要求，并且该要求必须符合行为准则。

义务：

（1）签署组织应该承诺提高职员和志愿者对本行为准则所有原则和义务的注意和理解，并且告知他们怎样在组织内部适用他们的角色和责任。

（2）签署组织的职员和志愿者负有行为符合本行为准则的期望，这种期望应该在就任和进行培训的时候被明确提出。

3. 培训和发展

签署组织应该承认对职员和志愿者进行职业培训的重要性，并且致力于把学习植入其组织。

义务：

（1）签署组织的个人政策和程序应该清楚地表明组织对培训和发展的承诺。

（2）签署组织应该保证其职员和志愿者注意到残疾人、易受伤害群体的权利，并且在恰当和需要的时候，针对该问题进行培训。

4. 人权和反歧视

签署组织应该在他们的组织内部尊重人权。

义务：

（1）签署组织应该在组织关键的文件中作出在雇佣和提升的过程中对人权和反歧视的承诺。

（2）签署组织应该在其组织框架内尊重职员和志愿者，促进人权和避免歧视，以这种方式支持组织的地位、哲学理念和价值目标，并且履行任何反歧视法规的义务。

（3）签署组织应该有全面的对待性别平等和残疾人的政策和指南，目的是在组织的所有行为中达到男人和女人、及残疾人的平等结果，包括

①对待志愿者和职员；

②对待合作机构;

③高级管理层。

（六）签署组织内部的控诉处理程序

1. 控诉的价值目标

签署组织应承认听取和应对控诉和抱怨的价值目标和重要性。

义务:

（1）签署组织应该使其职员和志愿者全面理解组织对控诉的应对方法,并且帮助他们有效地实施该政策。

（2）签署组织应该有一套完备的程序以审查和分析从控诉和抱怨中得到的关于对组织的信息。

2. 获取和注意

签署组织应该保证在澳大利亚及其海外的援助和发展活动产生的对控诉的回馈和处理程序是有效的、安全的、机密的及对所有的利益相关者是容易获取的,而不管他们的性别、地位和背景是否有差别,并且对于他们未来的参与没有偏见。

义务:

签署组织应该具备书面控诉的处理程序:

（1）为澳大利亚及各地区的利益相关者对组织行为的控诉提供一份容易的、安全的及考虑周到的联系方式;

（2）是有回应的及公平的;

（3）为所有的利益相关者提供关于报告和控诉程序的信息;

（4）以清楚及容易理解的方式、以恰当的形式及通过合适的媒体提供信息;

（5）保证处理控诉的要求考虑到大多数易受伤害群体的需要及考虑到少数种族和残疾人利益相关者的需要;

（6）为控诉者提供建议,使此控诉是因违反了澳大利亚国际援助和发展行为准则委员会的行为准则而提出的。

五、遵守此行为准则

（一）遵守

1. 遵守行为准则

签署组织应该遵守行为准则所有生效的方面,并且保证不从事使该组织声望遭受破坏的行为。

义务：

（1）签署组织应该进行自我监督以保证他们遵守行为准则。

（2）签署组织应该自己在网站上作出对行为准则的承诺和对行为准则控诉处理程序。

（3）签署组织应该防止他们自己或者其他签署组织违反行为准则的行为，并且鼓励向行为准则委员会通知或提出控诉。

（二）遵守的评估

1. 成为签署组织的申请

组织如果想成为行为准则的签署组织，必须完成行为准则所规定的程序，并且必须在授予准则签署地位之前全面了解行为准则。

只部分了解行为准则原则和义务的组织只能被授予临时行为准则签署地位。

义务：

（1）申请成为签署组织，将遵守自我评估程序，及具备详细的组织文件以支持对行为准则文件和义务的遵守。

（2）申请成为签署组织的组织将向行为准则委员会提供其宣布遵守行为准则原则和义务的相关文件的副本。

（3）组织必须在提交初次申请的 12 个月内完成他们的申请程序。

（4）组织只有在具备完全的签署地位之后才能使用行为准则的标志。

2. 年度自我评估

签署组织将每年提供信息表明他们持续遵守行为准则。

义务：

（1）每年，签署组织应遵守自我评估程序的要求，提交遵守行为准则原则和义务的报告，如果他们主要的支撑政策和文件已经被修改也应提交报告。

（2）遵守自我评估程序必须在签署组织财政年度结束后的 5 个月内完成。

（3）签署组织应迅速向行为准则委员会提交任何合理的为澄清和附加信息的要求。

（4）签署组织应服从行为准则委员建议的救济行为。

3. 年度报告

签署组织应向行为准则委员会提交他们的年度报告和财务陈述。

义务：

（1）在签署组织财务报告期限结束后的 5 个月内，他将向行为准则委员会提交下列文件：一份年度报告的副本、一份年度全面财务陈述的副本（如果没有在年度报告中包括）及澳大利亚国际援助和发展委员会规定的注册表格。

（2）签署组织应迅速向委员会递交任何合理的有关澄清和附加信息的请求。

（3）签署组织应遵守行为准则委员会所建议的任何救济性或自律性行为。

4. 增加材料

签署组织应该迅速地应对改正任何违反行为准则的行为，并且在紧急请求中随机提交增加材料来核查其行为。

义务：

（1）当签署组织被行为准则委员会提出违反行为准则的建议，签署组织应该在委员会规定的时间内迅速改正其行为并且提出相应的措施保证同样的违反不再发生。

（三）澳大利亚国际援助及发展委员会行为准则控诉处理

1. 程序的同意

签署组织应该同意受独立的、易获取的、公正的及机密的控诉处理程序的约束。

义务：

（1）签署组织应该遵守设置在指南中的控诉处理程序。这也构成了行为准则约束义务的一部分。

（2）签署组织应在所有合理的时间限制内服从行为准则委员会的请求。

（3）如果有违反行为准则的行为发生，签署组织应采取在指南中描述的，被行为准则委员会同意的正确的或自律性的行为。这也构成了行为准则义务的一部分。

（4）如果违反行为发生了，签署组织应该遵从行为准则委员会的要求，并且提出合适的措施防范再发生的风险。

六、定义

在本行为准则中使用的财务定义包含在第七部分。

问责性：组织在制定程序和活动中，处理对承诺的违反以及应对和平衡利益相关者的需要时所做出的承诺。

行为者：具备角色和影响力的一个组织、政府部门或者个人。

附属机构：具备签署组织成员形式的组织、正式协会或者联盟。

援助和发展：援助及发展指的是为了减少贫困及关注全球公正问题所进行的活动。在非政府组织部门，这些活动可以通过一系列的安排而发生，包括社区计划、紧急情况处理、社区教育、倡导、志愿者的派出、技术和职业服务及资源的条款、环境的保护和恢复及促进和保护人权。

倡议：为改变贫困和劣势的系统性、结构性原因而发生的活动，主要包括全球活动、游说、研究、政策定位、结盟和使用媒体。既可以在澳大利亚国内发生也可以在全球发生。包括为实现机构首要目的的一部分或一系列战略而适用。

公民社会组织：包括非政府组织、非营利组织、慈善组织和社区组织，也可以包括宗教组织、贸易协会、基金组织以及任何独立于公司和政府部门的组织。

合作：两方贡献核心能力和分享风险，决定实现共同目标的过程。

社区：地方组织或非正式团体或网络组织。

控诉：对不满的表达。

发展：以可持续发展的方式寻求社区条件的提高，建立在社区工作的基础上，不管是为了还是代表社区。

尊严：对生命选择具有的决策权、自由和自治的感觉、自我价值目标和自信的感觉以及被尊重的感觉。

残疾：残疾人，包括那些与他人在平等的基础上难以全面和有效地参与社会，长期在身体、心理、及其他知识或感官上有缺陷的人。

紧急情况处理：紧急情况处理包括因政府、志愿者和私人机构以全面及合作的方式应对整个紧急情况的需要而努力制定的计划、结构和安排，包括准备、减缓、应对、重新安置、重建、发展和预防活动。

有效性：致力于贫困和边缘化的原因和症状，促进可持续性的变化。

紧急情况：需要紧急行为的威胁性状况。

性别：男人和女人之间形成的社会构建性的角色和关系，会影响到参与发展活动的能力和动机，并会导致对女人和男人不同的计划效果。

性别分析：考虑到发展项目和计划会对男人、女人、男孩、女孩所产生的影响及在他们之间形成的经、社、文关系的过程。

性别平等：男人、女人、男孩、女孩平等的机会和结果。

性别公正：根据女人和男人、女孩和男孩不同的需要，在资源的获取和发展利益的分配中的保持公正。

人权：被国际社会主张的所有人平等和享有尊严的法律陈述，包括公民的政治权利、经济、社会和文化权利。主要的国际人权条约和任意性议定书在澳大利亚国际援助和发展委员会的网站上都有陈述。

人道主义救济：实现被灾难和冲突所影响到的群体维持生命和尊严的最基本的需要。

当地居民：由于在地理区域内进行援助和发展活动，而参与进来或者被直接影响到的女人和男人、女孩和男孩，也可以被称为受益者或首要利益相关者。

非政府组织：自愿性、非营利性、在政府正式注册、由管理机构运行并且对其成员负责的组织。

非食物性用品：包括衣服和床上用品、个人卫生用品、厨房及餐具、火炉、燃料、灯具、工具和设备。

其他资源：包括但不局限于抚养资金、礼品类、财产、资产、签署组织和合作组织的职员和志愿者。

合作者：指的是在援助和发展活动中，与签署组织合作实现共同议定目标的个人、群体或者组织，可以包括附属机构。

首要利益相关者：同当地居民。

促进特殊宗教粘附力：为转变个人或者群体从一个信仰转移到另一个信仰而进行的活动。

心理社会支持：任何当地或者外部的支持，旨在促进心理和社会卫生并且预防和处理心理错乱。

签署组织：被行为准则委员会接受为澳大利亚国际援助和发展委员会行为准则的成员，没有被撤销或开除并且已支付所有费用的组织。

利益相关者：可以被组织行为影响到或已经被影响到的个人和团体。

支持某一特殊团体、候选人或者组织依附于某一政治团体：机构或者他们的代表人开始涉及政治性活动；使用资金或资源在地方、区域或者国内的选举中鼓励和支持某一特殊的政治团体、候选人或者政治组织；使用资金或资源鼓励和支持某一特殊政治家或者派别在一个组织内或者一个政治机构内获得权力。

可持续发展：在满足当代需要的同时，不能对后代满足其需要的能力造成危害的发展。

透明度：组织对其活动的开放，包括对其正在做的事情提供信息，行为在哪里发生，怎样发生和是怎么运行的。

第三方：可以是合约者、合作者或者非政府组织的附属机构。

七、行为准则元素的指南

本部分为行为准则和指南提供解释，意图区分每一个元素。

1. 行为准则的主要部分

行为准则一共有八个部分，包括问责性的三个构成——项目原则、公共参与、组织和行为准则的遵守。有对三种问责性的单独介绍。

2. 问责部分

每一项问责都被分为有逻辑的部分。

3. 原则

在每个原则进行叙述之前都有一个条款，目的是为了精要概括出该条款是怎样和序言中所列的价值目标联系在一起的。

原则后面也许有一些解释性陈述，但这只是说明，并不是对原则的修改。

4. 义务

对签署组织的特殊要求是以一系列的义务被列举的方式来增加外部可行性的。这样做的意图是使利益相关者对签署组织的期望被清晰叙述。

义务用到"将"，而不是"必须"，是为了避免法律腔调，这和他们对利益相关者作出的承诺而不是强加给他们的主意保持一致。

在一些情况下，特别是财务原则，义务被列举的非常详细和冗长并且被写进指南。鉴于这些条款，指南构成行为准则的一部分并且约束签署组织。

5. 指南的实施

实施指南文本的对象是签署组织自身，语言的叙述不是很精确，目的是为他们在特殊的环境下怎样实施原则和义务提供帮助。

指南有的部分是推论性的叙述——"怎样"，而其他的部分却这样描述——签署组织为怎样实施原则和义务提供例子或构想。

指南也可以包括对外部建议或信息资源的提示和参考。

巴勒斯坦非政府组织行为准则

|||||||||||||||||||||||||||||||||||||||||||||||||||||||||||||||||||||||||||||||||||||||||||||||||||||||||||

■ 定义

行为准则：是非政府组织职能框架下道德和工作行为的类型标准。它是为董事会、行政机构和职员在实现他们的任务时明确的必须要遵守的基本规则。

巴勒斯坦非政府组织：是在非营利的基础上为实现社会公益的合法目标由不少于7人所建立的独立机构。它应该具备独立、自由、自愿及实现社会公益的性质。它必须根据2000年实施的慈善协会法一号在巴勒斯坦内政部合法注册。目标是在非营利的基础上促进社区服务。它主要包括慈善协会、草根组织、运动俱乐部及代表巴勒斯坦慈善协会和非政府组织的网络和工会。

部门：指的是巴勒斯坦非政府组织部门。

巴勒斯坦非政府组织的伞式组织：指的是巴勒斯坦慈善协会总工会、巴勒斯坦非政府组织网络、巴勒斯坦非政府组织国家研究所及巴勒斯坦加沙非政府组织总工会。

政权：指的是巴勒斯坦政权。

参与：指的是所有的利益相关者、男人及女人，直接或间接地在决策过程中通过合法的中介机构代表他们的利益。

网络化和协调：是指在共同价值目标和目的的基础上在促进社会公益中所坚持的不浪费资源和能量的原则。

透明：包括提供可信的和及时更新的活动、程序、决议和政策的信息。

也包括向受益人、公众和其他相关的官方机构及捐赠者提供信息。

问责：指的是提交有关资源使用报告的机制。非政府组织必须为他们所从事的行为及在实现非政府组织理想目标中存在的缺点承担正式责任。

平等和包容：指的是对性别、肤色或种族没有歧视。所有的男人和女人应被提供平等的机遇以提高他们的福利或维持其福利。个人或团体，不管是受益人还是职员都应该被提供平等机遇。

善治：包括保证非政府组织行使职能应有的效率及能被正确的管理，也包括对生效法律的遵守以保证实现规章制度中设定的目标，还包括根据问责对小型代表委员会职责的分配。

利益冲突：当负有责任的个人或者团体为实现个人或者主管利益而利用其地位时出现的冲突。

影响和效率：非政府组织计划的结果能够反映对人类和财务资源最好利用的需求。

■ 介绍

本行为准则旨在为巴勒斯坦非政府组织（以下称非政府组织）的价值目标、善治、社区发展和巴勒斯坦的自由设定目标。本文件是在尊重巴勒斯坦多样化和民主原则的基础上制定。参与是非政府组织作为社区活动首要参加者的基本权利。本文件是由一些伞式和工会非政府组织等超过 200 个非政府组织在西岸和加沙地带经过一系列的讨论作出的。

本行为准则为寻求非政府组织应对民主变化设定基调。这包括个人或集体参与创设允许自决的环境。通过在本文件中设定原则，非政府组织（将会选择签署本文件）在他们的活动计划中将会自愿地从事有关国家自由、社会、经济和政治发展活动，并且能紧紧掌握最新的发展趋势。在尊重价值体系和人权的基础上非政府组织承诺其工作机制与巴勒斯坦人民的需要和强烈愿望保持一致。本原则也要求在使用资源时适用保持透明和问责的标准。通常，本文件在自身实施的时候贯穿善治原则。它也将成为巩固监督原则的模范用来保护偏离正常轨道的组织。本文件与在 2002 年 5 月 29 日通过实施的巴勒斯坦基本法律保持相符。它也明确了建立这类组织的自由作为基本权利的一种必须得到保护。

第一章
巴勒斯坦非政府组织部门的背景

自 20 世纪初，非政府组织就在巴勒斯坦为自由和发展而战的过程中扮演了不可分割的角色。非政府组织的发展进程与巴勒斯坦不断变化的社会政治环境联系在一起，这也与巴勒斯坦公民社会观念的发展联系在一起。它在高度复杂的创建过程中保持着难以置信的创造力和稳定性。

巴勒斯坦非政府组织部门在 1987 年爆发的第一次以色列占领区的巴勒斯坦人的起义中得到大量发展。但是随着巴勒斯坦权利机构的建立，非政府组织在政治意义和社会学意义上的发展发生了极端的变化。因此，非政府组织的愿望和职能必须适应新发展的需要。

除了在社会经济发展中所起到的重要作用之外，它也在不断出现的事件的救济活动中起到非常重要的作用。它也被证明在日益复杂的环境中有惊人的适应能力，及在提供基础服务的过程中采取不同的行动。

在一些非常重要的情况中，非政府组织努力的提升和扩展服务的范围，以对巴勒斯坦的发展产生更大的影响。这在其社区角色的自我意识中可以体现出来。虽然不同的非政府组织的发展有不同，但是对其在发展和自由的进程中所扮演的核心角色是可以达成共识的。其真正的挑战是在不断前进的任务中提高自身的能力并且在形成巴勒斯坦社会的进程中作出有效的贡献。

第二章
行为准则的原则

以下原则是行为准则的基础。签署该文件意味着接受这些原则并且允许一个独立机构检查其实施。

巴勒斯坦非政府组织承诺在法治的框架下遵守巴勒斯坦的下列立法：
· 1988 年 11 月 15 日实施的巴勒斯坦独立宣言。
· 2002 年 5 月 29 日实施的巴勒斯坦基本法律。
· 2000 年通过的巴勒斯坦慈善和社区协会法一号及由巴勒斯坦部长理事会采纳通过的相关实施规定。
· 2000 年实施的巴勒斯坦劳动法七号。

·1999 年实施的有关残疾人权利法四号。

巴勒斯坦非政府组织承诺遵守国际公约及人权宣言，特别是：

·世界人权宣言。

·公民权利和政治权利国际公约。

·经济、社会和文化国际公约。

·难民地位公约

·儿童权利公约

·禁止一切形式的妇女歧视公约

·对残疾人权利的国际公约（或者是那些具备特殊需要的群体）。

对于前述原则遵守的表达，非政府组织应该书面签署（附件一）。

非政府组织应承诺其所有的行为应优先考虑到巴勒斯坦的发展并与其策略计划相符。本行为准则的签署组织也必须遵守拒绝接受政治条件资金的义务，因为根据联合国原则这势必会扭曲发展进程、破坏独立及自决的合法抗争。签署组织的行为要求与国家的规划保持一致，不能按照提供者的标准活动，也不能考虑到政治利益或者文化及发展水平。根据国家第 194 号安全理事会决议，不能有任何破坏创建国家状态和使难民回归家园等不可分割权利的行为。

非政府组织应承诺遵守参与原则，加强对志愿和社区的贡献。通过不断地与利益相关者就有关政策、方法论、动机和工作变化的范围进行交流以促进数据和能力的互换。

保持与受益者有规律的协商状态有利于创建与巴勒斯坦政权、私人部门和其他非政府组织的积极环境。也有利于保证利益相关者的参与和透明度。并且非政府组织在设计、监督和评估计划的时候要考虑到受益者。根据 2000 年的慈善协会法，其也必须把巴勒斯坦政权作为协商任何新计划的必备伙伴。这也有利于提供逻辑支持，扩大计划对社区的利益。非政府组织应积极地鼓励与职员、受益者和其他利益相关者的交流。这将包含在旨在正确交流各种计划数据的策略中。

非政府组织应在部门的基础上，在与利益相关者建立合作关系的共同愿望中发展网络化、协调合作及交流精神。这应该在计划和实施合作关系中以避免对最恰当能力和资源的过多使用的整体方式来实现。利益相关者应该对彼此负责。

并且，非政府组织应该与各种各样的群体来协商共同关切的问题，同意使用代表程序避免资源过剩及提高生产力。如果一个签署组织参与主要事项，其应该向利益相关者报告结果。

非政府组织应该在所有相关群体有获取信息权利的基础上承诺遵守完全透明的政策。同时，应保证大会、受益者、捐赠者和巴勒斯坦政权对有关活动、程序、决定的政策的获取。非政府组织应承诺保证受益者、公众、有关的正式团体和捐赠者获取信息、对有关财务和发展的政策以清晰和明示的程序进行工作、保证向公众发布和提供正确信息的时候具备明确的政策、遵守职业标准、财务透明，以及通过大众媒体使下列基本信息使公众知晓：

· 非政府组织的原则、任务、目的和价值目标等
· 行政、组织机构和工作描述。
· 在国内外所作出的合作、联盟及合约承诺。
· 年度行政财务报告除了特定信息之外，还应至少包括审计结果、负责作出报告的机构、管理部门给予审计员的信件、收入和支出资金及分配资金的方式、管理会议的时间。
· 雇佣和采购程序。
· 现行或将来的活动。
· 行为的地理区域包括方位。
· 以容易理解和容易获取的方式出版财务报告。

问责性是指提供有关资源使用的报告机制及使决策者为他们的决定及没能实现非政府组织的愿望和目标负责。它指决策者应对任何有关履行机构义务存在的问题、缺点和欠缺的能力负责。这对非政府组织为被剥夺权利的人们募集资金是特别重要的。

巴勒斯坦非政府组织承诺将详细提供任何有关其运行所需要的信息。它同意在议定的记录和法律的范围内向大会、草根组织、受益人、捐赠者和合同方负责。同时，坚持独立原则。

组织在行为的过程中应特别要提供：
· 以讲究方法论的方式针对每一个管理事项提供书面控诉体系。
· 提供具备纠正体系的认证会计和审计体系。
· 根据指定的和宣称的标准使用资金。
· 在尊重分配职责的同时，根据行政级别来确定政权花费的级别。

非政府组织应承诺在平等的基础上给予所有的个人、群体，不管是受益人还是职员平等的机会。不对任何形式的宗教组织、政治、帮派、地域、性别、社会背景或者残疾人造成任何的歧视。相反，特定的非政府组织应对特定的边缘化群体、妇女、有特殊需要的群体、处于特定地区位置的群体，根据符合社会公益的政策进行积极的区别。

并且，非政府组织应采取严厉的及明晰的政策预防针对职员的任何形式的歧视，并且应为他们提供平等的机会。同样应该在性别、肤色、来源地、残疾人、社会地位、年龄、宗派或者政治依附平等的基础上选定受益人，服务、雇佣、评估、促进或者使职员负责。

非政府组织应承诺在处理职员、志愿者、目标群体、公众的活动、出版和程序中加强性别平等。

同样，应该支持职员的权利。因此，管理者应该承诺具有清晰的程序保证雇员的权利，特别是在：

·以清楚明了的方式促进各个职位的体系提供薪水的范围。

·根据巴勒斯坦劳动法提供工作合同。

·提供对所有人清楚的包括惩罚机制在内的公正评估体系。

非政府组织承诺遵守善治和民主原则，保证在各个级别的大会上，管理机构和成员能够有效地实施职能。特别的应该受：

·维持非政府组织在做出提供服务和雇佣关系决定的时候，彻底独立，不受任何政治派别和宗教派别的影响。安全人员没有资格参加大会或者取得职位。

·指派一个有资格的公共会计。

·形成预防利益冲突的严厉程序。

·形成对人力和财务资源最适宜的使用计划。

·形成手册以正确解释在管理、财务、运行监督和评估中的程序。

·通过参与巩固管理观念，以增强职员和受益人的所有者意识。新出现的领导班子应该具备组建真正职员的能力。

·在策略形成的过程中有职员的参与。

·保证计划是应对真正的社区需要而不仅仅是捐赠者的议程，不应对社区产生负面影响，具备可持续元素并且具备经济可行性。

·以增强服务和计划的方式发展组织能力。这将保证组织发展的元素必须包含在行政、财务、数据体系和人体资源的实施计划及给予的应用中。

·明确管理机构和职员之间的交流界限。

·批评性审查组织文化、政策和程序，寻求增强自我责任、创造性和尊重多样化。

·形成清晰的标准作为采取行动和评估方法的一部分。

·通过参与产生民主。

·形成鼓励主动性的文化。

·向职员提供行为准则文件。

·以符合现行法律的方式设置书面的有关职员和志愿者的政策。

·申报纳税的义务和尊重法律及合约的义务。

·通过公正的方法、能力建设和责任意识在职员的评估中坚持正确的态度。

当个人或者负有特殊责任的团体在组织内部寻求方式来促进个人、宗派或者党派利益的时候，利益冲突就出现了。

为了预防这种事件的发生，董事会必须保证具备严格的程序。这些程序应该以完全透明的方式被职员和董事会成员实施。

所有的管理成员应该宣布其财务或者个人利益及其性质。在一些情况下，当他或她的利益被涉及的时候，他或她应该在决策过程中回避，除非有例外情况。

除了2000年慈善组织法一号的规定，还有对董事会的成员在同一非政府组织工作领取报酬的限制（第20条），同样的原则适用于与董事会成员有一级和二级亲属关系的人员（第16条）。所以，我们应承诺遵守以下：

①董事会的成员没有任何的特权。包括研究、培训和付费咨商。

②禁止把大会的成员地位或者托管董事会的成员地位与非政府组织的最高长官的地位联系在一起。职员如果在选举董事会成员或者对有关问题进行投票时涉及个人利益，如薪水和其他利益有直接关系的时候，必须回避。

③禁止董事会的任何成员通过婚姻与非政府组织行政长官产生一级或二级的亲属关系。

④禁止通过与各职位缔结婚姻建立一级和二级的亲属关系的方式监督或监视他们。这些职位包括行政长官、财务经理和监理职位。也不允许行政长官作为其一级或二级亲属的上级或下级，也不允许其通过婚姻的方式建立关

系或成为私人企业的合作者。

⑤当存在着利益冲突的时候禁止在不同的非政府组织之间互换监督职位。

⑥为了实现上述要求，每一级大会、董事会成员和雇员必须签署表格——"关于利益冲突和信息披露声明"。

非政府组织的使命表明了其存在的原因和其要实现的目的，并且通过清楚的政策表示出来。这些清晰设定的使命应该成为所有活动和计划的基础及参考。人力及财务资源必须为实现所宣称的目标而被有效地使用。

每个机构要特别需要做以下事项：

①董事会：每一个董事会的成员必须要全面掌握和支持非政府组织的任务，他或她必须要明白和承担在发展组织的过程中他或者她的角色和权利。

②评估：组织的使命和活动必须在两个层面上得到审查：

有规律的审查组织的使命（每两年或者三年）保证使命仍然与组织相关。

在所有的事项中需要评估的是：

·组织的使命是否已经被组织或者另外的机构实现。下一步就是确定在先行框架下进程的优点。

·随着社会的变化是否有需要改进非政府组织的使命。

·如果需要改进使命，调查设定新目标的可能性。

有规律的检查非政府组织的活动以确保他们的效率和相关性。这将包括检查改进先行项目的可能性或介绍新的项目。在这个层面上需要评估的事项主要有：

·评估活动是否与先行的使命相符或者根据使命的变化是否需要修改或者结束。

·在实现组织目标中的有效性。

·由项目的受益者获得的结果。

·与结果相比后的项目成本。

·是否需要新的服务。

评估的进程需要保持开放性并且需要所有利益相关者的参与。

③目标的一致：活动必须与组织的目标保持一致。组织的使命必须构成策略的形成和行为计划的基础。并且需要注意的重点是确保目标已经或者将要完成。

④在实现上述目标时必须保持效率。

⑤需要从项目的受益人和所有的利益相关者处有规律地获取回馈。

⑥必须要按照所提供服务的概念实践职业水准。

在非政府组织所有的活动中，特别是与公众的交流中，必须要保持互相尊重。要付诸所有的努力去避免问题的产生或者运用开放性思维和忍让的态度去解决问题。另外，档案必须被正确地记录，并且信息要在易获取数据选择的指导下被很好的保存。

非政府组织不能卷入任何的欺诈、非法活动或者虚假财务交易中，并且应该采取必须的措施与这些活动相抗争。

每个非政府组织都必须承诺发展由董事会所批准的行政和财政体系，规定政策和雇佣程序，它将包括以下：

①雇佣政策和程序。

②一套清楚透明的雇佣体系，包括雇佣机制，工作空缺的宣布，没有在党派、提名、宗派或性别基础上的歧视性的工作需求。当事情在宣称的政策下针对特殊类别有积极的区别，本条款的适用应有例外。

③确定与达到最低人类生活标准相符的最低薪水。

④向职员宣布薪水标准及所有的其他利益，包括酬金和其他的收益。但是不允许在非政府组织内部因职员或进行的咨询和培训而获得费用。

签署此文件必须承诺首先采用调停和仲裁的方式解决发生在非政府组织之间、或在非政府组织内部或者仅仅是劳动性的争端。

为了实现该目的，签署者应参与选举仲裁委员会来接受抱怨和控诉，并且按照特定的一系列法规来解决争端，保证每个非政府组织的独立和隐私。

博茨瓦纳非政府组织委员会行为准则

‖‖

■ 行为准则

本行为准则由博茨瓦纳非政府组织委员会起草。

1. 定义

行为准则：意为预先设定的道德和社会行为的标准。

部门：应意为非政府组织部门。

非政府组织：是指合法形成的拥有非营利地位的独立组织，其主要的动机是为了提高人们的福利。

注：在本文件中所包含的定义中，任何词语都必须与博茨瓦纳宪法和成文法中蕴含的意义保持一致并且按照宪法和成文法进行解释。

2. 序言

我们，在博茨瓦纳行为的非政府组织，认识到了博茨瓦纳的社会、经济和政治的转型及全球化进程为非政府组织部门创造出了许多新的机会和需求。非政府组织必须注意及回应其服务的人民的需求和强烈的愿望，并且尊重他们的文化价值和人权。非政府组织必须在其行为中保持透明并且为其使用的资源负责。在发展本行为准则的过程中，非政府组织应该受博茨瓦纳在 2016年规划中陈述目标的指引，即博茨瓦纳将通过自律文化追求美德；未来的博茨瓦纳将是一个民主社会；2016 年的博茨瓦纳强调从国家总统到各社区的领导者将为其行为和决定对所有的人民负责。

行为准则应使非政府组织保持做为应对保持民主化及广泛参与的组织及

加强人们可以单独或者集体决定其应对命运环境的挑战。为了实现此目的，非政府组织强调其承诺：

（1）保持及遵守民主、社会正义、平等、人权和善治的基本原则。

（2）保护他们独立和自治的整体性。

（3）保持应对他们所服务人民的需要及美好愿望。

（4）在可持续人类发展的环境下促进良好实践的运用。

（5）把支持和鼓励人们在发展进程中的参与作为规则或者政策，而不是可以选择或者是特权。

3. 通过上述内容的设定，非政府组织承诺其要实现在序言中设定的目标及实施在行为准则中下设的指南

3.1 建立能动环境

非政府组织承诺其：

（1）促进能够激励对结社、言论和良心自由的尊重，保护和维持能动的环境。

（2）促进和维持使社区能够有效地参与影响他们生活发展问题的能动环境。

（3）建立能够使职员在共同信任、诚实和个人承诺的基础上，为了实现组织、受益人和他们自己成长和发展的利益而保持创造力和有策略性的能动环境。

3.2 价值

（1）虽然非政府组织保持追求不同利益的多样性，但是他们承诺追求和维持提高人类福利、增加人们对他们发展的需要以及权利注意的组织价值。

（2）组织价值也应在对美德的追求、尊重人类文化和历史及促进人类集中可持续发展中有所体现。

（3）董事会成员、职员、志愿者和合作者的个人价值不能与组织价值的整体性相冲突。

3.3 透明度

非政府组织部门应该保证包括董事会、理事会、执行委员会、各委员会及秘书处在内的管理机构在执行他们所有职能的时候保持透明。

3.4 治理

（1）非政府组织应该保证民主管理组织的存在，并且保证在其内部工作

的人们是通过参与民主进程选举出来的。

（2）非政府组织应该保证，一旦人们被选举为行使权力者，他们不能永远停留在这个位置，并且必须宣称高度的道德目标和整体性。

（3）要给予非政府组织、职员和项目受益人足够的政治和社会空间，使他们决定其在社会和发展中的理想、角色和责任。

（4）管理机构应该受到社会正义、政治敏感基本原则及从组织到人民和社区权力平衡变化的能力的指引。

（5）所有的非政府组织应该制定明确的政策和管理指南作为其最好实践的基本基础。

（6）非政府组织的领导者应该避免他们的政治利益和非政府组织的利益之间存在的潜在冲突。

3.5 问责性

非政府组织应强调其承诺：

（1）不但要为捐赠者和政府，而且要对项目收益者和职员的行为和决定负责。

（2）对从捐赠者、政府、成员、其他合作者组织获得的自我进行活动的财务资源负责。

3.6 募集资金和资源动员

非政府组织应该认识到资源动员对非政府组织干预的持续性而言是非常重要的挑战。鉴于此，非政府组织承诺：

（1）在向所有利益相关者进行募集资金活动时保持透明。

（2）所有完全代表他们或者以他们的名义进行的募捐都应用于社区。

（3）在非政府组织意欲向一个以上的捐赠者募集资金时，应以透明的方式向所有的利益群体提供他们所需的恰当信息。

（4）避免资金的适用与募集资金的用途相违背。

（5）保证各种财务支持不与他们的独立、自治相违背，不能阻碍他们为人民说话的能力。

3.7 财务管理

非政府组织承诺遵守法律设定的有关会计和审计程序的职业标准，特别是：

（1）满足所有的法定的财务管理和报告要求。

（2）建立正确和有效的财务管理政策、程序和体系。

（3）通过正当的会计体系建立有效的财务监督体系。

3.8 人力资源的管理

（1）非政府组织应该承认和尊重职员不同的方式和策略并且以不同的方式向组织表达忠诚。

（2）职员的权利、尊严、结社、良心和表达自由应该被尊重和保护。这是使不同的人们在非政府组织部门里，在寻求共同目标的过程中联系起来的基本元素。

（3）非政府组织应该发展和实施有关职员福利、发展和权利保护的明晰的政策、指南和程序。

（4）所有的职员都应根据其成绩和资格享有雇佣、提升、发展和培训的机会。

（5）非政府组织应在合适和可行的时候，采用激励机制以帮助职员保持职业化和技术资格。

3.9 非政府组织的管理

作为发展进程的有效的伙伴，非政府组织应该保证他们应采取措施：

（1）定义明晰的管理和职员的角色和责任，避免在组织内部产生利益冲突。这些角色应被正确地记录和通知给所有的相关方。

（2）在组织中坚持参与管理程序以增加所有权和决策的质量。

（3）鼓励产生新的领导者和提高现存领导者的能力。

（4）清楚地表达他们的组织使命、价值和目标，并且使所有的利益相关者理解。

3.10 能力建设

非政府组织承诺提高能力以适应新的富有挑战性的角色和责任，满足他们日益增加的服务要求，特别是：

（1）关注优先实现的策略领域，如计划的发展和管理、募集资金、人力资源发展和技术。

（2）保证所有的项目都包括增强能力建设的元素，特别是在人力资源领域。

（3）建立相互之间的合作关系，为了利用在非政府组织部门内已经存在的能力。

（4）通过分散决策制定和技能培训，增强职员和项目受益者在决策过程中的能力。

3.11 建立工作关系网以协调、合作和交流

在共享价值、使命和目标的基础上建立非政府组织之间的工作关系网以协调、合作和交流。非政府组织之间承诺提高相互之间的合作和工作关系网，特别是部门之间的工作关系网，特别是：

（1）促进和支持网络工作关系网模式，促进竞争的减少和活动的重复。

（2）促进和支持网络工作关系活动，促进不同的利益相关者之间信息的共享和经验的互换。信息共享不能违背组织的保密性。

（3）提高职员、项目受益人和其他利益相关者之间的交流，将其作为一项策略以保证人人都对有关项目和其他活动享有知晓信息的权利。

（4）要把利益相关者获得信息权利的原则考虑在内。

（5）提高相互之间的协调性，特别是组织和共同社区群体之间在处理共同关切问题时的协调性。

（6）发展志愿策略提高非政府组织之间的协调性。但是促进协调并不能与组织的独立性、权利和自由相违背。

3.12 合作关系

承认建立和加强在平等、信任和诚实基础上的可持续合作关系，非政府组织应：

（1）尊重每个组织的价值、政策、使命和目标，共同工作发现解决办法并且使用不同的技能和工作经验实现共同的目标。

（2）支持、促进和加强资源库的形成、决策中权利的分享、形成计划，促进有效协调和相互之间负责的合作关系。

（3）存在可持续的合作关系应该能够导致共同的使命、责任性和问责性的达成。

3.13 在国家、区域和国际层面的代表

（1）非政府组织在国家、区域和国际层面上的代表应该总是建立在组织首要职能和关注项目的基础上。

（2）非政府组织应该在关键问题上保证部门成员之间存在恰当的协商，为的是保证在国家层面上公正的代表非政府组织部门的观点。

（3）参加这类论坛的非政府组织代表负有向非政府组织报告该论坛结果

的义务。

3.14 项目发展和管理

非政府组织具有保证他们所提起的项目具备可持续性和经济性的道德责任，特别是：

（1）其项目应该对社区的需要和美好愿望负责，直接或间接地对其发展做出贡献。这些项目不能受到捐赠者的主导。

（2）这些项目不能对整个社区的福利造成危害。

（3）通过授权社区承担责任和享有所有权来鼓励和支持有效地社区参与。

（4）决定以实施和管理与社区有关的项目的方式为社区提供足够的政治和社会空间。

4. 行为准则的管理

行为准则的管理归于具备最高道德和社会整体性的人民，因为他们尊重法治和人权并且采取参与的方法和原则。人民将在下列组织中进行服务：

（1）理事：每一个独立的机构都应该包括三位有资质的人组成的理事会。

（2）理事会应该作为行为准则的监督者。

（3）理事会应监督行为准则的实施和管理，并且特别关注政策问题，除非有特殊需要，不必每日都进行工作。

（4）理事会的工作将由非政府组织特别工作小组进行协助。

（5）非政府组织特别工作小组应该由所有的非政府组织在非政府组织论坛上选举的七名代表组成。

（6）非政府组织论坛应由理事会在秘书处的帮助下组织召开。

（7）工作小组应该负责在非政府组织和其他利益相关者之间培养遵守意识；保证行为准则在所有非政府组织的行为和职能中得到体现并且占主导作用；监督和评估实施程序；促进冲突解决方法的管理；接受和听取来自非政府组织和其他利益相关者就有关行为准则所提起的申诉，并相应地提出被申诉者所要采取行为的建议；向非政府组织论坛提及有关行为准则的变化。

（8）理事会和特别工作小组的成员应根据行为准则实施指南中所设定的指导，以民主和参与的方式选出。

（9）理事会和特别工作小组的行为和管理，包括选举程序、权力和限制及两者的日常管理都应包含在行为准则管理指南中。

（10）每年，特别工作小组在秘书处的协助下应组织一个非政府组织反思论坛，在该论坛中，所有的非政府组织都应就行为准则的履行进行集体审查。

（11）行为准则应该适用于在博茨瓦纳行为的所有非政府组织，并且应反映在国家非政府组织的政策中。

（12）行为准则的修改只能在专门为审查行为准则所组成的非政府组织论坛中由参加该论坛的过半非政府组织通过后才能通过。

（13）博茨瓦纳非政府组织委员会是行为准则的秘书处。

5. 行为准则的监督和评估

监督和评估应该关注行为准则影响人们行为和组织文化的方式并且关注组织根据行为准则的要求怎么进行业务。

（1）非政府组织应该单独或集体地根据行为准则的要求对他们自己的行为进行审查。

（2）管理机构和职员应该自愿地监督和评估自己及组织的行为。

非政府组织参与阿富汗人道主义救助、重建和发展行为准则

■ 序言

因为阿富汗正处于历史发展中的独特时期，已经具备了长期稳定、经济繁荣和尊重人权的条件；

因为非政府组织是公民社会行为者，是促进阿富汗国家稳定和发展的强劲的公民社会；

因为非政府组织承诺致力于阿富汗的发展和能力建设；

因为新宪法和法律框架的发展为阿富汗提供了繁荣的、组织问责的、有责任行为的环境；

因为非政府组织，作为公民社会组织、紧急状况和发展项目活动的实施者，持续地为阿富汗人民做出重要的贡献；

因为非政府组织的性质和角色没有被很好地理解，导致非政府组织被认为是滥用资金、浪费和自我服务的；

因为各种类型的营利和政治行为者滥用非政府组织的名字来谋取他们的经济或政治利益；

因为非政府组织继续面临着使他们进入各种指南的需求，也许会威胁到他们作为公民社会行为者的能力和他们的独立；并且

因为行为准则可以使是非政府组织保证高标准的机制，包括透明度和问责性，

我们，阿富汗非政府组织的合法代表，自愿加入本行为准则并且承诺我

们的组织会遵守本行为准则中的原则。

■ 定义

行为准则是为提高非政府组织的行为和名声而设置的一系列共享的规则、原则和价值目标。

非政府组织是致力于服务社会公益的志愿性、非营利性、非党派性和独立的组织或者协会。非政府组织可以是国内的也可以是国际的、是以世俗和善意为基础的、具备成员或无成员的类型组织。

· "志愿性"表示非政府组织部门和社区合作者的自由意志。

· "非营利性"指非政府组织不能向任何人分配其资产、利润或者其他类似的收益。但是,他们可以向志愿者支付报酬或者用作仅仅为组织所陈述目的使用获得的收入。

· "非党派性和独立性"指的是非政府组织受自身管理机构的控制和指引,保持自身的使命不受任何其他力量或者群体的控制。

签署组织是指经过合法认证的程序签署和接受本行为准则的非政府组织。

我们指的是本行为准则所有的签署组织。

公民社会包括所有的不属于公共和商业部门的正式和非正式团体与协会,非政府组织是公民社会的一部分。

性别平等指的应该平等的考虑、尊重和帮助男人和女人之间不同的行为、美好愿望、需要和权利。这并不意味着将男人和女人变得一样,但是他们的权利、责任和机会不能取决于他们生来是男性还是女性。

性别公平指的是根据他们各自的需要公平地对待女人和男人。这也许包括不同的平等对待,但是应该根据权利、利益、义务和机会平等的被考虑到。

能力建设是个人、群体、组织、机构和社会提高下列能力的过程:

(1) 执行核心职能、解决问题、定义和实现目标;和

(2) 在大环境下以可持续发展的方式理解和处理他们发展的需要。

人道主义行为是采取措施预防和缓解人类冲突、危机和灾难的巨大人类痛苦的行为,包括涉及下述情形:

(1) 在冲突情况下,造成非战斗人员的损失或者丧失生命,或者

(2) 在冲突或者进行的政治危机中违反了人权或人道主义法。

非政府组织使命陈述

作为在阿富汗运作的非政府组织，我们的使命是致力于阿富汗的人道主义、重建和可持续发展的需要，特别关注残疾人和易受伤害之人的权利。我们相互之间、政府、捐赠者和社区之间建立广泛的合作。

行为准则的目的

行为准则应促进：

·在大众、政府、捐赠者媒体之间提高对非政府组织及其目的和成就的理解；

·通过自愿自我约束，达到非政府组织运作的透明、问责和良好管理的实践目标；并且

·通过提出行为标准提高非政府组织提供服务的质量。

一、行为准则的原则

（一）我们的组织以人为中心

1. 关注我们服务的人民：我们首要的忠诚、问责和责任指向我们服务的人民。我们的项目为应对人民的需要被涉及和发展。

2. 自我依赖和所有权：我们帮助人民和社区解决他们自己的问题。我们鼓励和帮助自我依赖的发展和促进人民享有完全参与影响他们生活决定的权利。

3. 人权：我们根据国际法努力地尊重、保护和促进所有阿富汗人民人权和义务的实现。

4. 信任：我们努力地创建我们服务社区的信任关系。

5. 参与和非歧视：我们尽最大的可能使我们目标社区中的男人、女人、青年和儿童参与到项目和计划的形成、实施和评估中。我们努力地保证我们工作社区内所有边缘化群体的参与。

6. 尊重当地价值：我们尊重个人的尊严和身份，了解土著知识、文化、宗教信仰和价值。这并不意味着我们支持任何贬低个人或者群体人权的行为。

（二）我们的组织承诺实现可持续积极影响

1. 效率：我们承诺致力于效率的提高以及扩大我们项目的积极影响。我们应该避免服务的重复。

2. 可持续性：在任何可能的时候，我们的项目应该寻求有效的可持续的解

决方法以建设阿富汗的所有权和能力，并且应受到社区长期发展目标的指引。

3. 环境影响：我们应该在我们所有的行为中使用负责的方法关注物理和自然环境并且对阿富汗的生态环境实施正确的管理。

4. 监督和评估：监督和评估项目的影响并且向相关利益关系人分享我们的发现，包括我们服务的社区、捐赠者、政府和大众。

（三）我们的组织承诺保持透明和问责

1. 我们承诺在所有与政府、社区合作者、大众、捐赠者和其他利益群体的交易中保持透明和问责。

2. 问责：为了管理我们的账户，我们发展和保持可行的财务政策、审计和系统。我们遵守宪法、法律和阿富汗政府的规章制度，并且在必要的时候游说政策的修改。我们在与募集资金、使用和保管资金有关的所有事项中是可信任的和诚实的。我们保持可行的财务、会计、采购、运输和行政体系，保证根据相关既定目的使用资源。

3. 透明：我们向相关利益者提供我们目标和活动的有关信息。我们保持和按照相关者和利益方的要求提供财务和活动报告。我们利用所有可利用的机会向大众通知我们的工作、资源的来源和使用。

（四）我们的组织承诺实施良好的内部治理

1. 管理文件：我们具备书面的章程或者协会备忘录，明确定义我们的使命、目标和组织结构。

2. 平等机会：我们在雇佣行为和提升职员的实践中，形成和采用书面的政策、原则和程序确保向其提供平等的机会。

3. 雇佣实践：我们尊重个人选择自由和其他利益相关者有关人力资源雇佣和解雇实践。我们善意的提供职位，支付合适的薪水，根据个人的能力分配工作责任，要求职员提供足够的注意和不能无原因的向职员提出解雇的通知。

4. 没有利益冲突：我们所有的组织交易没有个人和职业的利益冲突。除了在服务过程中发生的必要费用之外，董事会成员提供的服务都是自由和志愿的。

（五）我们的组织承诺诚实、正直和有效花费

1. 诚实：我们在所有的职业活动中都是值得信任的。

2. 正直：我们禁止所有的能够贬低我们组织道德正直的内部和外部行为。我们不会从事盗窃、腐败、裙带关系、受贿或者不合法的贸易。我们只接受与我们的使命、目的和能力相符之人的资金和捐助，避免贬低我们的独立性

和身份。

3. 有效花费：为了以最有效的方式实现我们的使命和策略目标，我们使用组织获得的资源。我们努力地减少浪费和不必要的花费，向我们所服务的人民分配所有可能的资源。

（六）我们的组织承诺多样化、公正、非歧视边缘化群体和采取坚定的行动

1. 多样化：我们期望能够正确反映阿富汗和我们工作区域中性别、道德、区域和宗教的多样化。

2. 平等：我们寻求更大的平衡、促进我们组织内部关系的平等和获取机会的平等。我们寻求我们所有的活动能够包括接受服务低下者、易受伤害者和其他边缘性的群体。

3. 性别平等：我们平等地考虑和尊重男人和女人的不同行为、美好愿望、需要和权利。性别平等包括平等对待或者不同对待，但是都需要平等考虑权利、利益、义务和责任。他们的权利、责任和机会不应取决于他们生来为男人还是女人。

4. 非歧视边缘化群体：我们的人力资源政策和实践促进非歧视招募、雇佣、培训工作行为和关系。

5. 坚定的行动：我们努力在总部、区域、董事会和能够作出高级决策的咨询群体中增加代表率较低的代表。我们期望我们所有的活动能够包括接受服务低下者、易受伤害者、边缘化群体和残疾人。我们努力在组织内外增强阿富汗妇女的角色作用。

（七）我们努力的致力于阿富汗能力建设

1. 能力建设：我们采取合适的步骤帮助理解阿富汗的需要、建立优先权和采取有效的行动最终实现阿富汗的人道主义、发展和重建目标实现的能力。

2. 协商：我们设置和实施与当地社区和政府协商的计划，因为我们致力于阿富汗长期的可持续发展。

3. 可持续性：我们设计和实施项目，使服务可以被目标群体或者政府机构替代，增强服务的可持续性。

4. 人力资源：根据我们能力建设的承诺，我们赋予阿富汗国民在招募、雇佣和培训项目中的优先权。

5. 人力和技术资源：我们尽最大的可能使用当地可获得的人力和技术

资源。

6. 合适的技术：我们促进使用社区拥有和维持的合适技术。

（八）我们的组织承诺独立

1. 独立：我们形成自己的政策、项目和实施策略。我们不允许政治团体、军队、具备政府性质或者其他服务目的的机构利用我们实施与我们的人道主义救助和发展使命不相符的项目以及搜集信息。

2. 自治：我们根据阿富汗法律和国际法努力保持我们的自治，坚决抵制与我们的使命和原则相冲突的强加条件。

■ **在人道主义紧急救助的情况下，我们遵守下述额外的原则**

（九）公平：我们仅仅在需要的基础上提供援助。我们不管接受者的种族、宗教、道德、性别、国籍或者政治分支机构而向其提供帮助。我们不向接受特殊政治或者宗教教义的机构承诺、运送或者分配人道主义协助。

（十）中立：我们不促进国内政治党派或者国际政治议程。我们不选择站在冲突方的任何一方。

（十一）使用 SPHERE：我们都了解 SPHERE 人道主义救助宪章和在灾难救助中的最低标准，并且寻求在实施、监督和评估我们的人道主义计划和项目中采用这些标准和 SPHERE 的指示。

■ **行为准则的遵守**

（十二）行为准则遵守委员会

1. 行为准则委员会（以下称"委员会"）应为最终促进行为准则遵守的机构。

（十三）委员会的组成

1. 委员会应该有 7 名成员。

（1）阿富汗救助协调机构、阿富汗非政府组织协调署和西南阿富汗和俾路支省协调委员会各为委员会指派两名成员。

（2）阿富汗妇女网络组织应该向委员会指派一名成员。

2. 委员会成员的任期应为一年。

3. 每个成员只能连任三期。

4. 委员会应该在其成员中选派一名主席和一名秘书。

（十四）委员会的职能

1. 委员会应该作为行为准则的指南。

2. 委员会应该保证公众、政府、捐赠者、非政府组织部门和社区合作者之间的理解、信任和合作。

3. 委员会应该每年召开两次会议，审议：

（1）非政府组织成为组织签署者的申请。委员会只能在该组织完成了下述（十五）所规定的文件之后才能被允许签署该行为准则。

（2）有关非政府组织对该行为准则不遵守的请愿或者控诉。该请愿可以从政府、捐赠人、社区合作者、大众或者另外的非政府组织处获得。

4. 委员会应该指定一位秘书负责委员会的管理。委员会秘书应：

（1）接受非政府组织成为准则签署组织的申请。

（2）保存签署组织的公共文件档案，并且按照需求使这些档案较为容易地获取。

（3）当签署组织被控诉违反了行为准则的原则，要求该组织提供书面报告。

（4）保证签署组织接受控诉者针对其提起控诉的副本。

5. 委员会应该在签署者之间增强遵守该行为准则的意识。

（十五）成为行为准则的签署者

1. 要成为行为准则的签署者，非政府组织应该向秘书以书面形式提交：

（1）合法注册：非政府组织在阿富汗政府合法注册的副本。

（2）运作经验：由正式签署者签署的证明该非政府组织已经至少运作了一年。

（3）成员组织的协调：证明非政府组织是下列一个或者一个以上协调机构的成员：ACBAR，ANCB，SWABAC.

（4）治理文件：清楚规定非政府组织使命、目标和组织结构的书面章程或者协会备忘录的副本。

（5）财务文件：最近财政年度的审计财务报告的副本；和

（6）运作文件：最近运作年度的年度报告的副本。对于国际非政府组织，全球年度报告的副本也应附上。

（7）完全的成就调查：一个完全的成就调查可以使秘书监督和交流非政府组织的混合成就。

（8）义务性政府报告：由计划部要求的半年报告的副本。

（十六）控诉

1. 任何人或者团体都可以向委员会的秘书提交控诉或者请愿（应有证据支撑）。

2. 书面的控诉应该包括以下：

（1）控诉者的名字和地址；

（2）请愿所针对的非政府组织或者工作机构的名字和地址；

（3）被控诉的已经进行的违反行为准则的事项；和

（4）在可能的时候，有关行为准则标准的参考已经被违反。

3. 秘书应该在接受完全的文本控诉后将其公开并且立即向遵守委员会的所有成员分享该控诉的副本。

（十七）委员会的管辖权

1. 委员会应该听取和决定任何的签署者或者任何代表组织行为的组织违反行为准则的所有的事项。

2. 当按照上述（十六）的要求提出的控诉完成后，委员会应该将没有违反行为准则的事项退回，或者通知控诉所针对的签署者或者官员。

3. 在重大违反行为准则标准的情况下，委员会应：

（1）召开由被控诉的签署者或者官员与提起控诉之人共同参加的会议讨论该事项。这种会议既可以是委员会召开的有规律的每半年一次的会议，也可以是专门为该重大违反行为准则的事项所召开的特别会议。

（2）应该要求签署组织或者官员就讨论的事项提供证据。

4. 当委员会发现签署组织或者其雇员已经违反了该行为准则，其就应该采取以下一个或者多种措施：

（1）提供必要的遵守教育；

（2）要求另外的签署者协助教育过程；

（3）建议签署组织采取直接针对向违反行为准则负责的非政府组织官员或者雇员的改正措施；

（4）劝告或者训诫签署组织；

（5）中止或者终止行为准则签署者的资格。

（十八）委员会成员的不出席

委员会成员不能对任何与其陈列在委员会之前有利益关系的事项进行讨

论和决定。

（十九）适用范围

1. 行为准则的所有原则应该适用于所有在阿富汗工作的签署该准则的非政府组织的签署者。

2. 行为准则的原则应该适用于为或代表同意遵守本行为准则组织的所有官员和雇佣者。

（二十）行为准则的遵守

1. 所有的签署者和所有的为或者代表签署组织行为的个人或者群体都应该遵守、尊重和坚持行为准则的标准。

2. 为了该目的，每个签署组织都应该保证其职员和雇佣者充分熟悉本行为准则的标准并且按照该标准进行工作。

（二十一）行为准则的修订

1. 行为准则的修订需要有签署组织代表的三分之二同意。

2. 委员会应该不时地审查行为准则并且向协调机构建议对行为准则进行修改。

附录：历史环境

自从 1979 年苏联入侵了阿富汗，国内和国际的非政府组织就开始在为全国的乡村和城市的人们提供帮助和为巴基斯坦的难民提供帐篷中扮演关键的角色。

■ 1977 ~ 1988

在苏联入侵之后，非政府组织就立即开始致力于向在巴基斯坦的阿富汗难民提供事物、帐篷和健康护理的需要。早在 20 世纪 80 年代早期，非政府组织就提议进行跨国项目向没有受到苏联控制的区域提供基本的健康和生活需要。在阿富汗内部工作的跨国项目主要包括 1984 年的教育活动和 1986 年进行的农业基础设施项目。在整个活动期间，"用现金买食物"的项目给予了阿富汗需要援助区域需要的资源。在整个 80 年代，许多的非政府组织也致力于倡议活动，努力提请西方资本主义国家对阿富汗人民作为战争侵略的受害者和难民的注意。

■ **1988 ~ 1995**

在 80 年代后期，非政府组织已经开始实施发展项目，除了提供紧急情况救助之外，在"慢性紧急情况"和政治安全稳定的环境下使用发展原则。在 80 年代后期，政治环境的变化和阿富汗资源的增加导致了大量非政府组织部门的发展。大量的非政府组织迅速增加、增强阿富汗能力建设的支持增加、一些非政府组织协调机构成立了致力于增强非政府组织社区的问责、标准和职业化及协调增加了非政府组织的影响和减少服务的重复。在此期间，许多的阿富汗非政府组织和数以千计的阿富汗人民一起，在国际非政府组织的支持下在非政府组织主导的培训机构里面增长了他们的职业技能。协调标准被发展了，特别是在健康和农业部门。

■ **1996 ~ 2001**

在塔利班时期，自 1996 ~ 2001 年，尽管有许多政治限制，但国家很多部分安全的增强使机构在偏远的乡村区域能够与当地社区直接工作。非政府组织继续与联合国和捐赠机构保持积极地亲密合作，建设优先执行项目和为促进连贯的、集中的对阿富汗的既定原则而努力。经过 20 年的努力，大多数非政府组织发展了为保护阿富汗儿童而适用的一系列同意的原则，在此期间主要以合作为典型。

1997 ~ 2001 年严重的干旱使许多乡村社区的人道主义需求难以满足，并且促进了城市区域新方法对在巴基斯坦和伊朗的国内帐篷和难民帐篷需要的替代。许多非政府组织扩大了他们的紧急状况活动以帮助这些人民，他们也继续他们的发展项目。

■ **2001 年后期到现在**

2001 年 9 月 11 日的事件之后，阿富汗非政府组织的工作环境发生了翻天覆地的变化。在 2002 年，大量从邻近国家回归到阿富汗的难民需要新的住所和食物。随着塔利班政权的衰落，非政府组织与过渡中的阿富汗政权合作，逐渐寻求平衡以应对长期重建和发展项目的紧急状况。国际社会承认的过渡阿富汗伊斯兰国家的出现为非政府组织提供了再次扮演人道主义行为者角色的机会，不是作为服务的合约者，而是作为以使命为导向的公民社会组织而行动。

加拿大国际合作委员会道德准则和行为标准 *

|||||||||||||||||||||||||||||||||||||||||||||||||||||||||||||||||||||||||||||||||||||||||||||||||||

■ 道德准则

一、序言

1. 本道德准则为加拿大国际合作委员会及其成员组织设置必须接受和遵守的基本道德原则。

2. 对于加拿大国际合作委员会来讲，发展可以实现基本人权的社会、文化、经济和政治进程的进步。这些权利已经被明确规定在《联合国世界人权宣言》及相关的一些核心条约和机制中，如《联合国发展权利宣言》和《消除一切形式的妇女歧视公约》。

3. 发展必须首先实现世界上最贫穷和最边缘化群体的权利、需要和美好愿望；它必须促进对冲突的和平管理和对自然环境的卫生、多样化和恢复的保护。

4. 虽然承认对人权保护和促进是政府所承担的首要责任，但加拿大国际合作委员会和它的成员通过发展和倡议活动来支持这些权利的实现。

5. 作为加拿大公民社会的一部分，加拿大国际合作委员会和它的成员促进和支持加拿大与国外的公民社会的兴起与发展。促使人们的组织、志愿机构和其他社会受益机构成为发展行为的整体组成部分。

6. 以加拿大国际合作委员会的集体经验为基础，建立和增强与公民社会组织合作的基础关系是实现发展结果的关键。

7. 既然加拿大国际合作委员会和它的成员组织能够影响公众对国际合作组织的观念，那么他们就在活动中承担起增强公共信任的重要责任。

二、一般原则

1. 人权：在他们所有的活动中，加拿大国际合作委员会和它的成员组织应该尊重和促进人权以及所有人类的尊严。

2. 问责：加拿大国际合作委员会和它的成员组织应为国际发展作出的贡献和对资源的占有而对他们的国际合作者、他们的职员、他们的捐赠者、加拿大民众和相互之间负责。

3. 透明：加拿大国际合作委员会和它的成员组织应该与他们的合作者、捐赠者、公众以及相互之间自由和准确地交流。

4. 公正：加拿大国际合作委员会和它的成员组织应该在他们所有的活动中实践和促进平等和公正。

5. 合作：加拿大国际合作委员会和它的成员组织应该为了促进加拿大在国际发展中的参与而互相合作。

6. 可持续发展：在他们所有的活动中，加拿大国际合作委员会和它的成员组织应该采取恰当的措施促进环境的可持续发展。

三、组织原则

加拿大国际合作委员会和它的成员组织应保证这些基本原则适用到他们的机构、治理和行为中。

四、发展原则

发展应该促进人权和基本自由的全面实现。为了达到此目的，发展应：

1. 满足人类的基本需要；

2. 在实现目的和分配利益的时候以人为中心；

3. 致力于发现全球不平等的根本原因，而不仅仅是表面症状；

4. 通过平等地分配权力、财富和获取资源促进社会公正；

5. 使穷人、被压迫之人和被边缘化人能够被组织并提高他们的境遇；

6. 反映妇女的关切、愿望和经验，使妇女能够全面实现她们的权利；

7. 尊重土著居民和他们自决的权利及统治自己领土的权利；

8. 反映所有人民的文化和精神整体性；

9. 保证被边缘化个人和群体的全面参与；

10. 保证在环境、社会和经济领域的可持续发展中，保护下一代的福祉；

11. 注意军事化的威胁，促进和平解决国际、国内或地方冲突；和

12. 促进联系共享利益和问题的全球运动。

五、合作原则

在本部门目的范围内，"合作"意味着加拿大国际合作委员会成员组织和公民社会组织之间达成的每个组织在特定时期内所遵守的原则和行为的双边协议关系，而不是与个人和政府之间达成的协议关系。虽然这些原则不能适用于加拿大国际合作委员会成员组织建立的其他类型的关系，但是希望能对那些关系起到指导作用。

除了上述部分设定的发展原则，加拿大国际合作委员会和它的成员组织还承诺适用合作关系的下列附加原则。

1. 合作关系应该成为长期存在的载体，通过公民社会组织来维护人民决定的权利和实施能够促进他们自身选择发展的活动；

2. 合作应该促进和扩大人民的权利和基本自由，全面实现社会公正、全球财富的平等分配和环境的可持续发展；

3. 合作关系应建立在实施特定项目和计划之外的能够暗含共同支持和团结的社会共享目标和使命的基础上；

4. 合作应该在尊重和促进价值多样化的基础上形成；

5. 合作必须包含平等。承认不平等经常因资金关系中的动力而存在，合作者应该致力于建立平等的合作关系；

6. 合作应该在尊重和诚实的基础上建立有活力的合作关系，只有这样合作者才可以更好地相互理解和尊重；

7. 合作者应该向另一方保持透明和负责；

8. 合作者应该尊重另一方的自治和限制，并且在他们合作活动中致力于建立共同信任的环境；和

9. 合作者应该努力地向对方学习并且促进知识共享。

■ **行为标准**

一、序言

为了向加拿大国际合作委员会和它的成员组织实施上述道德准则提供指南，本部分设置了行为标准和遵守程序。

二、合作关系

在本部门的目的范围内，"合作"意味着加拿大国际合作委员会成员组织和公民社会组织之间达成的每个组织在特定时期内所遵守的原则和行为的双边协议关系，而不是与个人和政府之间达成的协议关系。

应该在遵守上述道德准则的基础上与公民社会组织建立合作关系，并且可以通过在共同同意的基础上附加发展原则来丰富该合作关系。

1. 合作关系的提起

（1）合作关系应该建立在对每个组织的价值、信仰、目标、目的和限制达成理解、共识的基础之上。

（2）合作关系应以共同接受的签署协议作为支撑，来表明所有的成员对议定的合作作出目标、期望、角色、责任和贡献。

（3）合作者之间的协议应该包括保证为实现议定目的、目标和陈述之结果所分担的责任。

2. 维护和增强合作

（1）坚定的合作关系应包括致力于解决因权力的不平衡所导致的不平等。合作者应该确定和试图采取有效的措施来增强平等关系。

（2）合作者应该致力于通过透明的信息共享来加深相互之间的理解。有关合作关系的活动，在尊重个人隐私权利的情况下，应该是公开的，并且容易使其他成员方获取。

（3）尊重不同——包括文化、宗教、社会经济和政治的不同——应为每个合作关系的特点。

（4）合作者为了合作关系的健康发展应该进行有规律的公开进行交流，保证所有的合作者都能被合适的代表，并且没有一个组织进行代表其他组织进行单方面发言。

（5）组织应该尊重合作者的贡献，尊重他们的知识产权和承认他们由于合作关系所产生的产品和结果的所有权。

（6）健康的合作关系会因对两个组织之间的不同意见采取迅速及建设性的回应而增强。合作者应该积极地回应冲突应怎么被解决。

（7）合作协议应该设定明确的时间界限来确定合作关系应怎样持续。

（8）当合作关系内部存在资金转移的时候，成员方应该遵守议定和共同签署的合同，在合同中应有双方同意的报告，要求保证所有的成员方按照同意的方式使用发展资金。

（9）在面临灾难的情况下，如在资金合作关系中缺少资金，所有的成员方应该迅速地实施双方共同议定的补救计划。

3. 终止合作

（1）终止合作关系的条款、条件和合适的程序都应该被包括在合作协议中。

（2）在毫无预见的情况下，在所有的成员方按照双方议定的为了合作关系的运行而逐渐缩小合作范围的情况下，各成员方也要努力地遵守同样的行为标准。

三、治理

1. 每个组织都应该被一个独立、积极和正式的管理机构公平和负责人的进行管理（如董事会）。

2. 所有管理机构的投票成员都没有报酬，除非在实现其组织职责时发生了合理的费用。

3. 每个组织都应建立和进行周期审查，有利于完善实现其职能的管理框架。机构应该使组织能够迅速的作出决定和实现其责任。框架应该包括合适的治理结构、高级官员和管理机构的关系及决策制定的程序。

4. 组织的管理机构应该审查和通过组织的年度预算、重要政策、关键财务交易、补偿行为、计划和项目、职员的担任、委员会和职员负责的行为与选出的人员所实现的成绩。

5. 组织应该采取有效的政策来预防和处理利益冲突的情形。

6. 组织应该具有禁止歧视、促进性别平等和在组织的各个层面确保弱势群体参与的政策。这并不剥夺组织在遵守法律情况下自我定义的权利。

7. 管理机构应该通过协商和协调计划周期性的对组织的管理文件、目标、使命、目的、优先权、资源的分配和有效性进行评估。

四、组织整体性

1. 组织的事项应该被诚实和透明地报露。组织的有关目标、项目、财务、活动、结果、有效性和治理的有关信息应该向公众作出完全、公开和正确的披露。例外是个人事项、法律事项、专有信息和符合道德和法律需求的个人隐私。

2. 组织应该保证以及时和公正的方式处理控诉，尊重被涉及方有关隐私和披露的权利。

3. 组织应该遵守所有的现行联邦法律和规章制度及其注册和行为地省或者市的法律及规章制度。在加拿大国外进行行为的组织应注意遵守其行为的地外国法律和规章制度。

4. 组织应该反对参与任何不法行为和财务不端行为。无论何时和何地，都应对其管理机构的任何成员、雇佣者或志愿者所从事的不法行为采取迅速及坚定的改正行为。

五、财务

1. 组织应该以保证资金的正确使用和对捐赠者负责的方式进行其财务行为。它应该根据管理机构通过的预算进行行为并且应该具有严格可行的内部控制和成文的财务政策和程序。

2. 政府应该保证有足够的资源来进行有效的管理和正确的募集资金。

3. 组织应该有年度财务审计陈述并且使公众较容易地获取这些陈述。

4. 组织应保证谨慎地管理资金。任何进行资产投资的组织都应该具有和遵守投资政策。

5. 每一个注册为慈善组织的组织应该在它财务年度结束的 6 个月内做成注册慈善信息统计表，该统计表应该完整和正确。

六、募集资金和向公众交流

1. 募集资金的活动应是真实的，应准确地表述组织的身份、目的、项目和需要，应作出组织可以实现的承诺、应尊重捐赠者和潜在的捐赠者。不能有任何误导性的信息和图片（包括遗漏材料或者夸大事实）、也不能有任何可以导致错误印象和误解的交流以及在募捐行为中使用高压策略。

2. 组织应该保证：

（1）告知公众组织意欲使用捐赠资源的方式。

（2）当公众成员被邀请支持特定的目标或目的时，他们应被通知捐赠物是否会被改派，如果捐赠物被计划他用组织应该向公众成员提供一个解释。

（3）公众应被告知捐赠者是否为志愿者、雇员或者组织雇来的募捐人。

（4）捐赠者在作出捐赠时应被鼓励问出问题并且应该被给予迅速的、真实和直接的答案；和

（5）捐赠者接受恰当的感谢，但是没有他们的同意不能公开。

3. 组织应该具有政策和程序保证其接受捐赠物不能违背其道德、关注的项目或者其他利益。

4. 组织应保证在向公众交流时包括的图表和文本，应

（1）尊重被描述者的尊严和权利以及他们的生活方式；

（2）是准确的、和谐的、真实的和可实施的真实叙述，不能仅仅概括和掩盖事物的多样化；

（3）在他们自己的发展进程中把地方社区描述为积极的代理人，不能产生偏见或者产生北方优越的意识；和

（4）鼓励在图表中显示和在文中讨论加拿大公众和人民之间的交流和相互依赖的意识。

5. 组织应该控制由其自己进行的所有募集资金的活动，其不能直接或间接地在贡献物品的基础上支付中间人费用、佣金或者百分比补偿。当使用外部募捐者时，组织应该有一个书面募集资金合同，避免这些外部募捐者的不合适的私人所得。

6. 组织应该寻求其合作者参与公众交流。

7. 组织应该注意到公众从其自身的交流信息和其他组织的有关交流信息中所获得的认识以及逐渐产生的影响。组织也应保证其信息不能诋毁建立长期的可持续发展的目标。

8. 当组织所实施的活动同时涉及募捐和项目活动时，其应该正确分配募集活动和项目的花费。

9. 组织应该把其最近的财务陈述、年度报告和管理机构现有的成员名单

以较为容易的方式使公众获得。

七、管理行为和人力资源

每个组织应：

1. 努力地遵守可行的适合其使命、运行和管理机构的管理和行为实践；

2. 提供给雇员和志愿者对组织期望进行详细描述的工作叙述和职责；

3. 应具有明确的、详细规定的、有关雇员和志愿者的书面政策和程序以及统治这些政策和程序的过程；保证这些政策明确定义和保护个人的权利；

4. 向每个雇员详细的描述和交流报酬和利益，使财务安排实现其财务承诺；

5. 尊重雇员进入工会或者协会及集体议价协议的权利；和

6. 向雇员和志愿者提供有关道德准则和行为标准的教育。

八、实现遵守

1. 加拿大国际合作委员会的新成员应该在成为成员的一年内提交一份完整的自我评估表格，来表明其现在的遵守状态。组织应从成为成员资格起的连续 3 年内向加拿大国际合作委员会提交其从管理机构获得的全面遵守的正面描述或者没有遵守的解释。任何有关对本标准没有遵守的描述都应该由加拿大国际合作委员会重新评估和作出决定。

2. 每一个组织都应每 3 年重新提交其遵守情况。

3. 根据加拿大国际合作委员会的要求，每个成员组织都应在加拿大国际合作委员会设置的时间范围内，提交有关道德准则和行为标准实施的任何文件。

4. 成员组织如果对其他成员组织的有关道德标准和行为准则的行为有疑问或者质疑，其应直接与该组织或者加拿大国际合作委员会的职员进行讨论。如果该组织没有给出满意的回答，则该问题将在进行公众讨论之前被提交给加拿大国际合作委员会道德审查委员会。

5. 任何成员组织都不能在其与公众进行交流时传播有关其他成员组织或者加拿大国际合作委员会的错误信息或者做出使其丧失信用的行为。

柬埔寨社会发展非政府组织和人民协会道德准则

‖‖

一、社会发展组织和人民协会是符合下列条件的组织：

1. 其目的是与柬埔寨人民一起致力于发展建立在公平和平等基础上的社会；

2. 其政策和规划是在独立于任何捐赠者和政府机构情形下做出的；

3. 不依附于任何的政治团体；

4. 非为营利组织，组织的受益不能为任何的个人所得而分配；

5. 其活动是在对种族、道义、政治忠诚、皮肤颜色、国内来源、年龄、宗教、残疾或者性别不产生歧视的情况下进行，并且

6. 按照柬埔寨王国的法律进行运作。

二、通过他们的项目，非政府组织和人民协会：

1. 尊重他们所服务社区的尊严、价值、历史、宗教和文化；

2. 促进避免依附的自我依赖、自我帮助、广泛参与和可持续发展；

3. 寻求增强柬埔寨的组织和人力资源；

4. 考虑被他们项目所影响到的利益相关者的福利和他们的基本担忧；

5. 寻求促进提高妇女地位和她们权利的获得；

6. 寻求保证他们所提供的任何物质帮助都是恰当的并且满足国际社会普遍接受的标准，如果可能，应该在柬埔寨国内进行购买；

7. 寻求保证他们所提供的所有发展和救济帮助都是被国际社会广泛接受

的和被职业标准所指引而形成的；并且

8. 在他们涉及的任何倡议、公共政策和游说活动中保持非党派化。

三、非政府组织和人民协会之间的关系和合作

1. 应该在平等和相互尊重的基础上发展非政府组织之间的关系；

2. 在柬埔寨的国际非政府组织承认柬埔寨的长期承诺是必要的，目的是依赖和发展柬埔寨专家和职员，并且应该和柬埔寨的机构（政府和非政府）在运作中保持合作；

3. 非政府组织应该互相分享相关项目信息、禁止相互之间进行竞争、并且避免在重复的项目和干涉的领域进行合作；

4. 资金合作者应承认和尊重组织的独立和自治，并且与它们的合作者共同确定和分享他们自己的发展优先权；

5. 所有的组织都应该保证与提供资金的机构的关系是诚实和公开的；

6. 避免为同一个计划重复投入资金、向与活动无关的项目注入资源、过度陈述成绩或者能力、曲解非政府组织或者人民协会进行的事实。

四、在与皇家政府的关系中，非政府组织和人民协会应

1. 努力地寻求与柬埔寨人民和政府的合作，为重建国家和提高人民的生活质量而努力；

2. 努力地寻求在承认非政府组织和人民协会是任何民主社会重要组成部分基础上建立互相尊重和公开的环境；

3. 为了促进他们所服务的社区的利益，组织在必要的时候与政府的不同机构进行合作。

五、在他们组织的内部，非政府组织和人民协会应

1. 由独立的董事会和经正当程序组成的执行委员会公平、公正和负责任的进行管理；

2. 非暴力的解决所有的问题和冲突；

3. 禁止董事会成员、雇佣者或者志愿者之间直接和间接的利益冲突；

4. 以正直和负责任的方式处理他们的事项。除了个人事项和专有信息之外，他们的活动应是公开的和易于受到捐赠者的监督的；

5. 反对和不采取任何的错误行为、腐败、受贿、其他的不正当财务行为或者非法行为；

6. 承认组织所有的活动对非政府组织和人民协会社区产生的公众影响；

7. 为职员特别是柬埔寨职员的个人成长和发展提供资金；

8. 为所有的雇员提供公众的报酬，并且负责所有雇员的权利和福利；

9. 保证组织职员和成员的管理者和领导者的问责；并且

10. 努力地促进参与民主管理的实践。

在此我签署本道德准则作为与非政府组织和人民组织进行个人工作时坚持的原则和意图的陈述：

日期：

签名：

名字：

在此我签署本道德准则作为与非政府组织和人民组织进行个人工作时坚持的原则和意图的陈述：

日期：

签名：

名字：

题目：

组织：

名称缩写：

津巴布韦非政府组织道德准则

|||||||||||||||||||||||||||||||||||||||||||||||||||||||||||||||||||||||||||||||||||||||||||||||||||||||||||

■ 序言

我们，在津巴布韦行为的非政府组织，承认和坚持我们对组织行为透明的承诺，并向我们所服务的社会、政府和我们的捐赠者负责。我们坚持重申实现最高标准的承诺和承认我们进行自我约束的需要。

道德准则会使非政府组织应对不断出现的变化所带来的挑战。在此意义上，我们重申我们对本文件中所列价值目标和原则的承诺。

1. 定义

法规指的是非政府组织法规。

"非政府组织"指的是在非政府组织法规中所规定的非政府组织，并没有法规中的例外。

2. 价值目标

虽然我们从事不同的行为，但是我们具有共同的支持者，那就是大众。我们的目的就是提高我们服务对象——人民的福利。因此我们承诺从事以下行为：

·保证我们的工作是为公共利益负责，是对我们所服务的人民的需要和强烈的愿望负责，并且我们的计划不受捐赠者的操纵。

·坚持善治原则。

·在我们的工作中坚持保密。

·促进组织的整体性。

·在使用资源中，对我们服务的大众、政府和捐赠者负责。

·坚持非党派和非歧视。

3. 治理

为了有效地执行我们的职能，我们须具备有效的及健全的治理结构，必须配置有经验的、敢于承诺的及有责任的人员。为了实现这种目的：

·保证非政府组织具备清楚的及能遵守的愿望、职能、目标和政策。

·民主的选任办公人员。

·保证所选任的人员是具备道德节操和价值目标的，并且在任期结束之后让出他们的位置。

·保证在指派办公室人员时坚持性别平等。

·确定治理结构、会议的频率、法定人数、薪水及办公室人员在组织中的角色。

·避免非政府组织领导者和职员与非政府组织之间的利益冲突。

·保证治理机构指引组织的政策，领导者可以理解这些机构并能承担保证执行组织政策的全部责任。

·治理机构必须指引组织的活动、财务管理和对审计规则的制定。

·在社会和发展中给予非政府组织、职员和计划的受益者充足的空间决定他们的角色和责任。

4. 问责性

问责涉及到在我们的工作中促进民主和透明的文化。为了实现这种目的，我们会：

·为我们的行动和决定向政府、捐赠者和公众负责。

·对从捐赠者、政府、成员、合作组织获得的财务资源及通过自我活动获得的资金负责。

·保证利益相关者参与项目的规划、实施和变化。

·对项目进行有规律的评估。

·每年举行有规律的规划会议，这将作为我们进行自我评估的工具。

5. 组织整体性

作为组织，我们以整体原则为价值目标，为了实现此目的，我们承诺：

·遵守管理非政府组织工作的法律和规章制度。

·遵守反歧视法律的所有条款。

·在组织内部明确定义管理者和职员的角色和责任以避免冲突。应与管理者和职员就角色进行交流，并且这些角色必须被清楚的记录。

　　·在管理中实施参与民主，保证项目和活动以及决策制定的质量。

　　6. 人力资源的管理

　　作为在非政府组织部门工作的个人，我们拥有不同及多样化的背景。就是这种多样化把我们联系在一起，为了实现这种目的：我们会：

　　·遵守相关劳动关系法律。

　　·形成清晰和设定完备的指南以及被所有的雇员遵守的书面政策和程序。

　　·形成和实施具备明晰权力和问责界限的抱怨处理程序。

　　·具备明晰和透明的雇佣、提升、培训或者派遣培训员工的程序。

　　·具备清晰的职员发展政策。

　　·承认和尊重职员具备及使用的不同技能和能力。

　　·尊重和保护职员的表达、行动、良心和结社等宪法权利。

　　·如果可能，创设鼓励和留住具有职业权威的职员的激励机制。

　　·创设明晰和透明的薪水、利益和其他收益政策。

　　7. 能力建设

　　作为非政府组织，我们在不断变化的环境中行为。我们清楚为了适应新挑战、新责任，为了满足对我们服务日益增加的需要，我们需要不断地装备自己。为了实现这种目的，我们坚持我们的承诺：

　　·通过分配决策制定过程，提高成员在决策中的能力。

　　·使职员跟上技术的变化和进步。

　　·在计划管理和实施的过程中培训计划受益人，即使非政府组织停止针对受益人的工作，计划也会由受益人继续管理和维持。

　　·与相似的或者具备差不多意图的组织建立联盟，目的是可以利用对方的技巧和能力。

　　8. 联盟

　　作为非政府组织，我们具有共享的愿望和价值目标。没有其他非政府组织的支持，非政府组织难以真空运行。因此，我们承诺：

　　·建立联盟，为了共享主意和目标。这将会避免重复的活动和减少对稀有资源的竞争。

　　·通过联盟，我们散布信息、共享经验及在不与组织保密相冲突的情况下最好的实践。

·根据计划和活动的正确信息把公众成员指派给合适的非政府组织。

·在处理共同关切的问题时坚持良好的合作。这将保证我们的努力不会分裂。通过这种方式我们会有更强烈的效果。

9. 财务管理

我们的财务管理必须保证资金的正确使用，并且向捐赠者、政府和公众负责。为此，我们必须：

·遵守普遍接受的商业会计和审计实践，包括收据和授权程序。

·保证审计是由独立的在津巴布韦特许会计师协会注册过的审计员进行。

·具备透明的投标体系，并且鼓励妇女和少数人参与企业的投标程序。

·设置恰当的内部财务体系，并且雇佣有资质的人员管理和运行该体系。

·具备明确的薪水支付、咨询费和其他收益的政策，避免发生重复支付。

·保证非政府组织的职员或者领导者在采购物品的公司、企业或个人处没有投资利益。

·具有非政府组织有关职员贷款和使用机动车辆适用的明确的政策。

·保证采用正确的计划预算，在改动预案之前，我们应该咨询相关利益方。

·保证资金仅仅使用于打算的目的。

·公开宣布某一成员所涉及的欺诈、偷盗、滥用资金或者进行犯罪的其他企图。

10. 募捐和财务的可持续性

在捐赠日益缩小的环境中，资源的使用和财务的可持续性为非政府组织带来很大的挑战。为了解决此问题，我们承诺：

·进行透明的募捐行动。

·在我们意欲从一个以上的捐赠者处募集资金的情况下，我们应披露所有真实的或者潜在的捐赠者、资源及资金的使用情况。

·如果代表社区进行募集资金，那么应该向社区通知募集资金的努力并且使社区参与到募集资金的进程中来。

·避免除在获取资金时所宣称的目的而挪用资金。

·保证所提供的财务支持不能影响到组织的独立和自治。

·抛弃作为捐赠者附属品的文化理念。

·在津巴布韦法律许可的范围内募集资金。

11. 资源

组织的资产应以透明和有效的方式使用。为了此目的，我们应：

· 形成内部控制机制和监督资产的使用。

· 保证职员对工作时的花费负责。

· 为私人和组织使用资产形成和实施政策。

12. 行为准则的管理

为了使准则更加有效，其必须由一个具备高道德素质人员的机构进行管理。NANGO 会监督本行为准则的实施。其具备以下责任：

· 使行为准则被非政府组织和利益相关者注意。

· 保证行为准则在非政府组织实施职能的过程中起到主导作用。

· 监督和评估行为准则的实施。

· 记录所有由非政府组织提及的对行为准则的修改。

· 对行为准则的任何修改建议和修改只有在为审查行为准则而召开的特别会议上由多数非政府组织同意之后才能有效。

· 根据法规的第 37 部分第 2 款，应该采取必需的步骤去复原、重新分配、纠正和帮助一个组织改正或者使其停止被控诉违反的行为。

· 每年召开一次非政府组织的会议来审查对行为准则的实施。

13. 监督和评估

按照行为准则，组织将按照下列方式进行监督：

· 在他们的日常实践中由单个组织进行。

· 通过 NANGO 每年进行外部评估而监督。

· 应不时地出具针对行为准则效果的指南。

14. 行为准则的采纳

NANGO 的每一个成员都应受到行为准则的约束并且具有评定体系来衡量其对行为准则的遵守。

如果他们签署了针对该效力的宣言，那么非成员也可以选择遵守行为准则。

孟加拉国非政府组织联盟行为准则

一、背景

孟加拉国非政府组织联盟是在国内协调非政府组织的唯一联盟，其成员对穷人、残疾人以及整个社会经济的发展进行了孜孜不倦的努力，包括在消除贫困、小额信贷、健康、计划生育、妇女获权、儿童、妇女和成年人教育和权利、创设残疾人权利、残疾人和少数群体及他们的发展、能力建设、灾难防御和管理、农业发展、环境、生物多样化的养护、人权、民主和善治等领域里实施了一系列的项目。孟加拉国非政府组织联盟根据 1860 年的社会注册法案而设置并且成为孟加拉国非政府组织的代表联盟。

直到 2005 年的 11 月，孟加拉国非政府组织联盟的成员已经到达了 1053 个，为了代表草根组织，孟加拉国非政府组织联盟已经在孟加拉国 6 个区域内设置了 57 个地区委员会。

孟加拉国非政府组织联盟有一个由所有的成员非政府组织和准成员组织组成的中央委员会。中央委员会的所有成员通过投票直接选举出包括 21 名成员的国家执行董事会，任期为 2 年。有 21 名成员的国家执行董事会包括了 1 名主席、2 名副主席、1 名财务人员和 17 名成员。孟加拉国非政府组织联盟的区域委员会作为国家执行董事会理所当然的成员秘书。孟加拉国非政府组织联盟的区域委员会根据国家执行董事会组建，每个委员会最多包括 17 名成员。

并且，孟加拉国非政府组织联盟也有一个城市委员会。在达卡城市区域的非政府组织成员在满足了一些特定条件后选举了城市委员会。

二、孟加拉国非政府组织联盟的目标

孟加拉国非政府组织联盟的努力包括消除贫困和实现善治，其成员进行了许多活动致力于包括孟加拉国穷人和参加社区在内的整个社会经济的发展。该联盟的特殊目标是：

· 保护和保证非政府组织在各层次、各事项和各方面的合法利益。

· 增强和支持孟加拉国非政府组织成员进行的项目。

· 教育成员独立于政治党派和各种教义的发展精神和理念。

· 为了保证非政府组织部门的透明和公正，在非政府组织成员之间保持善治和形成包括道德价值在内的整个标准。

· 通过促进成员非政府组织在国内层面和国际层面接受在尊重、平等、人权和性别积极价值的基础上形成的行为准则，增强非政府组织部门的自律、团结和活力，加速国民发展。

· 鼓励实现包括穷人、种族、国籍、少数种族、年老者和残疾人在内的边缘团体最大利益的性别积极政策和项目。

· 增强各种层次的非政府组织之间的友好关系和追求目标的广泛一致。

· 为了实现国内非政府组织部门的最大利益，提议和设置有组织的直接和间接的行为。

· 为了举办国内非政府组织的活动，搜集和散发数据和其他的信息，并且采取措施传播技术、经济和管理的知识。

· 按照组织的最大利益，通过遗嘱、合同或者其他任何有效的形式获得的财产、责任、礼物、捐赠、捐助、动产或不动产，都可以出卖、购买、分配和发展上述财产，并且可以通过租赁、抵押、协议或者其他有效的方式进行投资，为实现孟加拉国非政府组织联盟的目标而使用收益。

· 为实现组织的最大利益，以合法的方式在中央委员会同意之后执行所有的活动。

· 设置主要由非政府组织联盟经营的人力资源发展中心，目的是发展非政府组织成员在不同项目中职员工作的标准。

· 为了更好地实施发展项目，应更好地发挥非政府组织联盟中央和区域委员会在国内层面和区域层面组成的不同非政府组织网络角色的作用。

·扮演代表非政府组织联盟中央委员会的角色，积极与不同国内和国际捐赠机构建立交流和合作关系。

·孟加拉国非政府组织联盟努力地促进成员组织的积极变化：

·鼓励所有的成员组织在其直接受益人中有超过50%的女性成员。

·鼓励成员组织承认在他们组织的所有项目中性别是最重要的发展元素之一。

三、孟加拉国非政府组织联盟的成员

1. 任何非营利组织。不属于任何私人所有者所拥有，组织的发起者不能获得组织的活动收入，并且不能与成员共同分享营利或者红利。只要按照政府的相关法律进行注册，积极地致力于经济社会发展，为国家的穷人和残疾人创设权利，就有可能被赋予非政府组织联盟成员的资格（一般成员或准成员），并且该成员要遵守非政府组织联盟的章程。

2. 非政府组织联盟的任何成员都不能参与任何政治团体或者其活动。

四、行为准则的理论基础

在独立后的三十年里，除了政府之外，孟加拉国的非政府组织致力于穷人经济社会地位的进步和国家的发展。目前，鉴于非政府组织在消除贫困、教育、健康、农业、环境、人权、建立民主和善治等各个领域进行了多面的活动为国家的发展做出了的重要贡献，因此其已经成为了国家的一个非常重要和不可或缺的部门。为了促进其继续为社会的全面发展和繁荣做出更重要的贡献，在非政府组织部门之间维持较为强大的统一、友爱和理解已经迫在眉睫。同时，对非政府组织为人们福利而进行的各种活动进行有效的管理，为非政府组织本身和在他们所有的活动之间创设有效地协调和理解也是非常重要的。总之，对创设一个文明、永久、平等和免除饥饿、贫穷和权利被剥夺的公正社会而言，持续努力的坚守承诺是非常必要的。为使非政府组织能够为实现前述目标而在国家发展中扮演更有潜力的角色正确的实施项目，制定非政府组织必须要遵守原则的行为准则是非常必要的。因此为了实现上述目标，确保各个组织高水平的职业化和透明度，我们将根据下述行为准则实施所有的发展活动。

五、行为准则

（一）向国家、贫穷的人们和非政府组织联盟及需要采取行为的承诺

1. 为了国家和民族的最大利益，非政府组织在地方、国家和国际层面上进行慈善工作。

2. 保证非政府组织为整个国家大量贫穷者的可持续发展和福利以及为整个民族的发展做出贡献。

3. 为了消除国家的贫困、增强人民的意识、实现自我依赖和保持草根组织的民主实践进行各种发展项目。这些项目是：全民教育、领导发展、社会动员和群体形成、培训、小额信贷、提高收入和就业率、组织发展、基础设施发展、农业、渔业和畜牧业、森林资源的养护和再生、社会林业、保护环境和生物多样化、妇女获得权力、人权、权力的设置、残疾人和少数种族的发展和重建、健康、卫生和计划生育、水和卫生、灾难预防和管理、救助和重建、民主和善治、民间文化的保护和促进等。

4. 为了实施组织的项目，从不同的政府间和非政府组织间机构、国民、国内外的发展伙伴处接受合法的资源。

5. 为了实现这些目的通过自己的提议获取资源。

6. 为了国内穷人的发展而不是为了个人的所得使用资源和支持。

7. 为了实施自己组织决定的不同发展项目，以正确的方式使用为穷人发展的目的而获得和产生的资金。

8. 通过在每个事项中保证真正的民主实践，建设自己的而不是依附于任何个人或者创建者的组织结构。

9. 毫无疑问地承认孟加拉国的独立和主权，为了国内穷人的福利进行各种发展活动，不管其宗教信仰、等级、宗派、宗教、种族、社区、语言、文化、性别、年龄、身体或者脑力残疾或者其他不同的特性。

10. 保证穷人广泛参与发展活动相关政策的制定程序。

11. 保持警觉，保证组织的任何活动都危害到国家利益。

12. 在实施发展项目时，实践和遵守下列受到普遍尊重的价值和理念：

和平、平等、友爱、社会、正义、团结和国际兄弟之间的感受、尊重人权、性别平等和同情、尊重道德、宗教和文化的多样性、忍耐不同的意见、合理的谅解或协议、尊重人类尊严和个人的多样性、尊重民主行为和理念、

诚实和正直、世俗理念、尊重透明和问责等。

13. 积极地移除实现社会平等和公正的所有障碍。

14. 拒绝在任何情形下，通过自己组织的行为直接或者间接地实现特殊政治团体和宗教团体的利益。

15. 进行任何合法和民主的活动方式，包括抗议、诉讼、倡议、游说等，和政治团体、政府、捐赠机构和所有的其他相关方共同消除可能由政治团体、政府或者机构所造成的有害情形。

16. 在完全免受任何政治团体和政治团体目标的影响下实施发展项目。

17. 禁止在任何情形下通过使用组织的项目直接或者间接的支持任何宗教团体或者政治派别的目标。

18. 避免任何人对政治派别的忠诚或者信念、任何人的宗教和意识形态以任何的方式影响组织及其发展活动或者其他的发展组织。

19. 在任何时间都要遵守非政府组织联盟的目标、目的、理念和政策。

20. 每年向孟加拉国非政府组织联盟中央办公室提交组织的进步报告。但是，非政府组织联盟保留在其认为需要的时候要求其成员组织对任何活动提交特别报告的权利。

21. 有规律地审计各自组织的活动和财务交易。

22. 禁止从事任何可能会对非政府组织联盟和非政府组织部门的利益造成破坏的项目或者活动。

23. 保持警觉在任何时候都不能从事反对国家或者国际层面非政府组织部门利益的政策。

24. 在这种情况发生时，要坚决地支持非政府组织联盟。

（二）与政府的关系和所需要的行为

1. 在对整个国家穷人进行社会经济发展活动时，给予没有任何政治和意识保留的支持。

2. 通过各自组织的发展项目向政府或者国家进行的项目发挥补充角色的作用。

3. 鼓励更多的相关行为者参与到国家的发展项目中来。

4. 为了保证财务透明和组织的问责，应根据透明和特定的程序向政府和大众提供有关项目和其他活动所获得的收入和花费。

5. 在所有的发展活动中持续增强政府组织和非政府组织之间的关系，目的是使两者之间现存的关系和合作安排在地方和国家层面上保持活力和建设性。

6. 与政府在彼此透明和相互尊重的基础上互换各种有关穷人发展的信息。

7. 鼓励政府和非政府组织就有关捐赠社区的发展、合作及目标的信息、意见和建议进行及时的互换。

8. 积极建立与政府实施发展项目的合作关系。

9. 应在所有的由政府和非政府组织共同赞同的目标和方法指导下进行的由非政府组织参与的发展项目中，继续对政府提出倡议和施加压力。

10. 遵守政府对相关注册机构就组织目的、目标、章程的透明度和问责提出的要求。

11. 按照组织提交的各相关注册机构的组织章程恰当地经营各自的组织。

（三）非政府组织之间的合作和需要采取的行为

1. 为了实现有效的、有活力的、整体的、繁荣的和强壮的非政府组织部门的目标，应积极地加强非政府组织之间的和谐和团结。

2. 扩大各自组织在实现上述目的过程中相互给予的任何事项的支持。

3. 不管其是否为非政府组织联盟的成员，鼓励所有的非政府组织团结在非政府组织联盟的领导下。

4. 通过在非政府组织间就穷人发展的不同方面进行共同交流、讨论，资源、信息、技能和经验的互换来促进非政府组织部门的团结。

5. 通过预防低效率、无能、滥用、性别歧视和针对妇女的各种形式的暴力和侮辱、偏见、不诚实、伪善、偏袒或者任何其他形式的不正常、地方自治主义和狭隘思想，保证发展组织在所有活动中的职业化高标准、透明与诚实实践。

6. 持续鼓励其他的发展组织按照上述理念和本行为准则通过的目标进行自我管理和指导。

7. 通过排除个人间的冲突、个人冲突、不正常的竞争、争吵、不和与对抗，在共同理解的基础上巩固非政府组织部门的团结。

8. 禁止个人和组织以任何方式控制或者影响其他发展组织。

9. 禁止在任何情况下影响任何发展活动的努力，并且禁止从其他组织处获得任何的个人利益。

10. 积极为建设强壮类型的区域非政府组织网络努力地开展解决社会问题

活动。这些活动是：预防妇女和儿童绑架、预防针对妇女的暴力、预防陪嫁、艾滋病等。

11. 鼓励和促进非政府组织联盟所有的非政府组织成员之间的兄弟情义、友爱、忍受、合作与尊重，不管其大小，也不管其在这些非政府组织的所有受益人之间所坚持的责任或者他们工作者的头衔是什么。

12. 每个组织要对发展项目坚持的共同问责性的选择负责。

13. 积极在发展项目中，在所有的合作者和利益相关者之间，在尊重和建设性关系的基础之上建立友好的工作环境。

14. 持续地在非政府组织之间提供促进活动标准、共同学习、创造使用经验的机会并且带来积极变化的美好愿望和需求。

15. 为了避免在同样工作区域重复实施项目并且避免因重复所带来的任何冲突，在同样区域里进行项目之前应谨慎地考虑其他非政府组织的在此进行的项目和活动。

16. 在上述事项不能达成共同理解的情况下，号召有关的非政府组织联盟委员会或者国家执行董事会作为调停者解决冲突。

17. 向执行项目中面对困难的成员非政府组织提供强有力的支持，使其免受任何政治意识形态的影响和免除任何的宗教偏见。

18. 通过增强各种类型组织的相互支持，加速非政府组织的互相发展。

19. 在解决有关任何项目或者工作区域的重复冲突中，保证遵守非政府组织联盟国家执行董事会的决定。

（四）与捐赠者之间的关系和所需要的行为

1. 在共同信任和尊重的基础上主动与捐赠者建立良好关系。

2. 除了政府之外，努力从捐赠者处吸引捐赠和支持，以确保国家的大部分穷人可以参与到发展项目中。

3. 对捐赠者的目标和目的也要保持警觉，避免非政府组织部门和国家的形象因接受的任何捐赠而受到玷污。

4. 禁止从捐赠者手中接受肯定会对非政府组织部门和国家的利益造成损害的任何捐赠。

5. 向捐赠者精确地叙述展示自己组织的使命和目标，并且按照各自组织的目标和使命以正确的方式使用捐赠物。

6. 努力对国内和国际区域的现实作出正确的理解，将其作为捐赠者在很多事项下决定捐赠资金和给予支持的指南。

7. 保证按照与捐赠者签署的正式的协议透明、合法地使用接受的资金。

8. 向捐赠者提供使用他们资金为穷人的发展开展的活动及双方共同同意规则的必要信息。

9. 真诚的试图通过设计出能够与当地需要和现实相连接的提议和项目来吸引捐赠者的捐赠和支持。

10. 在任何项目和部门中都必须包含在相关协议中的方式使用从捐赠者处获得的资金。

11. 禁止在损害捐赠者和非政府组织善意的活动中使用资金。

（五）职员的福利和组织需要采取的行为

1. 向本组织的职员有规律地提供薪水和收入，与服务有关的受益和其他的合法收入并且保证职员的法定权利和福利。

2. 向职员提供公平的薪水（按照劳动法），为了保证组织的透明度通过银行账户支付薪水。

3. 促进组织对女性职员的雇佣。

4. 把针对妇女和儿童的腐败和暴力行为看作是重大错误并且应因此解聘其服务，这将作为雇员工作期间服务条件的一部分。

5. 为了给予组织形态的真正含义，应该具备和实施下列因素：

治理政策、服务规则、性别政策、人力资源发展政策、财务管理政策、使用资源和销售与采购政策、办公室管理政策和职员福利政策等。

6. 在组织的内部程序中贯彻可持续的透明实践和民主价值，并且按照规则使用和保存所有的登记簿和档案。

7. 正确地向职员通知和更新组织的使命、目标和理念、职员在服务期间有权利享有的利益、他们的期望、责任、活动及组织的问题、期望、计划和进步。

8. 向组织的职员提供其自身发展所必需的机会和特权。

9. 在非政府组织部门中，把在不同的非政府组织工作的职员看作是重要的工作同僚。

10. 向各自组织的成员提供得体的和支持性的帮助保证他们有权利享有人的尊严的各个方面。

11. 禁止将职员仅仅看作是"领薪工作人员"和禁止偏袒行为煽动组织

将其利益和尊严与职员和捐赠者的利益相分离。

12. 应该将职员的教育、技能、正派意识、正直和其他人的素质作为一个衡量标准，而不是将职员薪水的多或少或者其社会关系层次作为衡量标准。

13. 积极在促进组织发展的进程中增加活力，通过把每个职员或者工作者作为光荣的合作者来实现该目标。

14. 在所有的发展活动中，保证组织的职员和目标贫穷社区的共同发展共同努力，并且提高他们的生活标准和福利。

15. 坚持目标受益人的福利和职员的福利不是两个相互冲突的利益，而是组织相互补充的目标。

16. 保持警觉使职员和任何依靠其的家庭成员的财物安全或者人权不因仅关注目标受益人或者组织项目的利益而受到威胁。

（六）遵守行为准则的义务和需要采取的行为

1. 为了非政府组织的部门纪律、团结和福利的最大利益，由同意遵守上述规则的组织的首要执行人员在合适的位置进行签名。

2. 禁止作出与行为准则基本目标不同或者相反的解释。

3. 禁止以误解行为准则中设置的词汇或者句子的方式在非政府组织之间、非政府组织职员、其他发展合作者或者受益人之间煽动任何的政治、冲突、分离和混乱，并且禁止教唆任何人这样做。

4. 保证接受非政府组织联盟的国家执行董事会对任何语言性的分歧所做出的解释。

5. 对行为准则的宣传、实施、监督以及坚持行为准则中设置的理念负有责任，保证非政府组织联盟的成员组织遵守本行为准则，并且建议和鼓励其他的组织也这样做。

6. 非政府组织联盟应该在有规律的基础上审计所有区域分部的所有活动和财务交易中的账务。

7. 上述行为准则应该适用于非政府组织联盟的所有成员组织，并且所有的签署组织都应该遵守本行为准则。

8. 非政府组织联盟的成员组织也应该鼓励其他的组织注册为非政府组织而不是作为非政府组织联盟的成员遵守行为准则。

9. 非政府组织联盟的国家执行董事会可以对被控诉违反行为准则的成员组织采取合适的惩罚措施，并且在需要的时候有可能撤销被控诉组织的成员资格。

10. 通过签署名字来接受本行为准则有可能意味着剥夺签署组织在非政府组织联盟章程与其他规章制度中提及的权利。

11. 签署组织能够相应的享有在非政府组织联盟章程和其他规章制度中所描述的其他权利。

12. 如果组织被发现从事了行为准则中没有描述的犯罪行为，并且该行为对非政府组织部门、穷人或者国家的利益造成了损害，那么非政府组织联盟的国家执行董事会将保留对其采取必要惩罚措施的权利。

注意：因为行为准则的原文是使用的孟加拉语，如果发生了在孟加拉语文本和英语文本之间就任何单词或者条款的意义、解释产生了冲突，孟加拉语的文本应该优先使用。

南非国内非政府组织联盟章程

■ 序言

我们地方和部门非政府组织联盟的代表应注意：

· 南非的积极政治变化已经为非政府组织社区产生了新的挑战；

· 非政府组织社区的相关努力可以最好的应对这些挑战；

· 我们并不是故意组建成同性质的社区；

· 我们将各自的工会集合起来设立南非国家非政府组织联盟。

■ 以此方式解决

1. 目的

建立国家非政府组织联盟的主要目的是为了创设非政府组织社区和维持发展环境、促进以人为中心的参与发展、影响国内发展政策及促进参与民主。

2. 名称

组织的名字应为南非国家非政府组织联盟，以下简称"联盟"。

3. 组织的性质

联盟不是营利性质的协会，是根据 1967 年公司法第 21 部分注册的。注册号码为 97/05123/08。

4. 法律地位

联盟应该具备独立于其成员的人格。在不减损一般性的基础上，联盟应该具备以下能力：

· 以自己的名义承担权利和享有义务

· 可以进行法律事务和商业业务

· 可以获得和处分动产和不动产

· 以自己的名义起诉和应诉

· 具备永久的继承权

· 可以在海内外募集资金并且按照目标加以使用。

5. 目标

联盟具有以下目标:

(1) 通过影响立法创设有促进政府组织行为的环境。

(2) 确定优先发展目标,寻求影响捐赠者、捐赠给予者、商业者及其它利益相关者支持联盟的发展规划。

(3) 促进社区参与南非的重建、发展观念的形成、实施和评估。

(4) 形成并实施倡议性项目,目的是为促进我社会边缘化成员(穷人、妇女和乡村)的利益而游说政策。

(5) 建设部门和地方网络状组织的能力,有效地满足他们附属部门的需要。

(6) 支持部门和地方非政府网络状组织在他们各自工作的区域努力地为建设框架环境而游说。

(7) 在成员组织之间就影响非政府组织部门有关策略问题发起讨论和鼓励探讨。

(8) 帮助成员组织确定和致力于在社会经济环境中也许会促进和限制他们各自组织工作的机会和威胁。

(9) 促进在南非和世界其他地区的跨区域网状工作及信息、知识和发展经验的传播。

(10) 通过赞助管理和领导发展项目致力于非政府组织领导问责危机的解决。

(11) 促进在同一区域或者部门工作的非政府组织之间的合作。

(12) 促进南非、非洲和国际非政府组织机构的紧密联系,寻求在南共体社区中影响经济社会发展的政策。

(13) 在建设强大的国内和区域公民社会时与公民社会的其他机构(如:劳动和宗教组织)进行合作。

6. 成员资格

6.1 完全成员资格

任何具有接受目标和道德准则的本地非政府组织都有成为联盟完全成员的资格，参与联盟地方和有资格部门机构并且利用该成员资格实现其财务及其它的义务。

（1）联盟的完全成员有资格向联盟国家理事会提请选举其地方和部门代表。

（2）通过他们选举出的代表，完全成员将有资格参加国民大会的商业行为。

（3）省级的非政府组织可以选择指定具备完全成员资格的全职或兼职职员参加国家理事会，但是只有这些组织的全职雇员有资格被选举为办公人员。

（4）成员组织通过他们依附的国内非政府组织联盟有资格之间参与地方或者部门机构的商业行为。

（5）成员组织应负有遵守联盟道德准则的义务。

（6）成员组织有义务满足国民大会或者任何其他有资质的机构不时所作出的财务和其它义务。

6.2 附属会员资格

附属会员资格应为以下组织：

·任何在南非进行发展工作的外国非政府组织

·任何不愿意成为或者不想及不能成为完全成员的本地非政府组织

·任何地方、国家、国际或者外国的资助者、基金或者资金组织，只要接受联盟的工作目的及目标，并且同意道德准则适用于这些组织或者机构的条款。

（1）附属会员的权利和义务。①附属会员有资格参加联盟会议和参与所有的商业交易，但是他们没有投票权、其雇员不管是否为南非共和国的国民，都没有资格在联盟的任何机构办公。②附属会员有义务满足国民大会或者其他指定的机构不时所决定的财务或者其它义务。

6.3 成员资格的丧失

（1）南非非政府组织联盟的成员应在意欲辞去成员资格的有效日期之前的一个月内向其部门或者省级机构进行书面通知。

（2）①成员资格也会因以下原因丧失，如被相关部门或者省级机构因其错误行为、不能遵守道德准则或者有使南非非政府组织国家联盟的名声降低的行为而被终止成员资格。②成员非政府组织被主张有错误行为的时候应该在撤销资格之前享有公正的听证，只是在调查存续的期间成员资格中止。

（3）任何组织的成员如果欠下联盟的会费或者任何其他的财务义务，并且该组织在被给予通知之后的 30 日内没有履行该义务，其会自动丧失会员资格。

7. 联盟的结构

7.1 国民大会

国民大会应为联盟的最高决策机构。

（1）国民大会的组成。国民大会应该包括以下具有投票权的代表：

·每个省级联盟的三个代表；

·每个认证的国家部门联盟的三个代表；

·每个获得同意但是没有被认证的部门机构的两个代表；

及以下没有投票权的代表：

·每个附属成员的一个代表；

·观察员，只要他们已经被大会或者其指定的机构被授予这样的地位；

·代表完全成员非政府组织的个人，只要其已经从他们的非政府组织或者参加的国家办事处获得该认证。

国民大会也应该包括具有投票和非投票权的代表和国家办公人员。

（2）国民大会的会议。国民大会应该每年召开一次，由国家理事会来决定时间和地点。国民大会处理的事项主要有：

·审查联盟的使命，

·接受国家理事会的审查和采纳国家理事会的报告，

·审查联盟的策略目标，

·采纳联盟的财务陈述，

·批准国家理事会的成员，

·每两年选举新的行政委员会，

·修改联盟的章程、政策、程序和现行命令。

国民大会的决议应该由出席成员的 50% 加 1 的法定人数通过采用。

7.2 国家理事会

国民大会应在国民大会闭会期间执行联盟的事物。

（1）组成。理事会应包括由省级和部门机构于召开国民大会之前在每个省级和部门选区选举出一名代表，并且由大会进行批准，但是需要其为具备完全资格地位的组织的全职雇员。

（2）国家理事会的职责。

①代表国民大会决定政策指南；

②为联盟决定优先执行的计划；

③在大会闭会期间代表大会行为；

④实施由国民大会进行的决定。

（3）国家理事会的会议。国家理事会应该每年召开两次。

7.3 执行委员会

（1）执行委员会应为国家理事会的执行机构。

（2）执行机构办公人员的任期应为两年。

（3）在选举执行委员会时应该适用以下程序：

①国家行政人员应该至少在国民大会召开前的两个月内碰面指派选举委员会监督选举进程；

②选举委员会将为每个执行委员会的位置决定候选人；

③只有由提名者、复议者和候选人签署提名书后才被认为是参与选举；

④只有由省级部门、认证机构和具备完全成员资格地位的组织提交的提名才能被选举会员会进行考虑；

⑤在选举委员会提议或者宣称的终止日期之后提交的提名应不被接受；

⑥在大会开始或者进行的过程中只要没有对提名提出异议，该提名应被考虑；

⑦选举应该由国民大会进行秘密投票。

7.4 组成

执行委员会应包括一名主席、两名副主席、财务主管、秘书、副秘书和两名其他人员及执行董事和由其决定的一名代理人组成。

7.5 执行委员的职能

执行委员会应该作为联盟的法律委员会，被授予执行以下职能：

（1）保证联盟的行为在获得国家理事会和国民大会的同意后在符合政策的框架下进行；

（2）作为联盟的监管机构；

（3）在国家理事会闭会期间代表国家理事会；

（4）在公共场合代表联盟（通过主席、副主席或者主席指定的人）；

（5）决定优先执行的计划；

（6）执行由国家理事会采取的决议；

（7）监督执行董事；

（8）在需要的时候为了联盟有效地运作采取和实行决定；

（9）通过联盟的预算；

（10）指定联盟的部门职员；

（11）代理国家理事会执行任务。

8. 选举

8.1 省级和部门联盟

所有的省级和部门联盟选举其行政成员应该与国民大会的选举同步进行。为了达到此目的，国家部门行政人员和省级行政人员的选举应该在国民大会结束之前的三个月内举行。

8.2 国家理事会

（1）根据上述8.1条款，省级联盟和国家部门联盟应该制定候选人代表其机构。

8.3 执行委员会

执行委员会应该在国家执行理事会的成选中由大会进行选举。

双重领导地位。除本章程中有相反规定外，国家非政府组织联盟的执行委员会的任何成员，不能在其任期内，或者继续在省级或者部门机构中担任行政职位。每一位执行委员会的成员将保留其任期内的事实上的当然的成员地位。

9. 国家理事会成员资格的丧失

国家理事会的任何成员，如果发生以下情况将会失去资格地位：

9.1 停止选取其为国家理事会的委员会事实上的成员资格地位，

9.2 被选取的已被的撤销其国家理事会的成员资格，

9.3 停止作为具备完全成员资格地位的非政府组织的全职职员地位，

9.4 被联盟有资质的机构因合理的原因驱逐出去。

10. 执行委员会成员资格的丧失

任何成员符合下列情况会被停止作为执行委员会成员的资格：

10.1 如果其丧失了作为完全资格地位非政府组织的全职职员地位，

10.2 被联盟的有资质机构因合理的原因而驱逐出去。

11. 在联盟机构中发生的空缺

11.1 如果在国家理事会、省级或者部门机构发生人员空缺，其应选出替代者。

11.2 如果执行委员会的空缺发生在两次国民大会期间，国民理事会应该从其成员中间选取出一成员填补其空缺。

12. 国家办事处

国家办事处将协助国家执行委员会和国家理事会的工作。该国家办事处由全职职员组成负责实施在国家执行委员会和国家理事会的会议上通过的会议、在由国家执行委员会制定的执行董事的领导下负责联盟日常事务的运行。

13. 解散

13.1 国家非政府组织联盟可以根据国民大会通过的决议解散，该决议由具备投票资格的代表的至少三分之二通过。但是该通知应该在大会会议召开前的至少三个月内送给所有大会的有资质机构。

13.2 在根据9.1条或者国内的任何其他依法解散的国家非政府组织联盟，所有属于该联盟的资产应该在大会同意的情况下转移给另一个非营利的志愿组织，只要该志愿组织的宗旨与目标不与国家非政府组织联盟的宗旨与目标相冲突。

尼泊尔非政府组织、非政府组织办公人员、成员、职员和志愿者行为准则

||||||||||||||||||||||||||||||||||||||||||||||||||||||||||||||||||||||||||||||||||||||||||||||||||||||||||||||||||||||

■ 序言

根据尼泊尔 2063 号《非政府组织联盟宪法》的第 28 条，本针对非政府组织、非政府组织办公人员、成员、职员和志愿者的行为准则在尼泊尔非政府组织联盟的第 16 次年度会议上（在 2010 年 4 月 26 ~ 27 日召开）通过生效实施。尼泊尔非政府组织联盟和其成员组织承诺遵守并且影响其他组织遵守该行为准则。

一、社会义务和职业行为

1. 尼泊尔非政府组织联盟和其成员组织应该把社会发展和志愿活动放在首位。

2. 他们应该在施展人道主义救助、促进和保护社会福利领域积极活动。

3. 在进行领域工作的时候要时刻牢记人道主义价值和目标，非政府组织应该保证不因政治、宗教、文化、颜色和种族而产生偏见。

4. 应该优先考虑到职业道德和标准。

5. 行为应该符合尼泊尔非政府组织联盟的宪法。

6. 成员组织应该在实施行为的时候对环境变化和环境的养护保持敏感和负责。

7. 成员组织应该在进行活动的时候包含内部原则和程序。

二、尊重人权和自由

1. 非政府组织不能从事任何会侵犯任何个人人权的行为。

2. 非政府组织有义务遵守尼泊尔作为缔约国的国际人道主义法、条约、公约和宣言。

3. 非政府组织不能从事任何贬低民主基本原则和社会正义规则及价值的活动。

4. 非政府组织应该对他们目标社区的道德规则、价值、宗教、语言、文化传统保持敏感。

5. 非政府组织的活动应该具有社会包容性、性别平等且不使用童工。

三、世俗和中立

1. 组织上，他们不能代表人和政治党派或者政治信仰举行运动，也不能进行产生政治影响或者政治偏见的活动。

2. 组织上，不能有任何的反对宗教的公开宣传或者运动。

3. 禁止从事任何对等级、种族、语言、颜色、宗教、性别、年龄、身体状况和区域进行歧视的活动。

4. 不能在对内部和外部资源的分配和使用机会进行歧视。

四、合作和人道的行为

1. 应该向组织工作区域内的儿童、妇女、残疾人、高级国民、团体、社区和宗教表现出合作和慈爱。

2. 在自然灾害和其它紧急状况下，应该在可获得的资源允许的范围内进行最好地努力，以最快捷的方式到达受影响的区域，为救助行为作出贡献并且为救助创设能动环境。

3. 在每个工作区域进行服务的人和组织应该在他们的行为中在可获得的资源允许的范围内提供帮助。

4. 成员应该总是保持对人道主义服务、救助和这类活动中的促进和发展的努力。

五、内部善治、透明和问责

1. 组织在进行他们行为的时候应该坚持法治的原则。

2. 与政府、大众、合作组织、合作机构、受益人和其它利益相关者之间的关系和活动必须保持透明。

3. 财务交易、规则和制度、工作程序、执行委员会和与合作组织有关的所有信息应该保持公开并使大众获得。

4. 有关活动和使用资源的信息应该通过社会审计和公众审计程序使大众知晓。

5. 组织应该对与他们的活动和决定有关的支持组织、政府、受益人、普通成员和合作组织保持负责。

6. 任何由非政府组织产生和散播的信息必须是真实而可信的。

7. 在认识到由职员、执行机构、志愿者、合作者或者服务提供者进行的错误行为时，错误应该被立即改正，并且应该负责从错误中吸取教训避免以后发生同样的错误。

8. 通过内部民主、公开成员资格和善治在所有的组织结构中应该采取恰当的原则和有包容性的代表。

9. 应该使用积极的反对歧视原则，保证对落后阶层、社区和区域的代表进行歧视。

六、财务约束

1. 从援助机构获取任何类型的财务或者其他援助应该遵守组织的原则和目标，并且遵守国家的现行法律。

2. 非政府组织应该在召开有规律年度大会的基础上批准他们的预算，并且根据预算节约地从事他们的活动。

3. 过度的花费、为私人利益获取财物、故意破坏组织的动产和不动产的行为不能发生。

4. 每个非政府组织都应该作为非营利组织。任何组织作为营利的收入或者获取都不能分配给执行者、成员或者雇佣者。

5. 任何超出组织限制和条款的金钱和设施或者组织的规章制度中没有包含的，都不能被武断地取。

6. 每个非政府组织都对内部财务交易和有规律审计体系采取有效地控制。根据前述法律应该存在着体系和实践。

7. 组织的财务交易或者活动应该在前述法律和方法的保护下健康运转，并且经过相关权利人授权批准。

七、自治和互相尊重

1. 非政府组织不能被任何的政府、政府间机构和国际组织直接控制。

2. 组织的成员都应该按照组织章程的管辖范围表达不对组织目标产生负面影响的观点。并且表达观点不能对任何人造成伤害和产生偏见。

3. 非政府组织的任何办公人员、成员、职员和志愿者都应该为了保护、促进和支持非政府组织的权利和福利进行工作。

4. 非政府组织获得的任何财物资助和其他捐助都应该对组织的指导原则和目标作出贡献。

八、自我依赖和可持续性

1. 在进行社会或社区行动时，成员组织应该按照自我依赖和可持续性的需要修订和实施短期及长期项目。

2. 成员应该持续性的为了他们组织的机构发展进行工作。

九、人力资源管理

1. 非政府组织应该雇佣有能力的和负责任的职员和志愿者，并且他们要对组织目标作出承诺。

2. 非政府组织在雇佣职员和志愿者的时候，应该有书面的人力资源政策并且得到相应地实施。职员的报酬和其他设施应该在该政策中被清楚的表达。

3. 非政府组织应该为其职员和雇佣者提供其个人能够发展的环境和机会。

4. 非政府组织应该在选举及雇佣成员、雇佣者及志愿者时采纳并遵守比例代表原则和包容原则。

十、协调和合作

1. 活动应该在组织特定的部门和区域内，由当地或国家层次的政府、非政府组织、私人组织和受益人进行实施。

2. 根据目标和项目，应该发展组织和类似网络之间的交流、协调和合作。

3. 非政府组织应该避免并排除不健康地竞争、服务的重复活动，并且禁止阻碍根据组织的目标、目标群体、区域或者部门产生的活动。

4. 组织的活动应该根据尼泊尔非政府组织联盟中心、区域和地区层次的结构进行或者实施。

尼日利亚非政府组织行为准则

‖‖‖

非政府组织尊重正直、平等、尊严、开放、团结、协调、多样化和责任，并且他们在尊重这些价值的基础上进行工作。他们的合作建立在善意合作、共同尊重和承认的基础上。对安全地发展和建立平衡与关爱的社会做出贡献是非政府组织的责任。为了做到这一点，非政府组织如今的行为是受到尼日利亚联邦政府非政府组织政策指引的。行为准则为非政府组织的行为提供了原则，将会增加非政府组织和社会非营利部门的依赖度。

■ 非政府组织道德运作的原则

民主治理

1. 非政府组织应该具备明确和可以理解的使命。为了实现其使命，非政府组织应该受到其章程、内部文件和运作标准的指引。

2. 非政府组织表达和代表人民利益和需求的多样化。非政府组织通过公民教育、参与民主、倡议或其它方式使人民参与到公民社会的发展中。

3. 非政府组织作为社会成员的志愿协会，尊重其成员、保证组织的民主治理、保证组织的管理机构及雇员对他们的错误行为负责并作出回应。

4. 非政府组织认识到人民的参与和志愿工作是公民社会的基础，尊重国民和他们的志愿工作。

5. 非政府组织为了实现其工作的最好结果，应该持续不断地追求有技能与职业化的行为。

6. 非政府组织主要是从支持者和捐赠者手中获得资金，其应该按照既定目的有效地使用资金。

7. 任何通过非政府组织的运作获得的收入只能用作帮助组织实现其使命和目标。非政府组织收入的任何部分都不能用作实现董事会成员、办公人员、成员或者组织的雇员的个人利益，除了非政府组织可以因其向组织提供的服务而向其提供的报酬。

8. 非政府组织应该保持独立，不能依附于任何的政治团体，虽然在其使命、既定目标和法律框架的限制范围内能够分享共同的政治或者法律原因。

公民勇气和护理

9. 非政府组织在与社会不公正作斗争时展现公民勇气。

10. 当在立法中发现社会正义原则的不适当和不尊重，非政府组织就努力地对该法律进行修改。

11. 非政府组织不能使用或者宣称使用武力表达其意见、实现其目标和获得公众的注意。

在使用资金和资源中的可持续性和谨慎

12. 在寻求实现其目标时，非政府组织应该以可持续和谨慎的态度使用自然、人力和知识产权资源、物质和财务资源，要考虑到当代和后代的需要。

13. 非政府组织在自己能力范围内同时作为申请者和捐赠者，要遵守普遍接受的资金原则，使用公正和透明的预算以避免资金的重复。

14. 组织的理事会应该在其资金募集努力中表现得非常积极，包括积极地参与募捐、积极地为保证非政府组织活动的可持续性作出个人贡献。

15. 非政府组织只能以与其使命相符的方式接受资金，不能与其核心原则相冲突，并且不能限制非政府组织自由、完整以及公正地解决相关问题的能力。

责任和问责

16. 非政府组织应该对其活动负责，并且对组织设立者、成员、利益相关者、支持者、捐赠者和大众负责。

17. 非政府组织的基本财务信息、治理框架、活动和办公人员以及合作者的名单应该保持公开，并且使公众易于监督，非政府组织应该努力地向公众通知其工作、资源的来源和使用。

18. 非政府组织应该考虑准备为其活动负责、实现职业管理、内部问责和追求使用普遍接受的会计原则。

19. 非政府组织应该至少每年一次披露其活动和财务的报告。

20. 公共资金不能适用于私人目的，所有的公共财产应该被极严肃地对待，作为公共信托。

21. 非政府组织应该产生发布准确的信息，不管是有关其自己还是其计划、亦或是有关其反对的或正在讨论的任何个人、组织、项目及立法。

22. 非政府组织应该至少花费其总收入的 65% 用于其项目活动，理想的是超过 80%。如果组织没有满足该 65% 标准，其应该提供高管理费用募集花费是合理的原因。对没有满足该标准的可能解释可能是新组织的较高行政和募集资金的费用，和有关捐赠者限制或者不寻常的政治或社会元素的例外。

23. 非政府组织应该设置有组织的体系追踪捐赠花费。

开放和透明

24. 有关其使命、成员、活动和非政府组织资金的信息必须是公开和易于理解的，其活动必须是透明的。

25. 非政府组织应该以公开和直接的方式与所有的利益相关方进行交流，不能匿名进行行为。

26. 非政府组织对新的和多样的主意及意见保持开放的态度，为了实现共同目标而进行合作。

独立和避免利益冲突

27. 非政府组织应该独立地设置其目标、决定和活动，禁止导致丧失其独立性、自治和为公共利益而活动能力的政治团体、公共机构或者公司的控制。

28. 非政府组织和涉及到的个人应禁止避免进入利益冲突。在发生利益冲突的情况下应该采取必要的措施减少这种利益冲突。

29. 非政府组织只能在不与实现其目标和对组织的独立及自我控制产生冲突的情况下与政府、政府间机构和营利组织签署合伙协议。

尊重承诺和承认主意的作者身份

30. 非政府组织应该尊重所有的书写合同和口头协议。

31. 非政府组织应该尊重其他组织的主意及计划的作者身份和所有权。

忍受

32. 非政府组织组织承认思想方式、组织和他们目标的多样性。

33. 在保护其意见和与其他组织进行讨论这些意见的时候，非政府组织不能贬低或者诽谤其它组织、他们的意见或者做出行为的个人。

尼日利亚索科托非政府组织行为准则

非政府组织在社会中占据独特的地位。索科托存在着大量年轻的非政府组织。CONSS 是一个由这些非政府组织组成的网络状组织。为了能够提高他们在整个可持续发展、改革和民主化进程中的角色和影响力，CONSS 的意见要求它的成员应该执行一系列的标准以保证他们的行为和良好实践及承诺遵守一系列的道德准则。本行为准则的内容是采用了世界非政府组织协会的非政府组织道德和行为准则的内容。除了遵守这一行为准则之外，CONSS 期望其成员从世界非政府组织协会制定的《非政府组织道德和行为准则》中获取知识并且在工作中全面遵守。

一、指导原则

（一）责任、服务和公共意识

·保持自身的责任意识，非政府组织应为了其他人的利益从事行为，不管是为了整个公众还是为了公众的一部分。

·非政府组织应该在其所有的行为面临的环境中表达其责任和态度。

（二）多边合作

·非政府组织应在组织规章制度许可的范围内，考虑到组织和个人共享的价值目标和目的的情况下与各种政治团体、文化背景、种族和道德群体共同工作。

（三）人权和尊严

正如《世界人权宣言》中所陈述的那样"人人生而自由，在尊严和权力

上一律平等。他们赋有理性和良心，并应以兄弟关系的精神相对待。"（《世界人权宣言》第 1 条）

· 非政府组织应该避免侵犯每个人被赋予的基本人权。

· 非政府组织应该承认所有的人是生来自由和具备平等尊严的。

· 非政府组织应该对他们所服务的社区的道德价值、宗教、习惯、传统和文化保持敏感。

（四）宗教自由

"人人有思想、良心和宗教自由的权利；此项权利包括改变他的宗教或信仰的自由，以及单独或集体、公开或秘密的以教义、实践、礼拜和戒律表示他的宗教或信仰的自由。"（《世界人权宣言》第 18 条）

· 非政府组织应该尊重宗教自由。

（五）透明度和问责性

非政府组织应该致力于向捐赠者和公众成员保持开放和整体诚实。必须制作周期性的会计表。

· 非政府组织不但要向募捐机构和政府、而且要向他服务的人民、职员和成员、合作组织及广大民众因其行为和决定负责。

· 非政府组织应该在与政府、公众、捐赠者、合作者和其他利益群体的活动中保持透明，除了一些个人事项和不合适的信息。非政府组织基本的财务信息、治理结构、活动和职员及合作关系的列表必须要保持开放和易于公众监督，并且非政府组织必须努力地向非政府组织通知其工作、资源的来源和使用。

（六）独立和自治

非政府组织应不受任何政府、政府间机构或者公司利益的控制。非政府组织应该负有不依附于任何特殊政府或者政治团体，而只关注自己原则和政策的责任。

（七）信任和合法

· 非政府组织应该发出正确的信息，不管这些信息是有关自己、活动还是有关任何个人、组织或者活动，或者是有关其已经使用或者正在讨论的法律。

· 非政府组织应该保证不从事按照国内法律为非法的活动，并且应强烈地反对和不愿从事贪污、贿赂、其他财务不恰当或者非法行为。

·非政府组织应该具有针对职员和志愿者秘密向管理机构提交任何人的有关组织错误行为证据的政策。

·非政府组织应该履行他们国家所有的法律义务。这些义务包括公司法、募捐法、平等雇佣机会原则、卫生和安全标准、隐私规则、商标和产权法规等。当发现其职员、管理机构、志愿者、合约者和合作者有错误行为时应采取迅速的纠正行为。

二、非政府组织的整体性

（一）非营利

1. 非营利。非政府组织应该按照非营利组织进行组织和行为。任何在其行为中所产生的收益只能是为了帮助组织实现其宗旨和目标而使用。非政府组织的任何所得不能被用于非政府组织的主管、办公室人员、成员、雇佣者或者其它的私人部门，除了非政府组织可以向提供给非政府组织的服务支出合理的报酬。

2. 贸易或商业。非政府组织不能从事任何与其任务和陈述的目标不相关的贸易和商业活动。

3. 管理机构。非政府组织的管理机构应禁止组织在行为期间和解散时为了个人的利益而分配利润和资产。

（二）非政府性

1. 非政府。非政府组织不能成为政府和政府间机构的一部分也不能受其控制。

2. 政治独立。非政府组织应该保持独立不能依附于任何的政治团体，虽然在其任务、陈述的目标和法律框架的限制下能共享政治和立法动机。

3. 外国政策。非政府组织不能作为执行政府对外政策的机构。

4. 非政府组织不能寻求执行任何的政府政策，除非该政策与组织和组织自己的独立政策相符。

（三）组织性

1. 组织特征。非政府组织应有组织文件、行政机构、办公人员及有规律的会议和活动。

2. 组织文件。组织文件（如规章制度、书面章程或者协会的备忘录）应清晰地定义任务、目标、治理机构、成员权利义务及程序原则。

（四）志愿者

1. 志愿者的贡献。为了实现其任务和目标，非政府组织应有志愿者有意义的贡献。这也许包括目标群体和支持者。

2. 管理机构的志愿性。这也构成非政府组织管理机构性质的一部分，应该以志愿的性质服务，不能获取报酬。

三、使命和活动

（一）使命

1. 正式叙述。非政府组织应该正式地和简洁地以书面的形式陈述由非政府组织管理机构通过的使命。这些陈述应该清楚地表明非政府组织为什么存在及其想实现的目标。

（二）活动

1. 与使命相符。活动必须与非政府组织的使命保持一致。非政府组织的使命应该作为策略计划的基础并且作为组织活动的蓝图。非政府组织的焦点必须直接确保它的目标能够实现。

2. 效率。非政府组织的项目必须有效地工作以实现其陈述的使命。

3. 回馈。非政府组织应该有规律地从其计划的受益者和其他利益相关者处获取回馈。

4. 评估。非政府组织的活动应该严格地、有周期性地评估其是否与使命相关、他们的效率、继续进行或者修改的价值及其对新项目的需要。

5. 职业化。非政府组织必须职业地执行其活动并且以服务他人为理念。

6. 花费的比例。非政府组织应该在其项目活动上至少花费 65% 的资金（包括募集资金），最理想的是超过 80%。

四、治理

1. 治理的计划。非政府组织应成立其治理计划，以便能最好地实现其使命、反映其核心价值和组织的文化标准。

2. 治理文件。组织的治理机构，应具备管理机构行为的规则，如果合适的话，应由执行委员会在执行董事会会议上通过选举程序指派工作人员和他们的角色，并且应该在文件中清晰的表明所有的利益相关者获取该文件。

3. 年度预算。管理机构应该通过年度预算并且积极地参与募捐。

4. 非政府组织的执行。管理机构应该积极地参与策略规划的制定和非政府组织执行机构的成立。

5. 道德和行为准则。管理机构应通过非政府组织的道德和行为准则，并且确保非政府组织遵守行为准则。

6. 会议的备忘录。管理机构和执行委员会的每次会议的备忘录和每次委员会的报告应该由管理机构产生并向每个成员分配，并且作为档案为以后作为参考。

五、人力资源

（一）非政府组织的责任

1. 有能力及负责的职员。非政府组织应该寻求有能力及负责的并承诺实现组织使命的雇员和志愿者。

2. 提供培训和工作条件。非政府组织应为新职员提供恰当的任职培训，并且提供合适的工作条件。

3. 书面的人力资源政策。非政府组织必须具备书面的人力资源政策，包括雇佣的基本方面（收益、假期、病假等）和其它的基本政策，如信息的保密、毒品和酒精政策、利益冲突和抱怨程序。

4. 礼物。非政府组织应该建立有关职员的政策，如要求职员拒绝所有的与他们职位相关的有意义的礼物，或者要求他们上交给组织。

5. 为个人利益使用职位。职员，志愿者应该拒绝使用他们的职位去获得特殊的特权、礼物或者为自己谋取利益。

6. 非政府组织的最好利益。雇员和职员应该把组织目标放在个人目标之前，把整个项目的最好利益放在个人需要之前。

六、公共利益

（一）有关非政府组织的公共信息

1. 准确和及时。提供给有关组织捐赠者、成员、代理人、职员和大众的信息必须准确和及时。

2. 年度报告。至少每年一次，非政府组织应该准备和使公众获取有关其账务和服务的信息。

3. 财务信息。非政府组织应该定期向公众提供和使公众获取有关的财务信息，包括其资源的来源、使用资金和用于服务和项目资金的比例、行政活动和募捐活动及提供给管理机构的所有报酬。非政府组织也应该提供或使公众获取核实财务记录的机会。

4. 比较。非政府组织应该根据自己的定位描述自己，不能贬低其他非政府组织。对有关其他非政府组织的交流不能在牺牲其他而使自己获益的目的进行。

七、财务和法律

（一）财务透明和负责

1. 年度预算。非政府组织的年度预算应该由治理机构通过，并且为项目活动、募集资金和行政预留花费。非政府组织应该按照预算进行行为。

2. 内部财务陈述。非政府组织的内部陈述必须有规律地做出并且提供给治理机构。任何所有的有关预算花费和实际花费之间及预算收入和实际收入之间的变化都应该向管理机构解释。

3. 审计。对于具有实质年度收入的非政府组织，财务报告的准确度都应该由独立的有资格的会计师进行审计。有毛收入的非政府组织必须由有资质的会计师进行审查，有一小部分收入的非政府组织应该有内部的全完的财务陈述。

八、募集资金

1. 治理机构。治理机构应该在募集资金的努力中非常积极，包括在募捐和给予个人贡献中要积极。

2. 与使命相符。非政府组织只能在符合自己的使命范围内接受资金，不能与核心原则相违背，也不能限制其自由、彻底及有目标地致力于相关事项的能力。

3. 使用资金。当为了特殊目的而使用资金，应该有处理使用资金问题的计划，并且在募集呼吁中应该具有表明资金应该怎么被使用的信息。

（一）使用资金

1. 使用捐赠物。非政府组织必须保证按照承诺或在募集呼吁中暗含的方式或者按照捐赠者意欲达成的目的使用捐赠物。

2. 捐赠承诺。当非政府组织接受捐赠时，他们应签署一份按照议定的目的实行项目活动的合同，并且具有道德和法律责任遵守该承诺。

3. 捐赠者同意变化。非政府组织只有在获取捐赠者明确同意之后才能改变礼物或者捐赠物的条件。

4. 效率使用。非政府组织必须保证对捐赠物和慈善物品的有效使用。

（二）问责性

1. 花费的监督。非政府组织应该设立一体系监督花费。

2. 及时报告。非政府组织对于使用和管理资金应该及时地产生报告。

3. 财务陈述。有关捐赠物的财务陈述应该按照捐赠者和利益方的要求进行获取。

九、合作、合作和网络化

（一）合作和合作的一般原则

1. 与使命相符。非政府组织只能按照与非政府组织使命相符的方式与其它团体合作。

2. 共享价值。非政府组织只能在共享价值、共同原因和为社会良好考虑的基础上进行合作。

3. 共同利益。非政府组织只能在每个组织平等及真正共同利益的基础上进行合作。

4. 透明度。非政府组织应在允许财务透明和对信息、主意及经验互相交流的基础上进行交流。

5. 适应变化。合作必须适应变化。关系的变化应通过合作形成而不是受到一个或者其他组织的强迫。

（二）与其他非政府组织和公民社会组织的关系

1. 共同目标。当合适的时候，非政府组织可以与具有重叠使命、价值目标、目标群体的非政府组织及公民社会组织合作，这种合作要使共同目标群体和实现共同目标获益。

2. 竞争和服务重复。非政府组织应禁止与有重叠使命、价值目标和目标群体的非政府组织及其他公民社会组织竞争，并且禁止不必要的服务重复和相互项目的破坏。

3. 信息共享。非政府组织应该和具有重叠使命、价值目标、目标群体的非政府组织和公民社会组织分享相关项目信息，并且互相支持。

4. 对其他非政府组织的支持。当不与非政府组织的整体性和价值目标相冲突的情况下，非政府组织必须与其他非政府组织的行动和行为保持团结，促进其他非政府组织的效率和成功。

5. 工作网络状。非政府组织必须以促进非政府组织部门的成长、效率和提高公共利益的能力的方式与其他的道德组织形成网络组织化。

（三）与政府机构和政府间机构的关系

1. 非政府组织的目标和独立。非政府组织只能在有益于实现非政府组织目标的情况下与政府或者政府间的机构签署合作协议，并且不威胁到组织的独立和自我控制。

2. 以使命为导向。非政府组织不能仅仅为促进在实现其使命目标的独立性的存在或竞争优势而与政府或者政府间机构签署合作协议。

（四）与营利公司的关系

非政府组织目标和独立性。非政府组织只能在有益于实现非政府组织目标的情况下与营利公司签署合作协议，并且不威胁的组织到独立和自我控制。

日本非政府组织行为准则

|||||||||||||||||||||||||||||||||||||||||||||||||||||||||||||||||||||||||||||||||||||||||||||||

我们生活在一个相互依赖日益加强的全球社会，并且在共同面对着贫困、饥饿、难民、过度消耗、环境失调、违反人权、性别歧视和一系列其他的担忧。我们是一公民组织（非政府组织）致力于国际发展、由公民参与所倡导和支持，并且已经以非政府组织和非营利组织的观点在全球层面提出了这些问题。

我们，作为日本非政府组织国际合作中心的一个非政府组织成员，宣称我们将签署并且根据下列行为准则进行行为，该行为准则是在满足非政府组织在全球及国家平台上日益增长的共同合作需求以及实现我们社会责任和角色的基础上而签署的。

1. 促进自我可持续发展

我们促进发展中国家人民的发展，通过发挥他们的潜力，减少社会易受伤害群体的数量并促进其可持续性发展。

2. 平等的成员资格

建立在对发展中国家的人民和非政府组织的平等成员资格的基础上，我们互相尊重对方的价值目标、文化并自由互换意见和信息。

3. 全球成员学习

我们承认我们对呈现在发展中国家面前的问题负部分责任，并且促进全球成员学习并加深我们对南北问题、其它全球问题的理解及审查我们生活和注意的方式。

4. 政策建议

我们向政府、地方政府、私人企业和广大社会实施实现允许人类尊严的可持续社会的建设性的政策建议。

5. 开放组织运行

我们以民主的方式寻求广大民众的参与和实施组织运行，同时有关我们的原因、目标、活动以及他们的参与结果的信息应被披露。

6. 公正的资源管理

我们公平地管理、有效地使用并对来自于公民捐赠和公共资金的捐赠物负责。

日本非政府组织国际合作中心的成员支持非政府组织行为准则。

索马里非政府组织网络行为准则

ⅠⅠ

第一部分：介绍

一、行为准则的发展进程

（一）非政府组织在索马里活动的历史

在过去的二十年以来，非政府组织在被冲突严重损害的索马里人民社会和经济生活领域积极地提供了帮助。许多的非政府组织部门已经在国内积极地工作以促进索马里人民，特别是那些残疾人、急需帮助的人和易受伤害群体的公共福利。数以百计的索马里非政府组织已经向战争的受害者和急需的人们提供了服务。

（二）非政府组织面临的新挑战

最近，非政府组织已经发现了一些新挑战并且发展了更为宽广的工作领域：

· 发展项目

· 进行促进人权的倡议活动，和

· 促进公民教育

这些发展活动通过直接投资已经发现了财务项目的新方式。但是另一方面由于提高了非政府组织的声望，所以这并没有使政府高兴。因为其被认为是对现行管理系统的威胁。

（三）职业化需要

另一方面，由于对这些资金不专业的管理有时会降低非政府组织的名声。特别是利益相关者和捐赠者认为非政府组织是缺少透明度、问责性和社区参与的自我中心组织。新千年的开始打开了新的篇章。在非政府组织社区、捐赠者和管理者之间存在着共同的担心：怎样提高非政府组织的可信度。已经亟须出现保证在进行和发展人道主义活动中透明度、谨慎度和职业化的书面道德准则。许多非政府组织也意识到把他们的资源用于更切实可行网络的重要性了。这会使他们作为公民社会力量变得更有效和更明显。就在这种网络化方法的基础上本行为准则被提议形成。

（四）行为准则的目的

本行为准则适用于公民社会的非政府组织部门，也是为了他们而发展。本行为准则的主要目标是：

·通过保证实现非政府组织达成其使命的责任，提高非政府组织有关透明和问责的名声和执行力的质量。

·促进非政府组织社区、捐赠者、政府或管理者之间的关系和合作。

·设置一系列的共同同意的原则和伦理规范，并且监督这些标准签署者对标准的遵守。

·增强索马里非政府组织的团结。

·保证非政府组织实现满足其使命的责任。

二、适用范围

本行为准则适用于所有的网络和他们各自的成员组织——签署该准则的非政府组织。

三、行为准则的解释

在冲突的情况下，解释本行为准则的责任由管理委员会承担。

四、生效日期

从行为准则被大会通过时的日期生效。

五、定义

1. 倡议：促进动机的形成寻求对动机、人民、团体或组织支持的有组织和有体系的过程。

2. 受益人：将要受益的人或者在非政府组织项目和活动中旨在受益的人。

3. 行为准则：旨在规范网络和他们成员非政府组织的行为、活动和举止的一系列规范、原则和价值。

4. 公民社会：包括除国家和商业部门之外的所有其他正式和非正式的团体和协会。

5. 社区：非政府组织行为的区域之内的人，也可以称作为受益人。

6. 控诉人：控诉方，原告。

7. 合作：指的是在非政府组织网络、非政府组织和其他组织之间的团结、参与和协调。

8. 辩护方：被告方。

9. 大会：指的是签署者大会。

10. 政府：在本行为准则的语境下，指的是国家的政府。

11. 正义：指的是实现社会平等，公平和和谐。

12. 游说：一个团体为了团体利益影响立法和政策问题的有组织和有体系的过程。

13. 网络：为了共同利益同意在一起工作并分享共同使命、价值和工作范围的一群非政府组织。

14. 非政府组织：在促进人道主义活动和发展中涉及的志愿性、非营利性、非自我服务性、非政府性、非党派性并且独立的组织和协会。

15. 非党派性：指的是按照其使命，没有被偏见地控制和指引。

16. 组织：在本行为准则的语境下指的是非政府组织。

17. 合作者：在取得非政府组织活动成功的过程中，分享理念并与签署者合作或进行帮助的有可能是受益人、签署者、社区、利益相关者、捐赠者、政府的个人、团体或者组织。

18. 人民：在本行为准则的语境下指的是社区、受益人和索马里人民。

19. 谨慎：建立在考虑周全的决定基础上的良好判断，在对未来的暗示中可以被坚定地捍卫。

20. 互惠：给予和索取、互相让步、相互给予同样特权的精神。

21. 管理委员会：由大会创设的义务为管理本行为准则大会管理委员会。

22. 尊重：意为承认他人的权利、尊严和潜力。

23. 服务：意为由组织向他们的受益人提供的任何形式的照顾和支持。

24. 签署者：意为接受和签署本行为准则的经过正当程序认证的网络及他们各自的成员组织。

25. 自我管理：意为行使自治、遵守稳定性和自我批评并予以改正的实践。

26. 部门：意为非政府组织部门。

27. 利益相关者：指的是受非政府组织部门的活动和项目影响的个人、组织或者社区，并且在这些活动中具有管理角色或者发展关注以及利益。

28. 目标群体：在本行为准则的意义下代表受益人和社区。

29. 透明：意为完全诚实和公开，并且在行为中负责任、问责和正直。

30. 我们、我们的：指的是签署行为准则的所有网络和他们各自的成员组织。

31. 区域：本行为准则发展过程所依据的五个区域，并且也许会被大会不时地进行界定。

六、引用名称

所有的引用为"索马里非政府组织网络 2003 行为准则"。

第二部分：行为准则的标准

一、透明和正直

在遵守透明和正直的实践中，我们应该：

1. 在与我们的利益相关者交易时保持诚实和公正。

2. 把我们人民的共同利益放在首位。

3. 在利益冲突产生时宣称我们的立场。

4. 行使责任、问责和信任。

5. 拒绝不正当管理共同资产和滥用特权。

6. 不能损害我们个人和组织的正直或者破坏非政府组织家族的名声。

7. 不能参与到有偏见的当地政治中，会有可能造成我们在向社区进行服务时的不公正。

二、自我依赖和独立

在遵守自我依赖和独立的行为中，我们应该：

1. 保持自治并抵制会损害我们原则的条件。

2. 促进自我评估文化并对监督我们活动的执行力进行有规律的评估。

3. 对建设性的变化和持续性的提高保持开放。

4. 促进对本地资源的使用和移民社区的贡献。

5. 只接受不会贬低我们独立和身份的资金和捐赠物。

三、服务和影响

在遵守我们对服务的义务时，我们应：

1. 向我们的目标群体提供平等的服务获取权，不管其年龄、宗派或者政治派别。

2. 继续提高我们服务的质量并努力实现组织规定的目标。

3. 促进公民教育、建设受益人的能力并使他们注意其权利和义务。

4. 使社区和其他的利益相关人参与到我们项目和活动的计划、范围、实施、监督和评估当中去。

5. 与我们运作领域的行政机构进行合作。

6. 在我们的利益关系人之间促进可持续项目的发展和所有权意识的提高。

7. 使我们的行动对社区产生重要作用并且与他们的需要和优先权相关。

8. 促进社会善意的良好文化并且避免对个人和群体造成伤害的一切行为。

9. 为项目的评估执行参与需要。

10. 确保项目能够产生真正的效果。

11. 在我们所有的活动中为联系救助和发展形成机制。

四、善治和内部民主

在遵守善治的行为中，我们应：

1. 在事实和逻辑的基础上作出所有的决定。

2. 通过为内部民主创设有利的环境避免统治和官僚作风。

3. 形成有效的和相关的组织政策、程序及体系。

4. 允许我们的利益相关者能够获取我们的项目进步报告和财务陈述。

5. 形成对所有的索马里人民提供平等机会的雇佣政策。

6. 保护环境和野生动物并且为它们的可持续发展开展活动。

7. 应遵守界定我们使命、目标和组织结构的书面章程和相关法律制度。

8. 形成涉及到我们活动重要信念和事项的书面协议文化。

9. 为规范我们的财务实践形成财务程序和会计体系。

10. 促进内部能力建设并强调道德准则培训。

11. 以职业的方式描绘我们的公共形象。

12. 形成奖励出色遵守行为准则的非政府组织和网络的标准及机制。

五、尊重

为了表示对网络和社区的尊重，我们应：

1. 尊重政府颁布的所有国内和国际政策。

2. 尊重我们作为成员的伞式及网络组织分享的协议和政策。

3. 尊重我们社区的文化、传统、价值、尊严和身份。

4. 尊重土著知识和良好传统实践。

5. 尊重和鼓励现存的较老的委员会和传统的规则体系。

6. 保持我们的签署组织和其它利益相关者之间的共同尊重。

7. 禁止煽动暴力或者仇恨。

8. 尊重社区及时反馈的权利并更新影响到他们的项目。

六、参与和合作

为了遵守参与和合作的实践，我们应：

1. 与我们的成员和合作者互换理念和经验。

2. 鼓励分享信息和资源。

3. 鼓励在签署组织和利益相关者之间的团队意识、合作、互惠和协调精神。

4. 避免重复地努力并且不鼓励不健康的竞争。

5. 促进竞争者之间的能力建设。

6. 友善地解决我们之间的冲突并且避免公开冲突。

7. 在募集资金时进行合作并且代表签署者进行游说。

8. 相互学习并且保持充满活力的组织文化。

七、正义

为了遵守正义，我们应：

1. 遵守法治。

2. 在与社区、合作者和大众进行的所有活动中，行使和促进公平与平等。

3. 接受与我们社区价值相符的《世界人权宣言》原则的指引。

4. 禁止涉及到抢劫、杀人和劫持人质。

5. 尊重和促进残疾人权利。

第三部分：行为准则的遵守

一、大会

（一）权力

1. 大会应该作为非政府组织网络为促进他们对行为准则的自我约束并遵守目标的论坛。

2. 董事会是最高机构，负责政策的审查、批准成员和作出有关开除的决定。

3. 大会具有重新决定或者更改管理委员会针对开除签署组织的决定，如果该事项上诉到大会。

4. 大会有权利通过由一个或者更多签署组织提出并且得到简单多数同意提出的动机，针对由大会设置的委员会或者其成员采取惩罚措施。

5. 大会应该有其职责和责任，由大会设定主席和秘书。

6. 主席和秘书职位应该由网络组织提出，并且由大会经过正当程序选举出来。

7. 大会可以指派一个临时工作小组，并且指派给其旨在增强大会职能的特殊任务。

8. 大会可以组建通过一个由多个签署组织提议并且必须以简单多数的组

织支持的多个委员会。

（二）主席和秘书的职位

1. 主席和秘书应该在网络组织候选人中选任。竞选这些职位成功的网络组织应该向大会指派两名代表行使该职权。

2. 选定执行主席和秘书职位的人应该是富有正直性并在公共社会被高度尊重的人。

3. 主席和秘书应该在大会代表他们各自的网路组织，当网络组织与主席或者秘书席位发生变化的时候，网络组织有权利指派新的代表填补该职位。

4. 选出担任主席和秘书的网络组织应该是大会运作主要关注的问题，大会应该在其年度会议上通过符合大会职权范围内为保持交流和执行活动所必要的花费分配资金。

5. 大会的主席和秘书应该在大众、政府、捐赠者、非政府组织部门和社区成员之间形成共同理解、信任和合作。

（三）组成

大会应该包括每个网络组织的两名代表。

（四）委员会

1. 大会应该组建三个委员会保证行为准则的最好实践和实施。

·管理委员会

·说服和倡议委员会

·奖励委员会

·根据上述（一）第 8 款可以组成的其它委员会

2. 也应该由区域管理委员会的连接点在区域层次上协调管理委员会的职能。

（五）大会的会议

1. 大会的法定代表应该占签署组织的三分之二。

2. 网络组织参加大会的代表应该持有各自网络组织书具的书面授权证明。

3. 大会应该每年召开一次。

4. 大会的秘书应该按照签署组织的建议准备会议议程并且邀请签署组织参加大会。

5. 应该在大会的三分之二代表的要求下召开大会的额外会议。

6. 在大会的主席或者秘书同时缺席的情况下，这些代表可以在他们自己中间选举大会的执行主席或秘书或两者皆有。

7. 每个网络组织应该在大会里面只有一票。

8. 所有的决议和选取应该在这些代表的简单多数的同意下通过。

9. 大会应该在一个被认为能够使其职能方便行使的地方召开会议。

二、管理委员会

（一）管理委员会的设置

1. 管理委员会应该包括由大会决定其职责和责任的九名代表组成。

2. 管理委员会应该包括从签署组织选出的七名代表和两名从广大公民社会选举出的代表。

3. 管理委员会应该具备由大会提议和选举的一名主席和一名秘书。其余的五名代表应该在区域层次上进行选出，在五个区域中运作的每个网络组织选举出一名成员。

4. 两名从公民社会选出的成员应该经由大会的成员提议并且其中的一名应该是富有法律实践经验的人员。

5. 从签署组织选举出的管理委员会成员不能同时作为大会的成员。

6. 管理委员会的所有成员应该是在社会中享有高度正义和被尊重的人员。

7. 管理委员会的成员的任期为一年，并且只能连任一年。

（二）管理委员会的会议

1. 管理委员会应该每三个月召开一次例行会议。

2. 额外的会议应该由管理委员会的主席组织召开。

3. 管理会员会的法定人数应该为其成员的三分之二。

4. 管理委员会的秘书应该在其他成员的建议下准备会议的议程。

5. 所有的决议应该由出席会议以简单多数通过。

6. 管理委员会应该在方便执行其职能目的的场所召开会议。

（三）管理委员会的角色

1. 监督行为准则的实施。

2. 接受控诉、要求证据和组织事项的听证。

3. 通知和邀请对事项听证中涉及的参与方。

4. 审查事项并且做出以下恰当的判断：

·没有足够的证据驳回事项；

·指导签署组织对已经违反其行为准则的行为已经采取了惩罚行为；

·对签署组织征收罚款；

·中止或者终止签署组织参与大会的资格；

5. 接受和验证新成员的申请并且提交给大会批准；

6. 准备年度报告并且提交给大会；

7. 向大会建议对准则的修改；

8. 形成有关管理委员会运作的规则和制度，并且提交给大会进行审议通过。

9. 大会应该在其年度大会通过对管理委员会实施职能保持交流和施行活动的必要花费进行补偿的恰当的方式。

（四）管理委员会的管辖权

所有的签署者组织都应该受管理委员会的管辖。

三、区域管理委员会联络机构

1. 管理委员应该受到五个区域联络机构的帮助，其职责应该由区域层次选出的网络组织设定。目前，区域主要是由行为准则协商过程所设定的五个地理区域。他们是：邦特兰；南苏丹、加勒加度和希兰；拜州、巴科勒州、盖多州；中朱巴州和下朱巴州；中谢贝利州、巴纳迪而州和沙比拉哈。

2. 连接点应该帮助控诉者注册提交他们的事项并且把该事项提交各管理委员会。

3. 他们不能听取和决定任何事项。

4. 区域的网络组织应该每年召开一次会议选举他们的区域连接点。这些提名者应该通知管理委员会并且任期为两年，可以连任一次。

5. 网络组织的第一次会议不能晚于大会年度会议的一个月后。

6. 区域内的网络组织应该在他们之间同意具备有关联络机构在执行他们职能时为维持交流和执行活动对必要花费赔偿的方法。

四、控诉程序

1. 所有的控诉必须是书面的，应该附有支持证据并提交给各秘书而且其应该在该事项发生后的三个星期内到达管理委员会。

2. 管理委员会应该接受下述主体提出的控诉：

（1）成员组织；

（2）网络组织；

（3）政府；

（4）社区；

（5）捐赠者；

（6）自然人和团体；

（7）区域管理委员会联络机构。

3. 管理委员会的秘书应该向管理委员会提交控诉事项。

4. 书面的控诉应该包括以下事项：

（1）控诉者的名字和地址

（2）控诉所指向的非政府组织或者其职员的名字和地址

（3）对事项详细的描述包括正确完成的控诉表格。表格应该包括预先设置好的控诉程序。

5. 管理委员会应该只听取涉及签署组织的事项。任何针对签署组织成员或者代表的控诉应该被直接提交给该组织。

6. 当控诉者或者被控诉者是管理委员会的成员时，该成员不应该参与对该事项的听取。

7. 管理委员会应该在接受控诉的三个月内听取并决定事项。

8. 管理委员会的主席应该在管理委员会没有做出正确决定的情况下进行投票表决。

9. 管理委员会的秘书应该对裁决做出书面报告，并且在该裁决作出后的三周内把该报告的副本送给控诉者、被控诉者和大会的主席。

五、对开除的上诉

1. 大会应听取只涉及到开除事项的上诉。

2. 对管理委员会的开除决定不满意的控诉者可以上诉给大会。

3. 上诉应该在管理委员会作出裁决的 30 日内到达大会。

4. 大会可以采取以下一种或者多种行为：

· 作出有利于控诉者的决定；

· 拒绝上诉并且同意管理委员会的决定；

· 把该事项退回管理委员会做进一步审查；

·安排控诉者或者被告进行培训或者咨询;

·对大会的签署成员进行罚款、中止或者终止其成员资格。

5. 大会的主席应该在出席代表不能做出正确决定的时候提议投票表决。

6. 大会的决定是终局的。大会的秘书应该在裁决做出的3周内向控诉者、被控诉者和管理委员会做出并派送决定的报告。通过签署和采纳本行为准则,签署组织应该约束他们的组织接受大会的最终决定。签署组织应该不被鼓励在申诉阶段以外寻求仲裁或者法律程序。

六、奖励委员会

1. 奖励委员会应该负责选出实施本行为准则最好的非政府组织,并且其职能应该由大会不时地进行决定。

2. 奖励委员会应该有五名成员,其中的三名成员从组成网络组织的非政府组织中选出,另外两名从公民社会中选出。所有的成员都必须由大会批准并且任期为一年,可以连任一次。

3. 奖励委员会的成员不能为大会的成员。

4. 奖励委员会应该在其成员中经过简单多数表决选出一名主席和一名秘书,并且界定他们的角色和责任。

5. 奖励委员会应该每年召开两次会议,并且其第一次会议不能晚于大会年度会议的一个月之后。

6. 大会应该在其年度会议上通过有关奖励委员会在行使其职能的过程中为保持交流和执行活动对必需花费进行补偿的正确方法。

七、游说和倡议委员会

1. 游说和倡议委员会应该负责提高非政府组织的影响、行为准则的良好实践并作出影响有利于非政府组织部门有关利益相关人的政策决定。

2. 游说和倡议委员会应该以简单多数的方式在其成员中选出一名主席和一名秘书,并且界定他们的角色和责任。

3. 游说和倡议委员会应该具备五名成员,其中的四名应该从组成网络组织的非政府组织中选出,另外一名是从公民社会中选出,所有的这些成员应该被大会同意并且任期为一年,可以连任一次。

4. 游说和倡议委员会的成员不能为大会的成员。

5. 大会应该在其年度会议上通过有关游说和倡议委员会在行使其职能的过程中为保持交流和执行活动对必需花费进行补偿的正确方法。

6. 游说和倡议委员会应该每年召开两次会议，并且其第一次会议不能晚于大会年度会议的一个月之后。

7. 游说和倡议委员会应该协助大会的主席和秘书达成大众、政府、捐赠者、非政府组织部门和社区成员之间的互相理解、信任以及合作。

八、行为准则大会的成员

1. 行为准则大会的创始成员应该为签署网络组织和它们各自的成员组织与非政府组织。

2. 至少在其存在第一年，大会的成员不能对个人非政府组织开放，额外的成员资格只能对网络组织单独开放。

3. 大会的新网络成员资格的标准，应该为：

（1）具备 10 个或者以上的非政府组织；

（2）必须有章程和相关规章制度；

（3）实际地址和其它地址；

（4）具备记录三年进行项目或者活动的档案；

（5）对成员组织的分别介绍和所有组成组织的同意信件；

（6）董事会成员的名单和地址；

（7）管理团队的简介；

（8）来自下述主体之一的推荐信；

·至少两个作为大会成员的网络组织；

·在可获得的时候，当地政权或政府；

·当地合作者。

4. 大会在合适的时候，应具备在确定的时间考虑把网络组织的成员资格替换为单独非政府组织的授权。

索马里兰非政府组织联盟行为准则

‖‖

1. 介绍

索马里兰非政府组织联盟（简称联盟）是旨在为索马里兰国际非政府组织和地方非政府组织服务的独立自愿协会。联盟是为建立信息和安全问题的交流场所的主要协调机制而设立的。

自从联盟建立以后，索马里兰国际非政府组织之间的合作和协调已经逐渐地发展起来，并且索马里兰非政府组织参与的数目也逐渐增加。在索马里兰最近进行的援助和发展服务的大量增加也增强了在所有非政府组织之间加强合作的重要性。

联盟的精神在于为索马里兰人民帮助实现效率的最大化而进行的自愿的交流和信息的分享。

由一联络机构来代表联盟，并且由一联络机构代理人来负责。

2. 索马里兰非政府组织联盟的价值目标

联盟以尊重成员之间的平等与公正为傲，具备良好的意愿致力于在尊重地方文化的基础上保持成员组织的透明度和问责性。

3. 职能

联盟意为增加成员组织之间信息的互换、产生和提供，使他们能在行政、执行和策略问题上作出正式的选择。同时，联盟也为成员之间创设在共同问题上影响他们成员和受益者倡议活动的空间。

4. 联盟的目标

·为减轻索马里兰人们困苦及促进可持续发展并促进信息共享；

·为成员组织间促进对话、协调和良好实践提供场所；

·在国际、国内及地方层面上代表他的成员及他们的支持者；

·在国家规划和协调部与联盟成员之间构建交流与协调的桥梁；

·促进国际非政府组织、非政府组织与索马里兰非政府组织安全计划办公室之间信息的交流。

5. 联盟的活动

·通过以下途径进行信息交流：

在哈尔格萨每月举行有规律的会议；

在成员组织之间通过电子邮件发送信息；

在联盟成员组织与非政府组织安全计划办公室之间起联络作用；

通过非正式途径分享信息，如工作空缺提醒、提供买卖信息等。

·代表：在各种外部场合，个人可以被选举出来代表联盟。候选人依据代表选任条款选出。

·成员之间的倡议活动：共同问题在成员组织之间的会议上进行共享，由联络机构进行协调，并且得到相关机构的资助。

·联盟的培训：联盟成员组织将致力于在对索马里兰运行的新国际非政府组织和地方非政府组织进行培训中提供帮助。

6. 非政府组织联盟和倡议

当一定数量的非政府组织成员意欲倡导一共同问题，联盟将通过以下途径提供帮助：

·为得到更多的支持而与所有的成员分享共同问题

·为了使倡议的问题得到特别支持，联络机构或者选举出来的成员可以代表成员向机构提供方法

·促进国际非政府组织或地方非政府组织团体形成一倡议性策略。

注意：联盟不会自己做出一倡议性提议，除非该提议的提出会直接影响到联盟的事物。

7. 联络机构及联络机构代理人

联络机构在联络机构代理人的帮助下，实现下列责任是其职责：

·在联盟与国家计划和协调部之间进行联络，为联盟的成员接收和分配重要信息；

·当有关于其它部、政府办公室、政府官员或政府机构及组织的共同问

题产生，代表联盟或者联盟的成员应通知国家计划和协调部；

· 每月主持会议；

· 迅速地向成员传递所有的安全报告和重点；

· 接收有关影响到联盟问题的回馈并及时跟进成员；

· 为成员获取一般信息提供帮助。

8. 成员

8.1 非政府组织的定义

非政府组织是为支持公益而从事特定活动的组织，并且：

· 在地方、国内或国际层面运行；

· 在国家计划和协调部注册；

· 不是政府的一部分，并且保持独立；

· 是非营利性组织并且自治；

· 是任务导向组织，由具备共同利益的人员组成；他们执行一系列的服务人道主义职能；

· 把公民的担心传递给政府，监督政策和项目的实施，实施他们自己的项目并且在社区层面上鼓励公民社会利益相关者的参与。

8.2 成员标准

· 国际、国内及地方非政府组织（基于定义）；

· 实施项目并且注册工作规划；

· 承诺实施本行为准则和职能，并且积极参与；

· 公开出版对组织的描述；

· 支付成员年费；

8.3 向成员提供的服务

· 安全更新和分享重要信息；

· 联络非政府组织或者联合国机构；

· 联络区域、国家或地方政权；

· 提供有关资金机会和工作空缺的信息；

· 召开联盟会议；

· 行使代表职能；

· 有权使用联盟的联系和电子邮件部分名单。

8.4 年度成员费用义务

·年度预算超过 250 000 美元的机构，年费为 500 美元；

·年度预算在 50 000 到 249 000 美元的机构，年费为 250 美元；

·年度预算少于 50 000 美元的机构，年费为 100 美元；

·年预算少于 15 000 美元的地方非政府组织，年费为 50 美元。

属于位于内罗毕联盟的机构的成员，可以支付联盟要求年费的一半。

年费将每年都进行审查并且用于维持联盟的花费。联盟花费计划应得到成员的批准并每年进行审计。

联盟应该在位于哈尔格萨的 Dahabshiil 银行开设单独的账号。联盟的联络机构、联络机构代理人和行政助理（撤销权需要至少两个签名）具有签字权。

8.5 支付程序

成员年费应该自每年的 8 月 1 日起进行支付，如果某一组织是在每年的最后加入联盟，其年费将按照比例进行调整。

伞式机构应该为单独的成员资格进行付费。

年费应该在收到发票的 30 天内进行付清。联盟的正式发票应该按照具体的支付开具。

8.6 对不支付联盟年费的惩罚

不支付联盟年费将会导致以下成员特权的撤销：

·参加联盟月度会议；

·联盟代表的特权；

·对联盟问题的投票特权；

·撤销联盟的信息通知。

信息通知由联盟的联络机构发出，不管成员组织的年费支付地位而持续发生的。有关索马里兰国际非政府组织、非政府组织社区利益的关键性问题的主要注意都由联络机构不时进行发送。

9. 非政府组织联盟的治理机构

为了行为准则的有效实施，任何有关行为准则的修改及重述，都应该在召开联盟规律及特别会议之前通知联盟所有的成员，并且决定应该在有至少一半成员参加会议的基础上由参会成员 75% 的表决通过。

超过 30% 的成员可以提及对行为准则的审查。

联络机构及联络机构的代理人的地位是自愿的，要经过超过 60% 成员的表决通过，他们的任期是一年，但不局限于一届。联络机构及其代理人也可以有60%的成员表决进行撤销。

成员的财务报告应该由所有的成员每两年签署一次。但是对于财务的独立审计每年都要进行。

9.1 对新成员资格的确认

可以在联盟月度会议上确认对新成员年费的接受。

成员有权利向联络机构提交书面建议申请拒绝新成员。该建议申请应该在月度会议之前提出。

10. 联盟代表的职责

·联盟的运行依靠自愿。

·所有需要的代表履行的职责都是由成员非政府组织向志愿者咨询和邀请任命志愿者进行。

·任何的任命都应把其认为被任命者对特殊活动的适合性通知给成员。成员被要求通过电子邮件的方式或者在联盟月度会议上作出最终的支持。

·如果一个成员代表接受联盟对代表多数联盟成员的指派，该地位可以随着本代表个人地位或者他组织的改变而改变，同时该代表必须尽最大地努力的行使该地位。

·对于需要一个代表或者一些代表对某一问题上的一致，联络机构应通过电子邮件的方式达到此目的。

·所有的代表应该向大会报告，包括在联盟月度会议之前进行讨论，或者以书面的形式向联络机构提交并通知给成员。

·对于会议达成的所有结果应该通知给所有的成员。

·为了促进对会议的准备和获取，联盟应该在按照计划召开会议的前五个工作日向成员征求会议议题。联盟应该尊重所有的成员对他们各自组织的尊重及其在成员之间分配代表的重担。

10.1 对代表咨询的程序

当一问题产生，联络机构应该给所有的成员发送电子邮件强调该问题并且要求回复。

根据回馈，月度会议会同意该问题并且产生该问题的代表。

根据搜集信息的数量及需求咨询的数量，回馈并不是都被接受。在这种情况下，联络机构会继续以电邮的方式进行通知，在需要的情况下，可以使用电话。

鉴于成员的数目及有规律搜集信息的数量，成员有责任对影响他们组织的问题进行回应。在回馈最后期限之前，联盟不能被负有得到成员观点的责任。这个意义上，联络机构应该试图保证所有的成员组织都能及时地接收到信息。

坦桑尼亚非政府组织行为准则 *

‖‖‖

■ 序言:

坦桑尼亚的非政府组织:

考虑到在 2002 年《非政府组织 24 号法案》所规定的良好原则、加上承认非政府组织作为发展伙伴的 2001 年《非政府组织政策》中所规定的精神,为了促进非政府组织的问责性及创造良好社会形象的需要,应考虑把坦桑尼亚非政府组织授权国家非政府组织理事会作为进行自我约束和形成行为、原则或者道德价值目标的机制。

注意到虽然提高非政府组织的形象不是一个公共关系任务,但是确实有使非政府组织与各种领域社会氛围靠近的必要,并且增加公众对非政府组织的信任是必须要应对的主要挑战。

考虑到所有的非政府组织虽然不相似,但是在地位上是相同的。法律都承认每一个非政府组织作为自治、自由和独立的实体。

承认每一个注册的非政府组织都有存在、拥有自己财产的权利、有结社、表达、创造、参与的自由和具有非政府性质的权利。

更深远地考虑到纪律和职业的多样性、每个非政府组织职能目标的不同、考虑到每个非政府组织特殊价值目标、方法、观念和专门化的重要性和相关性。

确保政府具有建立使非政府组织在不同部门之间存在环境不可推卸的责任并促进非政府组织在活动中更广泛的参与。

应该考虑到 1989 年联合国《维也纳宣言》中所陈述、在 1990 年 2 月由阿鲁沙、坦桑尼亚采纳的《在发展和转型中公众参与的非洲宪章》中所规定、及南部非洲发展共同体所要求的把非政府组织作为政府赞扬者的需要仍然在持续增长并且显现出至关重要性。

应该同意以下：

第一部分 准备工作

1. 引用：

1.1 所有的名称为"2004 年坦桑尼亚非政府组织行为准则"。

1.2 本准则应在由部长刊印通知之日起生效。

2. 定义：

2.1 倡议指的是促进其动机的形成和承诺支持动机、人们群体或组织形成的和系统化的进程。

2.2 大会指的是来自于所有区域和地区的非政府组织代表所形成的大会。

2.3 受益人是指获益的人或者是那些非政府组织的项目和活动所指向收益的群体。

2.4 公民社会包括不是国家和商业部门的正式和非正式的群体及协会。

2.5 行为准则是一系列规范非政府组织行为及活动的规则、原则和价值目标，承认非政府组织为按照 2002 年《非政府组织 24 号法案》而注册的志愿性、非营利性、非自我服务性、非政府性、非党派性及独立的政府和协会。行为准则主要包括两部分。其一为行为和规范框架的基本原则。其二为需要遵守的为所有的非政府组织提供自我约束框架组成部分的规则，及为行为准则的实施提供机制。

2.6 社区是指非政府组织行为的人们的区域或者方位；也可以是指受益人。

2.7 控诉人是指抱怨方、原告。

2.8 合作是指在非政府组织网络化运作内、非政府和其他组织之间的团结、参与和合作。

2.9 被告是指被控诉方。

2.10 政府是指国家的政府。

2.11 独立是指非政府组织在履行其职能价值目标和义务及责任时由他的成员所控制和指导，坚持自治实践、遵守稳定和实践自我批评以及纠正。

2.12 公正指的是实现社会公平、正直、平等和和谐。

2.13 法律是指 2002 年《非政府组织 24 号法案》。

2.14 游说是指在实现群体利益时群体影响法律和政策问题的有组织的和有体系的过程。

2.15 工作网络是指同意为了共同利益共同工作及具有共同使命、愿望和工作范围的非政府组织群体。

2.16 非党派指的是非政府组织不寻求政治权利或者不为任何的政治团体而行为。

2.17 非营利性分享是指不是为了个人所得和利益。但是也会仅仅为了社会公益而具有领取薪水的职员或者产生利润的活动。

2.18 组织是指在本行为准则意义范围内的非政府组织。

2.19 合作者指那些分享主意及合作的受益人、签署者、社区、利益相关者、捐赠者和政府，也可以是欲实现非政府组织行为的协助签署者。

2.20 人民，在本行为准则的意义下是指社区、受益者及坦桑尼亚民众。

2.21 谨慎是指在谨慎思考的基础上作出决定的良好判断，是在未来的行为中坚决捍卫的。

2.22 互惠是指制定双方让步的时候、为了获得相似特权而授予特权的给予和活动。

2.23 尊重是指对其他方权利、尊严和潜力的承认。

2.24 服务是指组织提供给受益人的任何形式的注意和支持。

2.25 部门是指非政府组织部门。

2.26 利益相关者是指被非政府组织部分的活动和计划影响到的人们、组织或者社区并且在这些活动中具有行政角色、发展焦点或者利益。

2.27 目标群体在行为准则的意义中是指受益人和社区。

2.28 透明度是指完全的诚实、开放、在行为中负责任、问责和正直。

2.29 志愿是指非政府组织和社区合作者的自由意志，对其成员的思想表示完全的自治。

2.30 区域是指行为准则发展过程所依据的四个地理方位，并且可以被大会不地的进行定义。

2.31 我们是指按照法律形成、采纳和传播此行为准则所有的非政府组织理事会。

3. 行为准则的目的

行为准则应：

3.1 通过自愿自我约束在非政府组织的行为中保证透明和问责。

3.2 通过帮助非政府组织采纳高标准的行为和改进有效的决策程序，提高由非政府组织提供的服务质量。

3.3 提高和促进非政府组织社区和各种利益相关者之间的交流。

3.4 通过保证实现非政府组织的责任提高非政府组织的名声、公众形象和他们履行有关透明及问责行为的质量。

3.5 形成一系列的原则和道德标准并且按照这些标准来管理非政府组织的遵守。

3.6 增强坦桑尼亚非政府组织的团结。

3.7 通过鼓励成员之间经验的交流和向已证明的良好实践的学习提高非政府组织社区的履行以保证非政府组织实现其为了组织的使命所需的责任。

假设该行为准则平等地适用于签署者以约束其行为和工作，并且应使所有的非政府组织、政府机构、捐赠者、目标社区和公众获得该行为准则并作为指南使用。

第二部分　非政府组织道德行为的原则

以下基本原则将适用于不管是否已注册的所有坦桑尼亚的非政府组织。

4. 民主治理

4.1 一个非营利组织应该具有明晰和易理解的使命。在实现其使命的过程中其应该受其章程、内部文件和行为标准的指引。

4.2 一个非营利组织应该表达和代表人们的不同利益和需要、一非营利组织应该通过公民教育、参与民主、倡议或以其它形式使民众参与到公民社会的发展中来。

4.3 作为社会成员志愿协会的非营利组织应该指引其成员的价值目标，保证组织的民主治理，使治理机构和组织的雇员应该为其错误行为负责和应对。

4.4 非营利组织应把人民和志愿者的加入作为公民社会的基础，并重视公民和他们的志愿工作。

4.5 非营利组织为了实现其工作的最好结果，应不断地追求有技能的行为、职业化和完美。

4.6 主要是从支持者和捐赠者处获得资金，非营利组织应该有效地使用资金并且按照设定的目的使用。

5. 公民勇气和注意

5.1 非营利组织应该在与社会不公正抗争的时候显现其公民勇气。

5.2 当发现在立法中的不完美和有失社会公正的原则时，非营利组织应该致力于修改该立法。

5.3 非营利组织不应使用或者宣称使用暴力表达自己的观点、实现目标或者吸引公众的注意。

6. 使用资金和资源时的可持续性和谨慎

6.1 为寻求实现其目标，非营利组织在使用自然、人力、知识资源及物质和财务财产的时候应该考虑到当代和后代需要的基础上的可持续性并谨慎使用。

6.2 非营利组织应在其作为申请者和捐赠者的能力范围内，使用普遍接受的资金原则，使用公正的和透明的预算及避免资金的重复使用。

7. 责任和问责

7.1 非营利组织应为其活动负责，应该为设立者、成员、利益相关者、支持者、捐赠者和广大民众负责。

7.2 非营利组织应该通过职业管理、内部问责和追求普遍接受的账户原则的方式实现为其行为负责的重要准备。

7.3 非营利组织应至少每年一次披露其活动和财务的报告。

8. 开放和透明

8.1 有关非营利组织使命、成员资格、活动和资金的有关信息应该是公开的和容易理解的，并且其行为是透明的。

8.2 非营利组织应该以公开和直接的方式与所有的相关方进行交流，不能匿名活动。

8.3 非营利组织组织应该对新的和不同的主意及对实现共同目标的合作进行公开。

9. 独立和避免利益冲突

9.1 非营利组织应该在设定目标、决定和活动的时候保持独立，禁止受到政治团体、公共组织和公司的控制以致于失去为社会公益的独立、自治和能力。

9.2 非营利组织和个人应保证避免进入任何利益冲突。在利益冲突中应该采取必须的步骤减小这类利益冲突。

10. 尊重承诺和承认主意的所有权

10.1 非营利组织应该尊重所有的合法的书面合同和协议。

10.2 非营利组织应该承认其他组织的主意和项目的所有权。

11. 忍耐

11.1 非营利组织应该承认非政府组织目标和思想方式的多样性。

11.2 在与其他的组织讨论意见时要保护其意见，非营利组织不能轻视或诽谤其他的组织及其意见。

第三部分　行为准则的管理和遵守（管理框架）

12. 地区大会

12.1 在坦桑尼亚的每一区域进行行为的所有非政府组织必须有个大会，必须每季度召开一次以促进在该地区行为的所有非政府组织网络化工作的进行。

12.2 每三年地区会议应该选举三个成员成立非政府组织地区委员会，其将在区域和国家非政府组织大会上代表该区域。

12.3 在非政府组织地区委员会的成员中，票数最多的为主席，另外两个分别为秘书和财务主管。

12.4 在地区季度会议上具备选举因停止具备委员会成员资格的替代成员。

12.5 每一个在地区行为的非政府组织应该向国际非政府组织委员会缴纳年费，该年费的数额可以由国际非政府组织大会决定。

12.6 在一个以上区域行为的非政府组织不能参加非政府组织地区会议。

12.7 非政府组织地区委员会将行使以下职能：

（1）召开季度会议；

（2）管理地区会议的账户；

（3）处理在非政府组织地区协助注册机构处没有解决的冲突，作为决定任何冲突的上诉机构的一部分；

（4）发布从区域和国家层面所接受的信息；

（5）为地区大会募集资金；

（6）监督和促进地区层面上非政府组织的合作；

（7）执行区域大会、国家大会或者非政府组织理事会指派的任务；

（8）在特定的地区代表非政府组织的利益。

13. 区域大会

13.1 在坦桑尼亚的每个区域必须有由所有的地区委员会和所有的在此区域行为的非政府组织组成的大会，该大会应该每半年召开一次促进在此区域行为的所有非政府组织的网络化行为。

13.2 每三年的区域会议应选择一个成员作为非政府组织区域代表，其将在国家非政府组织理事会代表该区域，该代表不能在区域网络化中选定。

13.3 在区域内非政府组织网络化中按照多数票的原则选择一个成员代表区域网络化竞争非政府组织理事会的职位。

13.4 区域代表、区域网络化代表和获得多数选票的一个代表将组成区域委员会并且成为区域上诉机构的一部分。

13.5 在每两年召开的大会上将具有选举因停止作为委员会成员的替代成员的权力。

13.6 每一个在区域范围内进行行为的非政府组织必须向区域委员会支付年费，该年费的数额可以由国际非政府组织大会来决定。

13.7 在一个以上区域内进行活动的非政府组织不能参见非政府组织区域大会。

13.8 区域网络必须每半年召开一次会议，并且每三年会议应该选择在国家非政府组织理事会组织网络的两个代表。

13.9 非政府组织区域委员会将有以下职能：

（1）每半年召开一次会议；

（2）管理区域大会的账户；

（3）处理在非政府组织地区协助注册机构处没有解决的冲突，作为决定任何冲突的上诉机构的一部分；

（4）通过增加来自于区域和国家层面信息的交流，作为国家和区域的联络者。

（5）为区域大会募集资金

（6）监督和促进在区域层面上的非政府组织的合作

（7）执行由区域大会、国家大会或者非政府组织理事会指派的任务。

（8）在特定的区域代表非政府组织的利益。

14. 在国家层面行为的非政府组织

14.1 在一个以上区域进行行为的地方非政府组织将被认为是在国家层面行为的非政府组织。

14.2 所有在国家层面上行为的非政府组织应该有规律地每年召开会议。

14.3 在每年有规律地召开的会议上，非政府组织应该选出六个成员在国家非政府组织理事会上代表他们。

14.4 国家层面行为的非政府组织代表应该形成一个委员会，为了达到在国家层面行为的非政府组织和其它层面的非政府组织之间的合作及网络状工作。

14.5 每个在国家层面行为的非政府组织应该向国家层面委员会支付年费，年费的数额应该由国家层面非政府组织大会来决定。

14.6 国家层面行为非政府组织委员会应作为处理在非政府组织注册处没有解决争端的国家上诉机构的组成部分。

14.7 委员会应该执行以下职能：

（1）召开年度会议；

（2）管理国家层面行为非政府组织大会的账务；

（3）应作为处理在非政府组织注册处没有解决争端的国家上诉机构的组成部分；

（4）通过增加来自于区域和国家层面信息的交流，作为国家和区域的联络者；

（5）为在国家层面行为的非政府组织大会募集资金；

（6）监督和促进在国家层面行为的非政府组织的合作；

（7）执行由国家大会和非政府组织理事会指派的所有任务；并且

（8）在特定区域代表非政府组织的利益。

15. 国际非政府组织大会

15.1 在坦桑尼亚的任何层次进行行为的国际非政府组织应该有大会，并应每年举行一次来促进在坦桑尼亚行为的所有国际非政府组织的网络状合作。

15.2 国际非政府组织每三年应该选举三个代表组成国际非政府组织委员会，该委员会将在国际非政府组织大会上代表国际非政府组织。

15.3 在非政府组织成员中选票最多的应为主席，其余两个分别为秘书和财务保管者。

15.4 国际非政府组织委员会的主席应为非政府组织理事会的国际非政府组织的代表。

15.5 每年召开的会议上具有选举因停止作为委员会成员资格替代组织的权力。

15.6 国际非政府组织不应参与非政府组织地区大会、区域大会和在国家层面行为的非政府组织大会。

15.7 每一个国际非政府组织应该向国际非政府组织委员会支付年费，年费的数额由国际非政府组织大会进行决定。

15.8 国际非政府组织委员会应执行以下职能：

（1）召开年度会议；

（2）管理国际非政府组织大会的账务；

（3）应作为处理在非政府组织注册处没有解决争端的国家上诉机构的组成部分；

（4）发布从各层次获取的信息；

（5）为国际非政府组织大会募集资金；

（6）监督和促进国际非政府组织之间的合作；

（7）执行被国家大会或者非政府组织理事会指派的其它任务；

（8）在各个区域代表国际非政府组织的利益。

16. 非政府组织大会

16.1 应有每三年召开一次的非政府组织代表大会；

16.2 非政府组织大会应包括所有的地区非政府组织委员会、区域非政府组织委员会、国家非政府组织委员会和国际非政府组织委员会；

16.3 每个委员会应该负有把50%的成员年费交给理事会的责任；

16.4 非政府组织大会应是非政府组织的最高机构负有批准和监督理事会及负责实施行为准则的责任。

17. 理事会的形成和组成

17.1 理事会的成员应该按照上述条款所规定的程序选举产生。

17.2 理事会的 30 名成员应该按照下列标准分配：

（1）21 个区域代表。

（2）1 个国际非政府组织的代表。

（3）6 个国家层面行为的非政府组织代表：

　　①2 个残疾非政府组织的代表；

　　②2 个国家工作网络的代表；

　　③2 个国家体系的工作网络的代表。

（4）两个代表区域工作网络的代表。

17.3 在上述 30 个成员中，应该以简单多数的选票通过选举 3 个领导者分别为主席、秘书和财务主管。

17.4 主席的职能为：

（1）主持所有的理事会会议；

（2）理事会的发言人；

（3）领导理事会所有的事项；

17.5 秘书的职能为：

（1）保证理事会迅速的回应及正确的参加；

（2）号召委员会和理事会议并且为将要召开的会议安排必要的设施；

（3）保存理事会所有的档案和记录；

（4）撰写会议备忘录和签署报告及档案；

（5）成立管理理事会的策划指导委员会；

（6）执行由策划指导委员会指派或授权的其它责任。

17.6 财务主管的职能：

（1）保管账簿和理事会所有的财务记录；

（2）计划和向理事会建议理事会的收入和支出；

（3）监督理事会的计划和募集资金活动；

（4）领导理事会的预算过程。

17.7 理事会应从区域向非政府组织合作理事会选择四个理事会的代表。这些区域应为：

（1）北方区域（乞力马扎罗山、坦嘎、阿鲁沙、马尼亚拉和辛吉达）；

（2）南部区域（姆贝亚、伊林加、鲁夸和鲁五马）；

（3）东部区域（莫罗戈罗、科斯特、林迪、姆特瓦拉和多多马）；

（4）西部区域（马拉、姆万扎、卡盖拉、基戈马、希尼安加和塔波拉）。

18. 理事会的财务

18.1 根据 16.4，理事会应该从下列资源获得资金：

（1）议会通过由非政府组织合作董事会分配的任何资金；

（2）非政府组织在各自的区域内的年费；

（3）被非政府组织大会确定的任何其他合法的资金。

18.2 理事会的财务主管应对理事会的所有账簿的管理进行负责。

19. 委员会

19.1 委员会将有以下理事会。

19.2 每个委员会将有为了良好实施行为准则的主席和秘书。

19.3 道德委员会应为非政府组织的所有道德问题负责。

19.4 募捐委员会应为非政府组织和理事会的资金负责。

19.5 倡议委员会应该为所有的共同倡议和游说策略负责。

19.6 策划指导委员会应为理事会及其所有委员会的一般治理负责。

19.7 所有的理事会应：

（1）对理事会负责；

（2）由理事会成员组成；

（3）召开会议。

20. 法定人数

任何层次理事会的会议或者理事会的所有委员会的法定人数应为其成员的一半。

21. 杂项条款

21.1 罪行：

（1）任何非政府组织如果没有公正的原因支付年费将被认为是犯罪，应该承诺做：

①在理事会规定的时间内支付规定的数额；

②根据20.1（1）①发出针对支付失败或者拒绝支付的书面警告；

③由于拒绝听从根据20.4（1）②给出的建议，剥夺对非政府组织的利益和授权。

（2）任何个人、群体或者非政府组织以不合法的方式或者以不合情理的方式阻碍、干涉各级机构的选举程序将被认为是犯罪，将被命令支付被干涉事项管理的所有的花费。

（3）任何个人或者非政府组织拒绝或者没有遵守由非政府组织领导合法命令对确定规则和原则遵守将被认为是犯罪，其将被剥夺以非政府组织名义从事行为作为理事会的惩罚。

21.2 惩罚。除非有明文规定，本准则中任何条款均不能解释为构成判处监禁犯罪的依据。

21.3 修改程序：

本准则可以通过非政府组织理事会的决议被不时地修改，并且结果应在政府报纸上进行刊载。

乌干达非政府组织通用行为准则

‖‖

■ 序言

鉴于非政府组织在乌干达发展进程中所发挥的重要角色,规范他们的内部性是至关重要的。大量的事实表明许多非政府组织只是"皮包"组织,并没有按照其承诺的那样来提供服务。这就需要号召非政府组织团结起来,形成并发展具体的机制来保护他们的诚信及为他们的道德行为提供框架。

非政府组织通用行为准则(以下简称行为准则)为在乌干达行为的,受本行为准则中所确定的核心价值目标、相同原则及相关事项所指引的乌干达国家非政府组织论坛内的非政府组织和社区组织提供自我约束、管理和规制机制。

行为准则指的是生效后由非政府组织论坛国家理事会所选出的国家非政府组织委员会所实施的,并由大会设定和批准实施的准则。

大会将根据国家理事会行为准则委员会的建议,决定与本行为准则条款相冲突的非政府组织的最终的行为并且要求这一类的非政府组织遵守。

■ 签署该行为准则的非政府组织的价值目标、文化和身份

非政府组织在行为中应坚持以下价值目标:

· 为协助处理因自然或人为原因导致的偶然紧急事故进行慈善活动。这种慈善活动的目的不是因自身和慈善组织职员或者志愿者的利益而进行。

· 坚持参与发展的原则,听取和寻求理解所有利益相关者的观点。

·采取集体行为和集体负责制。

·积极参与援助社会边缘成员，并充分考虑他们的需要。

·灵活性。

·公平及公正的处理有关组织内部事项的冲突，但是不能干涉其内部事务。

·向社会公民提供示范性实践。

■ 行为准则和准则委员会的设定及职能

·在乌干达国家非政府组织论坛国家理事会选出的行为准则委员会的指导下，为在论坛注册的非政府组织提供内部自律、自我管理及内部冲突事项仲裁而设定行为准则。

·行为准则委员会应包括：

每个专类组织的成员；

国际非政府组织的代表；

伞式组织和网络的代表；

由国家行政委员会为此目的指派的法人。

·除非为执行国家理事会的规定在一段时期内撤销，行为准则理事会应完备设立。

■ 行为准则委员会的职能：

·审查提交给他的有关行为准则的控诉。

·审查提交的控诉中有关某一非政府组织的行为是否与本行为准则的条款相违背。

·或主动或因提交的有关违背行为准则条款的控诉而发起调查。

·向国家理事会建议其认为为执行行为准则应该采取的行为。

·为一些工业争端提供仲裁。

·执行在行为准则中设定的其它职能。

接受委员会建议的相关机构应该相应的修改行为进程。

■ 行为准则的目的

行为准则的设定应为在乌干达国家非政府组织论坛注册的所有非政府组

织在履行他们职责的时候提供指南，行为准则委员会应履行公正、诚实和公平责任，并且应负责纠正行为准则原则及规定的实施。准则的存在是为了促进非政府组织联盟的价值目标、文化和身份。

■ 行为准则的目标

· 指引注册的非政府组织与他们的价值目标、文化和身份相符。

· 为非政府组织的行为与他们宪法性文件的条款相符提供指南。

· 通过设计针对边缘团体的活动来满足社会边缘团体的需求。

· 与各级别的按照宪法程序组建的政府和地方政权维持良好工作关系。

· 通过对话和合作性活动来预防可能会导致滥用效果的重复和浪费的行为。

· 为鼓励良好实践，定期承认一些具有示范性行为的非政府组织。这是建立非政府组织联盟道德标准的基础。

■ 行为准则成员的加入

· 通过在乌干达国家非政府组织论坛秘书处填写和签署接受表格可成为成员信息数据库的成员，所有按照乌干达相关法律在非政府组织论坛注册的非政府组织都有成为成为准则成员的资格。

· 通过签署接受表格，非政府组织成员可以成为行为准则的签署者。自此，根据乌干达相关法律注册的成员应当接受行为准则条款的约束，一直到被大会剥夺成员资格或自愿签署退出表格。

■ 组织指导原则/行为准则的特殊元素

行为准则委员会在非政府组织论坛的指引下运行，但是为了降低不恰当的影响必须为有效的行为保持独立性。为了保证正确实施行为准则中设定的在一些关键领域中的行为，需遵守下述的各个原则。

■ "公认会计原则"

· 所有的非政府组织成员应为所接受的资金负责，应审计所有的财务收据和花费并在每财政年度末在审计所注册。被审计的账户应该递交给作为组织关键利益相关者的受益者接受审查。

·连续两年不能注册审计账户的会被认为缺乏诚实和不符合公益，将会被认为是违反行为准则条款和精神。

■ "非营利原则"

·负责非政府组织办公职位的所有人不应收取不属于服务费用的任何财物。但是为了使人们每日进行指派的任务而需要的每日津贴不属于上述所得和礼物的范畴。

·非政府组织的非全职雇员为了盈利动机而使用组织财产、合同所得或者接受其他的所得应被认定与上述原则相违背。

■ "不得从事威胁国家安全的活动原则"

·任何颠覆和威胁到乌干达和平及国家安全的活动都被认为与非政府组织支持被边缘化群体利益的非政府组织原则相冲突，因为这样的行为将会导致边缘化被进一步恶化。

·非政府组织应为和平和和解的仲裁员。

■ "信托财产原则"

·非政府组织应按照成员资格的要求掌握财产，这些财产不能被职员、委员会或董事会成员或志愿者挪作个人使用。

·处理特定非政府组织积累的财产，除非有相关法律规定，应用于该非政府组织意欲支持的受益人，或者由该非政府组织的章程指引该财产的使用。

■ "交流中的透明原则"

·非政府组织成员应该时刻努力的按照其章程中所规定的那样对所有的利益相关者保持透明，并对他们负责。

·信息共享和集体负责制应成为非政府组织自我管理及发展的基础元素。

■ "非政府组织参与治理原则"

·非政府组织因社会中的边缘化群体而存在。这并不是说在照顾边缘化群体利益的时候不考虑他们在决定发展命运时具体参与的权利。因此将必须使每一个非政府组织都合法进行注册并且签署此行为准则，在决策进行的过程中考虑到受益人的可持续性。

·如果非政府组织在行为中没有体现上述要求，应被视为与参与治理原则相冲突。

■ 行为准则的效力

非政府组织一旦正式签署行为准则，行为准则就对该组织产生效力。

解释

行为准则的最终解释权属于国家非政府组织论坛大会。为了保持清晰，应明确下列定义：

非政府组织是指在乌干达合法注册的非政府性或社区组织。

行为准则是指本非政府组织通用行为准则。

非政府组织成员是指在论坛注册的签署本行为准则的合法注册的非政府组织。

生效

本行为准则于2001年的4月25日在乌干达首都坎帕拉召开的乌干达国家非政府组织论坛大会上被批准生效。

区域内非政府组织行为准则

非洲公民社会组织道德和行为准则 *

‖‖

1. 背景

非盟的前身——非洲统一组织——以临时的方式与非洲公民社会组织保持紧密合作。这一趋势一直延续到 2002 年 7 月 11 日南非德班非盟的成立。

保持非盟与公民社会组织之间亲密的合作关系并不是新鲜事物。这一需要在已经建立的非洲经济共同体条约中（阿布贾条约）第 90 条被强调："在调动非洲人力和自然资源的环境下，共同体应该与非洲非政府组织建立亲密关系，目的是鼓励非洲人民在统一进程中调动他们技术、材料和财务支持"。该条继续强调了应与这些非政府组织建立咨商机制。

1997 年，非洲统一组织的秘书长，在部长理事会和国家及政府首脑大会上，建议建立非洲统一组织和公民社会组织之间的更正式和更有效的合作。在 2001 年 6 月 11 - 15 日于埃萨俄比亚首都亚的斯亚贝巴召开的第一次非洲统一组织与公民社会上通过了秘书长的建议。会议的主题是"为了促进非洲的和平和发展建立合作关系"。除了提高和巩固非洲统一组织和公民社会组织之间的合作之外，会议的主要目标是"协助本土非洲公民社会的发展及增强其为联盟使命的实现作出的贡献"。在该次会议的最后，通过了非洲统一组织和公民社会合作的法律框架。

在 2002 年 6 月 11 - 14 日于亚的斯亚贝巴召开的第二次非盟与公民社会大会，主题是"发展非洲统一组织与非洲公民社会组织的合作关系"。会议的召开是为了巩固在第一次大会时形成的成果，进一步讨论非洲统一组织和公民社会组织在非洲合作的方式和机制，并评估为了实施第一次大会形成的框架而采取的行动。除此之外，大会也确立了在 2 年的时间里建立促进联盟和公民社会组织互动的临时工作小组。

临时工作小组就包括发展公民社会组织的道德和行为小组。

2. 目的

道德和行为准则（以下简称准则）应适用于寻求非盟认证的所有公民社会组织，该准则设定了一系列的公民社会组织在非洲必须遵守的标准和核心价值。

准则也被建议适用于非洲公民社会组织进行自我约束和治理，也为公民社会组织进行自我评估提供了基准。

3. 结构

准则包括了一系列的典型元素：

·期望部分设置了在非洲的公民社会组织必须遵守的原则和理想。

·公民社会组织应遵守的行为标准或原则。

·保证行为准则条款被遵守而设计的遵守机制。

·为了保持活力而设置的对内容修改的条款。

4. 说明

在过去的几十年内，公民社会组织在他们各自国家的社会和经济变化中发挥出了日益显著的影响作用。在很多情况下，公民社会组织已经在地方、国家和区域政策形成过程中起到了非常突出的作用。在很多实例中，公民社会组织已经取代了传统上只由政府才能发挥和享有的权利的角色，并且在政府选举中对透明度和问责有了较高的要求。他们的影响不仅仅只反映在小的事项上，而且还反映在地方、国家及国际法和条约中。他们已经努力在重要的国际机构中寻求提名并且在这些机构中有效的参与。另外，根据其监督者的角色，公民社会组织已经在一些非洲国家的民主化进程中成为了关键的行动者。

因此，鉴于公民社会组织近年内影响力的增加，对其自身的透明度、合法性、问责性和一般良好管理实践的要求也提高了。总之，许多公民社会组织曾遭受着信用危机。

在非盟的框架下，其成员政府更加关注对公民社会组织的增长、一些公民社会组织的信任度和接受度。因此，有必要为期望与非盟建立关系的公民社会组织设置明确的问责、信任和透明标准。

行为准则将通过设定公认的和可被接受的行为，帮助促进行为的高标准及为公民社会组织提供可进行自我评估基准的方式促进非盟内部的政府和公民社会组织之间的合作关系。

■ 序言

我们，非洲的公民社会组织和在移民社区的非洲公民社会组织：

永记我们促进非洲人民在政治和决策制定过程中的参与和承诺，通过采纳 1990 年《非洲民众参与发展宪章》来实现该美好愿望的共同使命；

也永记在 2001 年 6 月召开的非盟与公民社会组织召开的第一次会议和在 2002 年 6 月召开的非盟与公民社会组织召开的第二次会议。

目的是建设团结和强壮的非洲共同使命，为了增强非洲人民之间的团结和粘合力建设政府和公民社会所有部门之间关系，特别是与妇女、青年和私人部门之间关系的需要；

注意公民社会组织在非洲和非洲移民社区发挥的重要角色、在实现于 2002 年 7 月在德班举行的联盟大会第 38 次例行会议上通过的泛非会议备忘录中赋予其的特殊角色以及在实现非洲发展新合作关系目标中被期望发挥的角色；

应对非洲大陆和人民所面临的整个世界所发生的社会、经济和政治变化与非盟和其成员国之间紧密联系的需要；

因此承诺他们自己建立受设置在非盟宪法文件中的第 3 条的目的和目标指引的合作。

因此，我们，非洲的公民社会组织和在移民社区的公民社会组织同意遵守以下原则和标准：

第一条：引用

对道德和行为准则的正式引用应为"非洲公民社会组织道德和行为准则"。

第二条：定义

在本道德和行为准则中：

"联盟"指的是非洲联盟。

"公民社会组织"指的是在非盟获得认证的公民社会组织。

"组织"指的是公民社会组织。

"ECOSOC"指的是经济、社会和文化理事会。

"准则"指的是非洲公民社会组织道德和行为准则。

"我们"指的是签署该行为准则的所有公民社会组织。

第三条：适用范围

本行为准则应该适用于非洲的公民社会组织和在移民社区的非洲公民社会组织。

行为准则也适用于这些公民社会组织的成员、官员、雇员和志愿者。

第四条：道德原则和美好愿望

为了追求我们的目的、目标，我们应该受到以下原则和美好愿望的指引：

1. 承诺在我们所有的活动中坚持人类生命的圣洁、坚持和平及非侵犯动机；

2. 促进民主、人权、法治、善治和非洲所有人们的公正；

3. 尊重所有受我们控制的人们的平等、权利和尊严；

4. 保证平衡的经济发展，促进社会公正；

5. 发对党派、政治、道德、文化种族或者宗教的不能容忍和其他所有形式的歧视；

6. 承诺促进在所有层面的性别平等和社会融入；

7. 区域利益的实现要超出国家或者党派利益的实现；

8. 保持透明和问责文化，特别是在接受和管理资金时，避免腐败和不道德的行为；

9. 坚持对话文化，进行资源、信息、能力和经验的共享；

10. 保持在服务和互动中的职业高标准，并且以诚实和全面尊重的方式处理人与人之间的关系。

11. 反对进行任何直接或间接目的为发展折磨方法或者其他任何违反和颠覆人权的方法的研究、项目、计划和其他活动。

12. 遵守对待利益冲突的明确指南。

13. 促进和维持公民社会组织和非盟之间的共同信任、合作关系和尊重。

14. 确定任何对本行为准则的违反行为并且向经济、社会和文化的筹划指导委员会报告。

15. 尊重公民社会组织的自治、独立和多样性。

■ **行为准则**

第五条：善治

1. 公民社会组织应该在其行为国家合法组成。

2. 公民社会组织应该根据宪法或者其他类似文件中设定的条款进行行为，在其它事项中应该明确的宣称组织的使命、目标和组织结构。

3. 最高管理机构的成员应该为他们自己和组织内部的其它成员设置严格的个人行为标准。

4. 管理机构应该以公平、公正和负责任的方式管理组织。

5. 最高机构应该为所有政策和组织规划的最终通过机构。

6. 最高管理机构应该具备完善的组织成员资格、促进性别和少数种族平等和社会融入的政策。

尽管有本部分条款的规定，但是最高机构的成员可以把其本部分所包含的权力分配给最高管理机构的委员会，前提是该委员会是其成员组织并且应向其做周期性的报告。

第六条：组织整体性和独立

1. 公民社会组织行为依据的章程或者类似文件应该规定管理机构成员的选任，以及包括为更换这些成员任期的民主程序。

2. 透明和问责原则应该适用于组织和政府、目标人口、捐赠者或者其他利益相关者之间的所有事项和活动。组织的活动，按照要求，除了私人事项、法律事项和法律所提供的专有信息，应该保持公开并受各自的捐赠者监督。

3. 最高管理机构应该建立明确的和毫无歧义的指南，以保证成员和志愿者的个人利益不能与组织的利益相冲突，或者影响到他们权利的履行。在处理针对任何组织成员、职员或者志愿者的错误行为所提及的控诉时，应该适用公正听证的公平原则。

4. 公民社会组织不应因种族、性别、宗教而歧视任何人。

第七条：财务管理和问责

1. 在进行募集资金的过程中，公民社会组织应该谨慎的行使，认识到维持他们独立和信任度的重要。这需要在募集资金过程、资金的花费和记账中保持公开、诚实和透明。

2. 通过监督组织的年度报告和可行的财务会计实践是最高管理机构和其

授权机关的责任；

3. 在组织财务的花费中应该遵守财务节约原则。

4. 公民社会组织不应忍受任何的由其职员、志愿者、提供商或者其他利益相关者所进行的不正当的影响、贿赂或者其它的不道德的行为。

5. 最高管理机构应该保证组织的账务每年由独立的职业审计员审计，并且结果应该被广泛的散布并且使所有的利益相关者获得。

6. 公民社会组织应该努力的坚持自我独立，而不是持续的依靠捐赠者的帮助或者慈善组织。

第八条：管理和人力资源承诺

1. 公民社会组织应采取可行的管理实践，应把公民社会组织的使命、目标和组织机构考虑在内；

2. 公民社会组织应该发展和维持明确的、公平和公正的政策和指南处理组织的人力资源；

3. 公民社会组织应该努力的建立支持该行为准则的培训和教育项目，目的是使所陈述的价值和期望与组织完全的结合在一起。

第九条：交流

1. 公民社会组织应该在法律许可的范围内向公众成员、目标人口、捐赠者和政府提供有关他们活动、财务和其它重要事项的正确和充足的信息。

2. 公民社会组织应该培养与其他公民社会组织信息的分享，如对研究结果的分享。

第十条：行为准则的实施

1. 按照非盟经济、社会和文化理事会规约的条款所建立的筹划指导委员会应该负责本行为准则条款的实施。

2. 在本部分，筹划指导委员会应该负责以下责任：

（1）保证严格遵守本行为准则；

（2）决定向它所提及的针对行为准则全部或者部分违反的请愿和控诉；

（3）听取有关它自身认证程序的请愿和控诉；

（4）创造行为准则条款意识并且采取行动使该准则被大众知晓，并且在需要的时候提供协助和解释；

（5）建议对行为准则条款的修改；

（6）任何其他被认为正当的责任。

3. 任何权利受到侵害的公民社会组织、个人或者群体可以向筹划指导委员会提及有关违反行为准则的请愿或者控诉，或者向非盟提及有关适用它的任何认证公民社会组织的程序和标准的请求。

4. 筹划指导委员会应该迅速的考虑和调查向它提及的请愿和控诉，在任何时候都要遵守公平和公正原则，特别是在考虑全面披露和授予被控诉者回应机会的时候。

5. 当请愿或者控诉是针对筹划指导委员会的成员所做出的时候，该成员不能参加处理该控诉的任何程序。

6. 当筹划指导委员会发现被控诉者有违反该行为准则的行为、或者发现控诉是针对使用它的认证程序不正确，委员会有权力行使以下措施：

（1）教育或者劝告被控诉者；

（2）训诫被控诉者；

（3）作出命令，要求被控诉者在给定的时间内采取特定的救济行为；

（4）中止或者终止被控诉公民社会组织的认证；

（5）为向寻求认证的公民社会组织作出的错误行为进行补救，或者给予其寻求的特殊救济方式；

（6）采取任何其他正确的行为。

7. 当筹划指导委员会发现被控诉者没有违反本行为准则的条款，其有权力采取以下的措施：

（1）免除被控诉者的处罚；

（2）命令提出控诉者或者请愿者作出公开道歉；

（3）采取其他筹划和指导委员会认为合适的行动。

虽然有本部分的条款，但是没有可以防止筹划和指导委员会按照其它程序原则进行行为的限制。

第十一条：修改条款

准则的任何条款只能根据经济、社会和文化理事会大会上经过三分之二投票通过后才能被改正和修改。

公民社会参与决策过程良好行为准则

|||||||||||||||||||||||||||||||||||||||||||||||||||||||||||||||||||||||||||||||||||||||||||||||||||||||||||||||||

一、介绍

我们对现代民主的主要担忧之一就是在政治进程中民众的疏远。在现代的社会环境中，公民社会构成了民主进程的主要组成部分。它为公民在民主进程中提供了参与政治团体和游说团队以外的表达不同观点和保证不同利益的途径。

欧洲理事会的部长会议已经在 2007 年 10 月的建议中承认"非政府组织通过促进公众意识、参与公共生活及公共政权机构的透明和问责，对民主和人权的发展和实现做出的重要贡献"。

在 2007 年 6 月瑞典召开的未来民主欧洲理事会论坛会议上，参会的代表呼吁欧洲理事会的国际非政府组织会议制定公民参的与良好行为准则，主要涵盖非政府组织在决策过程中的参与和在公共政策中公民社会的参与。

于是，国际非政府组织会议承担起了起草在决策过程中公民社会参与所应遵守的良好行为准则的责任。本文件设置了公民参与的基本理论、框架和方式。本行为准则由经验丰富的公民社会代表准备，在泛欧协商进程中被详细阐述，被来自国内和国际的非政府组织检验和评论，并且已经被活动家和政府机构的代表所使用。

欧洲理事会的国际非政府组织会议已经采用了针对决策制定者和包括非政府组织在内的，有组织的，公民社会的用户容易掌握使用的，结构完备的及可行的机制。

本行为准则提供了良好行为的指令，并具备强制约束的性质。它并不仅仅规定原则或者需要实施的机制，它为在民主进程中的所有行为者提供了来自于非政府组织和政府当局对话和合作中可行的经验指南。它最终的目的是在地方、区域和国内层面的民主进程中促进他们的互动和增加民众的权力和参与能力。

会议寻求了来自欧洲理事会其它机构的建议和意见。来自欧洲地方和区域政府国会和欧洲理事会的议会大会都欢迎良好行为准则：国会准备对行为准则的促进和使用做出规定，议会大会特别强调了在参与中电子工具使用的重要性。

本文件应该有或及将有政治反响。它将为地方、区域和国内政府在民主治理中引入现代工具与公民社会协商和合作提供动力和支持，同时加强了公民在公共社会的参与。

二、目标和目的

公民参与的良好行为准则的主要目标是为在欧洲理事会成员国和白俄罗斯通过在欧洲层面为公民社会参与决策进程设置一般原则、指南、工具和机制的方法，为创造公民社会参与的环境做出贡献。目的是本行为准则将在地方、区域和国家层面被实施。本行为准则是在整个欧洲非政府组织分享他们良好实践经验和参与政府部门方法的基础上建立起来的。

本行为准则的另外一个目标是作为从地方到国际层面的非政府组织与议会、政府和政府部门对话的相关及有效的工具。它的目的是以互动机制和行为为导向的，能够对整个欧洲的非政府组织和政府部门起到作用。作为支持本行为准则适用的方式，它也可以作为大量案例研究的额外的实践工具。

本行为准则的主要约束对象是国内的非政府组织，包括在欧洲理事会成员国、白俄罗斯区域和地方的组织及在欧洲和国际层面的组织。

它也适用于地方、区域和国家层面的政府部门，包括议会、政府和公共团体。它的目标群体是广泛的，但是其目标是具备良好行为准则的部分能适用于所有的公共行政。

三、公民参与的一般框架

1. 公民社会的参数

非政府组织和有组织的公民社会是发展和实现民主和人权的必要参与者。

欧洲理事会在 2007 年部长委员会意见中定义了非政府组织：非政府组织是为了追求他们创建者和成员的必要的非营利目标而建立的自愿的及自我管理的机构或者组织。而与本行为准则有关的非政府组织的范围指的是有组织的公民社会，包括志愿团体、非营利组织、协会、基金会、慈善组织、以区域和利益为基础的社区和倡议团体。非政府组织的核心目标是关注社会公正、人权、民主及法制的价值。在这些领域中，非政府组织的目的是创造动机和促进人民生活。

非政府组织通过大量个人的参与成为公开及民主社会的重要参与部分。事实上这些个人也是与民主代表互补关系的投票者。

非政府组织可以为决策制定过程带来知识和独立的专家技能。这可以使来自各个层面的政府，包括地方、国内和区域及国际层面的机构，在帮助发展和实施政策时可以利用来自于非政府组织的相关经验和能力。非政府组织也可以享有来自于其成员和社会的信任，代表他们的利益和获得在原因分析中参与的机率，以此为政策发展做出重要的贡献。

本文件强调了有组织公民社会在民主进程中的贡献，并没有关注公民参与的有关问题，如个人。在这种情况下，发展中协会和社区组织的行为构成了独立社会组织的行为，并不仅仅关注个人行为。有组织群体为满足他们成员和整个社会的需要所起到的作用是不言而喻的，因此，他们成为民众参与的关键渠道和加速者。

2. 公民参与的原则

为了促进不同层面非政府组织和政府部门的建设性关系，应该按照以下原则进行行为：

参与原则

非政府组织负责引导他们成员收集使用团体和关心决策的民众的观点。这种贡献对于政治决策过程是十分重要的，可以增加政策的质量、促进决策的理解和保证决策的长期的适用。本原则的前期条件是建立在对于公开和可获得的参与参数同意的基础上。

信任

公开和民主的社会是建立在行为者和部门之间诚实互动的基础上。虽然非政府组织和政府部门具备不同的角色，但是对于提高人们生活共享目标只能在信任的基础上实现，包含透明、尊重和共同信任。

问责和透明

为公共利益而实施的行为需要非政府组织和公共政府公开、负责任、明确和问责，并且在各个阶段都要透明。

独立

非政府组织应该被承认为有基于他们的目标、决定而自由、独立活动的机构。虽然他们之间可以有合作关系，但他们有独立行为和独立于政府倡议角色的权利。

3. 公民参与的条件

应该设置完善协会生活能动的条件。根据《欧洲人权和基本自由公约》以及人权法院的相关判例法，其需要表达、集会和结社自由。

为了保证非政府组织能够在政治决策制定过程中毫无歧视的发挥出重要作用，需要能动的环境。能动环境的条件主要包括法治、遵守基本民主原则、政治意愿、有帮助的法律、明确的程序、为可持续公民社会存在而需要的长期支持和资源及为对话和合作所需要的共享空间。这些允许非政府组织和政府部门之间建立建设性关系的条件应该建立在双方信任和对参与民主相互理解的基础上。

四、怎样行为

为了实现本行为准则的首要政策目标和保证非政府组织在政治决策制定过程中的相关性和实际适用性，本部分主要陈述公民社会怎么参与。

本部分主要分为两个相互关联的部分。首先，本部分的第 1 节主要描述参与的层次，在日益增长强度的顺序中挑选出，及在有关非政府组织和政府部门之间的协商、对话和最终合作关系的简单条款中获得。其次本部分第 2 节列明的是政治决策的步骤，即由政府部门采用的从项目设置到实施、监督和形成在内的六个步骤。

一个独立的第三部分提供了可以适用在任何步骤的工具，并且提供了对参与过程的横向支持。

1. 参与的不同层次

非政府组织在政治决策形成过程的不同参与程度因参与的强度不同而不同。按照参与的强度，主要有四个渐进的参与，他们是：信息、协商、对话和合作。他们可能适用于决策制定过程中的任何步骤，但是他们经常与过程中的特定点保持相关。

（1）信息。获取信息是非政府组织参与政治决策过程中所有后续步骤的基础。这是参与的最低层次，其一般只需要单方面的信息获取，即从政府部门到非政府组织，并不需要非政府组织对信息的互换。

信息与决策过程的所有步骤是相关的。

（2）协商。当政府部门要求非政府组织针对特殊的政策主题和发展提出意见时，协商是提议的形式。协商经常包括政府部门要求非政府组织对现行的政策发展提出意见、观点和回馈。提起的动议和主题来自于公共政府而不是非政府组织。

协商与决策进程的所有步骤是相关的，特别是在起草、监督和形成步骤。

（3）对话。对话的提议可以由任何方提出，既可以是广义的也可以是以协调的方式作出。

广义的对话是建立在共同利益和潜在共享目标的基础上的双向交流，以保证信息的互换。它存在于非政府组织和政府部门之间的公开听证到特殊会议。讨论的范围很广，并不是仅仅局限于现行的政策发展过程。

协调对话建立在特殊政策发展共同利益的基础上。协调对话经常导致共同建议、策略或者立法。协调对话比广义对话更有权力，因为其包括共同的、经常是由有规律的会议来制定核心政策策略，并且经常会产生议定的成果。

对话在决策形成制定程序中存在于所有的步骤，但是其最重要的还是存在于项目设置、起草和形成阶段。

（4）合作。合作暗示在政治决策程序的每一步中的共享责任，包括项目的设置、起草、实施政策提议，他是参与的最高形式。

在本阶段，非政府组织和政府部门进行亲密合作，但是要保证非政府组织继续保持独立及有权利参加合作情况下的行为。合作可以包括以下行动：向非政府组织分派特殊任务，如提供服务、参与论坛、成立共同决策制定机构，包括资源分配。

合作可以发生在政治决策形成过程中的每一步，特别是在项目设置或者实施阶段。

2. 政治决策形成过程中的步骤

下面的顺序定义了政治决策形成过程中的六个不同的步骤，包括项目设置、政策的起草、决策制定、政策的实施、监督和决策的再形成。每一步都为非政府组织和政府部门互动提供了机会。

（1）项目设置。政治项目应该经过议会和政府同意，但是可以通过行动和对问题、需要与担忧的游说由非政府组织或者非政府组织团体形成。新的政策提议经常是非政府组织行动影响的结果。在本步骤中，非政府组织的目标是代表集体利益通过补充政治讨论的方式影响决策制定者。

非政府组织的贡献：

·倡议：提起还没有被立法、或者其它政策文件、机制或者措施没有涵盖的问题、担忧、特殊使用群体的需要、观点或者一个大众的利益问题。

·信息和创建意识：与政府部门分享非政府组织的发现，包括代表成员、使用者和关键人民群体，及作为联通人民的渠道、去聆听、回应和通知。

·专家和建议：对特殊问题掌握知识的专家在形成政治项目的过程中起到非常关键的作用。通过他们的分析和研究来确定社会的现行和将来的需要，并且提供重要的观点。

·改革：新方法和方式的发展及宣称这些方法怎样被带入政治项目中。

·服务条款：作为形成政策的关键行为者，应为特别群体创造可替换的或者不存在的服务。

政府部门的责任：

·信息共享：以可获取的方式为所有的利益方提供准确以及及时的信息。

·程序：形成和遵守透明的决策制定程序，为公民社会参与提供明确的、开放的和可获取的程序。

·资源义务：使公民社会通过预算条款、类似的支持或者行政服务积极的进行参与。

·回应：保证相关政府部门代表的积极参与、聆听、回应和作出回馈。

有用的工具和机制：

·信息：

——容易和公开获取有关政策过程、文件和政治决策制定者的相关的、准确的和及时的信息，如网上数据；

——研究对担忧问题的题解并提出建议解决方法；

——非政府组织引起注意的运动和游说，如政策文件、海报、传单、网址、媒体和公开宣布；

——可以完全获取关键文件和对公共事件进行宣传的网页。

·协商:

——请愿,可以通过网络工具,如电子请愿或者网上论坛;

——协商,通过网上工具或者其它方式从利益相关者处搜集意见和建议;

·对话:

——听证和公共论坛,与相关利益相关者确定和解释不同群体的意识和利益;

——公民论坛和未来理事会用作与公民和非政府组织进行讨论的机构;

——关键的政府联系,使公民社会从现行的政府提议获取信息。

·合作

——工作群体和委员会作为长期或临时的专家群体为政策的形成提供建议。

(2)起草。政府部门往往具备设置完善的起草程序。非政府组织也经常涉及这些领域,如为他们提出的建议确定问题、提出解决方法和提供证据。促进协商的机会和从关键利益相关者处搜集建议等各种形式应为这一步的关键元素。

非政府组织的贡献:

·倡议:保证应该考虑到受起草政策影响的利益相关者的需要和利益;

·信息和引起注意:非政府组织通知成员、使用者和关键居民群体有关起草的过程;

·专家和建议:对正在讨论的问题提供分析和研究或者是对包括在政策起草内的事项提起额外优先权;

·创新:提供通过引入会对特殊使用群体带来利益的、有利于实践解决和鉴定的解决方法;

·服务任务:向政策起草提者出建议,保证考虑到特殊群体的需要并满足必要的条件;

·监督作用:跟随起草的过程,以保证考虑到利益相关者的担忧并且保证该过程是包容的和透明的。

政府部门的责任:

·信息共享:提供有关现行协商过程及时和全面的信息;

·程序:形成和遵守最低的协商标准。如明确的目标,参与的规则、时间界限及联系方式等。组织公开的协商会议,包括通知所有潜在的利益相关者；

·资源提供：为保证不同层次的公民社会参与提供充足的时间和多种渠道方式；

·回应：保证相关政府部门代表的积极参与、聆听、回应和回馈咨商。

有用的工具和机制：

·信息：

——公开和自由的获取政策文件，包括有关政策起草的单独信息，应该保证信息通过不同的方式到达公众；

——网页包含全面获取关键文件和公共事件宣布的方式；

——通过发放文件、信件和宣言宣布，运动和游说形成的政策起草；

——网上信息，包括允许公众在任何时候观看和听取的听证、会议和讨论；

——研究，为政策起草过程提供建议。

·协商和对话

——听证、问题和回答，可以通过面对面或者网络的方式与利益相关者确定和解释敏感事件、关切事件并搜集建议；

——专家论坛和会议，包括可以被用作起草作用的特殊研究和学习中的专家论坛和会议；

——多方利益相关者委员会和咨商机构，包括或包含来自非政府组织部门长期的或者临时的代表。

·合作：

——共同起草：积极的参与立法进程的起草部分。

（3）决定。政治决策采取的形式根据国家环境和立法的不同而多样化。共同的性质是建立了由部长指引的政府政策或立法，如由议会投票通过的法律或公民的公开投票。起草立法必须有非政府组织参与和贡献。政府部门应该在采取决定之前考虑和评估不同的观点和意见。在本阶段，协商对于通知决定是非常重要的。但是最后的选择权归于政府部门，除非该决定是由公众投票或者是机制的共同决定。

非政府组织的贡献：

·倡议：在投票之前形象决定制作者；

·信息和实施的形成：通知成员组织、使用者和关键的居民群体有关政治决定和他们潜在的影响；

·专家和建议：通知和影响决定制定者的详细分析；

·监督作用：跟随决定制定过程，保证其是民主的、透明的和有效的。政府部门的责任；

·共享信息：提供在决策制定过程中现行的有关政策的信息；

·程序：在适用的时候，为共同决定机制提供程序；

·资源条款：在决定步骤，通过组建非政府组织支持公民社会的积极参与；

·回应：听取、考虑到和回应公民社会的建议。

有用的工具和机制：

·信息

——活动和游说影响决定制定者，如通过使用传单、网页、媒体和公开宣言。

·协商和对话

——公开全体或者委员会部门保证在决策过程中公开参与讨论。

·合作：

——共同决策，通过论坛、一致的会议和其它参与会议；

——共同制定决策，如参与预算。

（4）实施。这是许多非政府组织最为活跃的步骤，如在传递服务和执行计划领域。许多的工作在前期都由非政府组织来完成，包括试图影响政策的实施。这个阶段对于保证其结果的完成十分重要。准确与透明的信息和积极的合作对获取期望和机会是非常重要的。

非政府组织的贡献：

·信息和意识的形成：通过解释政策的利益、缺点和影响形成公众的意识；

·服务提供：在实施政策中的关键行为者经常承担传递服务的主要责任；

·监督职能：评估和保证政策应该按照预期及没有伤害副作用的方式进行实施。

政府部门的责任：

·信息共享：提供有关策略实施、公共提出程序和项目指南的信息；

·程序：遵守有关政策实施的既定规则和原则；

·资源提供：通过预算支持等类似支持方式或者行政服务的方式促进公民社会在实施步骤中的积极参与；

·回应：针对有关政策实施事项产生的特殊需求进行回应。

有用的工具和机制：

·信息：

——公开和自由的获取有关项目实施决定的公共部门文件；

——要求具备可全面获取关键文件和宣布公开事件的网页；

——电子邮件提请注意即将到来的项目和资金机会；

——常见问题解答，通过网络或者其它的渠道提供有关问题和问答的信息，目的是提供可行的帮助和指南；

——公开确定的程序，为服务提供公开及透明的程序。

·协商：

——通过会议、论坛和研讨会与非政府组织和公众讨论政策的实施。

·对话：

——为增加有关实施的知识和能力召开能力建设研讨会；

——为非政府组织和政府部门针对有关实施的特殊主体召开培训研讨会，如采购、计划和资金申请。

·合作：

——当非政府组织和政府部门为了实施政策建立合作关系，可以成立战略合作关系，这可以包括从小的实施计划到全面的实施责任。

（5）监督。在本部分，非政府组织的角色是监督和评估实施政策的结果。所以具备有效和透明的监督体系、保证政策实现既定目的是非常重要的。

非政府组织的贡献：

·倡议：监督政策提议是否已经到达既定受益人并且是否对社会达到既定结果；

·专家和建议：针对政策的影响搜集证据、进行研究，包括智囊团和研究机构；

·服务提供：具有根据质量、可持续性、效率和真实的案例评估项目效果的责任；

·监督职能：在监督政策效果中起到关键作用，保证既定目的已经实现。

公共部门的责任：

·信息共享：提供有关现行政策地位的信息；

·回应：听取和回应由非政府组织和公民社会提起的特殊观点。

有用的工具和机制：

·信息：

——公开和自由的获取有关政策进步的信息；

——通过有关项目进行搜集案例和数据；

——通过会议和报告评估政策和它的影响；

——为吸取深刻教训进行独立的研究学习。

·协商：

——跟随进一步的回馈机制，如投票、网络调查或调查问卷。

·对话：

——组建包括非政府组织的工作小组或者委员会来对政策进行监督和评估。

·合作：

——非政府组织和政府部门以战略合作的方式组建工作小组或者委员会进行监督和评估政策。

（6）再形成。从评估政策实施过程中获取的知识并考虑到社会的需要，经常需要对政策进行再形成。这建立在通过对话获取的信息和机会的基础上来确定需要和动机。这种再形成过程允许形成新的决策制定的过程的新循环。

非政府组织的贡献：

·倡议：通过表达现行政策的局限性或者副作用，游说对政策的更新，满足使用者或者居民的需要；

·专家和建议：进行研究和分析确定现行政策的缺陷，为再形成提供理论依据；

·创新：形成发展相关政策提议的新方法，这是政策更新中的关键要素；

·服务提供：确定缺陷和搜集证据，说明需要再形成政策的依据。

政府部门的责任：

·信息共享：提供有关政策可能变更和在政策中需要进行变化的信息；

·程序：为参与提供明确的、公开的和易参与的程序；

·资源分配：支持公民社会的积极参与；

·回应：听取和回应来自非政府组织部门的意见；

有用的工具和机制：

·信息：

——公开及自由的获取信息，包括提供评估、研究结果及其它有关现存政策的证据

·协商：

——由政府部门召开确定下步计划的会议；

——通过网上协商搜集公民社会有关下步政策的观点；

·对话：

——召开涉及利益相关者参与的在政策领域中发展新指示研讨会和审议；论坛，如在咖啡馆、公开场所或者其它场所的集体讨论方法。

·合作：

——工作小组或委员会，非政府组织会与其它利益相关者和政府部门为了建议修改政策组成专家小组。

3. 公民社会参与的横向工具和机制

在对本行为准则协商的过程中存在着从整个欧洲获得的特定工具或者机制，为整个决策制定过程提供了横向参与：

（1）电子方式参与。电子工具为提高民主实践和组织公民社会参与提供了巨大的潜力。他们为组织的透明、问责和回应，促进公民的参与和增加民主进程的权力，获取和包容性做出了巨大的贡献。为了全面挖掘他们的潜力，电子工具应该由所有决策进程中的参与者整体使用，包括所有层面的政府部门和有组织的公民社会。

（2）为参与的能力建设。非常有必要发展地方、区域和国家非政府组织的能力和技能，以使他们可以积极的参与到政策的再形成、计划发展和服务提供的过程中来。能力建设也包括为了提高非政府组织和政府部门在本领域参与中的各自角色的理解而进行的培训项目和为促进互相理解的互换项目。

（3）非政府组织和政府部门的合作框架。为了促进政府部门和非政府组织的关系，一些国家已经形成了协调机构。包括：政府机构，在每个部委为公民社会设置联系人或者具备作为单独对话者的一个中心协调机构；共同机构，如多方利益相关者的委员会、工作小组、专家委员会和其他咨询机构（长期或者临时的）；非政府组织联盟，促进资源的共同发展。

（4）有关非政府组织和政府部门的框架文件。在很多欧洲国家，存在着

可以用来陈述合作的进行、角色、责任和程序的框架。这些文件为合作关系设定了明确的基础，用来促进非政府组织和政府部门之间正在进行的对话的共同理解。他们包括与议会、政府签署的双边协议，合作的策略文件和由政府部门采用的正式项目。

五、公民社会参与的模型

为了构建和明确合作关系，下述政治决策制定程序和他们与参与层次的关系的模型。这是建立在整个欧洲公民社会的良好实践案例的基础上，并且目的是为行为提供灵感和促进非政府组织与政府部门之间的互动。

在决策制定程序的每个阶段（从左到右）都有不同层次非政府组织的参与（从下到上）。据设想政治决策制定程序的所有步骤都可以使用在欧洲的任何环境下，从地方到国家。根据解释，在决策制定过程中的每一点的参与层次可以从下到上表现各异，并且目的是建议的工具作为实施每个参与类型的方式。

本模型可以以各种方式进行使用，如在任何既定的政策程序中描绘公民社会参与的层次、评估非政府组织在特定程序中的参与或者作为非政府组织为政策活动作出策划的可行研究。这并不是打算作为穷尽的方式，它可以采用更多的方式。

本模型为决策形成程序中参与的元素进行了描述。这个实例展示了上述有用的工具可以实现在决策制定程序中每一步的参与层次。

加勒比海非政府组织道德和行为准则

‖‖

　　认识到非政府组织部门在发挥角色和实施职能需要的良好行为，加勒比海政策发展中心制定本道德和行为准则（以下简称"行为准则"）用来指引在加勒比共同体及更宽广领域的所有非政府组织成员、志愿者和职员的行为。本行为准则的目的是建立非政府组织与其服务对象之间的良好关系，并且保证所有非政府组织的行为有益于在实践者、受益者、捐赠者和合作者之间获得高水平的尊重。本行为准则关系到：非政府组织的治理，处理地方、国家、区域和国际层面之间非政府组织的关系，处理非政府组织与受益者社区、捐赠合作者和政府的关系，处理与劳动者、私人部门、政治团体、媒体和大众之间的关系。

　　本行为准则坚持作为社会发展实践者的定位，为区域内人民的集体利益而服务，坚持和捍卫他们的自由和人权、作为实践者我们应该在实施我们的项目和收获与各种各样伙伴之间的关系时需要做出良好的判断。

　　承认虽然行为准则不能参与到每个情形、维护每个人的尊严和荣誉，但是可以指引非政府组织部门所从事的每一个决定和行为。行为准则最大的成功在于非政府组织实践者之间维持高标准的职业化，至今为止所有人都遵守在行为准则中设定的原则并在任何特殊有挑战性的情况中都遵守他们所保证的承诺。为了达到此目的，每一个签署者都应保证其所有的成员都被充分的告知行为准则的标准并应诚实的遵守。

　　加勒比海政策发展中心促进下述道德和行为准则在加勒比海非政府组织之间散布并且被这些组织采用作为他们的指南，并且保证在实施他们事项的时候保持最好的实践。

1. 定义

1.1 非政府组织指的是具备非政府性、非营利性、组织性、自愿性和独立于政府、捐赠者和企业的组织。其目的是促进目标群体特殊需要的可持续性的文化、经济、知识、政治和社会的发展。这一类的非政府组织包括作为个人协会或者正式法律团体而活动的慈善组织、协会、基金组织、区域性或社区性组织和倡议型群体。

1.2 治理原则指的是在道德和行为准则中设定的、指引非政府组织的治理和怎么建立及处理与行政机构等各种利益相关者关系的原则，而不管是否在以下原则中被认定。

2. 治理原则

一般原则：

指引和治理原则应被转化为组织的内部原则。

非政府组织应该承诺：

（1）保持透明、问责、公正、平等、社会正义和非歧视原则。

（2）促进在决策过程中的参与治理、监督和评估、道德募捐和自治。

（3）尊重和保持文化和宗教传统、人权、全球自由和性别平等。

（4）持续应对成员和利益相关者的需要、实践有责任的倡议、提供平等服务、鼓励职业发展及在团结、信任和信息互换的基础上构建积极的、合作和网络性关系。

（5）持续性的在所有的活动中对环境生态和可持续发展行使应对性及责任性的管理方法。

3. 治理

3.1 加勒比海非政府组织内部的治理应该在自愿和包容的基础上行使。

3.2 在本行为准则中所陈述的原则的基础上保持人权，非政府组织应杜绝在职员定位中一切形式的在年龄、级别、性别、性取向、少数群体、区域方位、种族、宗教或者残疾人基础上的歧视。

3.3 非政府组织应该：

（1）保证他们的活动符合他们陈述的目的。

（2）保证在设定、涉及和执行政策、项目和计划中有所有利益相关者的参与。

（3）在非政府组织部门内实施有益于社会公益的组织行为。

（4）保证在他们的行为中他们或者他们的职员保持政治中立，并与区域民主传统保持一致的基础上尊重所有经政府正当程序选举出的政治部门。

（5）禁止故意的卷入破坏组织名声的任何行动。

（6）在处理内部及与第三方的冲突时穷尽和解方法。

（7）不仅仅是对捐赠者和政府，而且要对受益人和职员的行为和决定负责。

（8）承诺他们会加强领导者、职员和成员的参与能力并为实现组织使命和目标作出贡献。

（9）保证董事会成员或者职员在进行处理组织事物的行为中没有利益冲突，并且这些人应该坚持高道德价值标准和整体性。

（10）需要董事会成员在为组织利益行为的任何时候给予领导者最好的服务。

（11）促进董事会成员、成员、职员、受益者之间或相互之间的关系。

（12）保证董事会成员不在他们任职期间辞职成为职员。

（13）保证董事会成员不能因工作或者对组织的咨询领取报酬，除非该工作是基于严格的职业能力所做出的，可以提供报酬或薪水。

（14）保持对职员、代理人或者其它人个人信息的保密，除非个人放弃此权利或者由于法律的需要进行披露。针对捐赠者或者捐赠物的特权或者保密信息不应披露给没有被授权的部门。

4. 财务管理

非政府组织应：

（1）在管理财务和使用会计标准和程序的时候执行高标准的财务规章制度。

（2）在所有的时候对捐赠者、政府、成员、其他合作组织或者自我生成的活动负责。

（3）保证像其承诺的和在募捐呼吁中陈述的及规定在贡献协议中列明的那样做出贡献。

（4）在处理与个人及公司作为捐赠者的行为中进行正当的核查，以避免对组织的声望造成损害。

（5）保证所有的募捐行为都是可信的，并且在募捐过程中不能使用高压策略。

5. 与受益人之间的关系

非政府组织应：

（1）在追求公正和高尚社会的基础上与受益人共同工作。

（2）保证在共同信任、开放及尊重他们自治和独立的基础上处理与受益人之间的关系。

（3）优先加强易受伤害群体实现自治的能力，增加他们的自信。

（4）在确定社区需要和项目设计时促进受益人有意义的参与。

（5）协助没有任何歧视的风险。

（6）保证所有的交流活动在每个意义上尊重人民。

6. 与地方、国家和区域层次上的社区组织和其它非政府组织之间的关系

非政府组织应：

（1）互相尊重相互之间及所有的其它公民社会组织关注的区域、组织的能力和不同的工作方法。

（2）当需要的时候鼓励进行项目和目标信息的分享。

（3）当可能的时候，寻求在实施针对目标群体和广大社会利益的项目的时候与其他社区组织和非政府组织进行合作。

（4）在减少重复和扩大资源使用效率的目标基础上发展合作关系。

（5）致力于公民社会组织的自治和权利的保护。

（6）鼓励与非政府组织目的相符的其他组织的行动和行为团结合作；

（7）正确的促进部门的成长，提高部门的效率。

7. 与国际非政府组织和捐赠伙伴的关系

非政府组织应：

（1）为保证公正代表国内非政府组织的部门观点，应保证在关键问题上部门成员之间的充分协商。

（2）致力于由成员和目标社区制定他们的规划，并且向捐赠伙伴和国际非政府组织表达此政策。

（3）在不威胁到非政府组织整体性的基础上，与捐赠伙伴和国际非政府组织针对有关全球问题共同合作。

（4）把与国际非政府组织和捐赠部门之间的合作作为监督和评估其成员的标准。

（5）致力于保证捐赠货单的合作方式是反应与国际非政府组织和捐赠伙伴之间良好关系的最好实践，保证相互尊重独立性、自治和方法的多样化。

（6）保证非政府组织在国家、区域及国际层面上代表的言行总是建立在组织的首要任务和关注区域的基础上。

（7）坚持非政府组织在国际层面的代表有向非政府组织社区汇报他们任务结果的义务。

8. 与政府的关系

非政府组织应：

（1）按照在修订的 Chaguaramus 条约及加勒比海共同体公民社会宪章中规定的程序维持与政府的关系，并且遵守在道德和行为准则中列举的原则。

（2）保证尊重所有伙伴独立、治理和方法多样化的基础上维持与政府的关系。

（3）在合适的时候，以对话和合作的方式在实现人类的可持续发展的项目上政府机构合作。

9. 与劳动者、私人部门、媒体和政治团体的关系

非政府组织应：

（1）在寻求国家和区域发展的过程中尊重工会和私人部门的特殊角色。

（2）尊重作为利益相关者和交流渠道的媒体。

（3）在促进我们国家民主传统中注重政治团体这一角色的重要作用。

（4）在以道德和行为准则为价值目标和原则的指引下寻求一切机会与媒体、私人部门、工会和政治团体合作，并致力于达到最理想的合作模式。

10. 监督和评估项目

非政府组织应：

（1）为了评估它们的相关性和效率，应该为我们的项目和计划发展建立明确的、可测量的影响指标。

（2）形成不同的监督和评估工具去评估活动既定目标的履行程度。

（3）有规律的向社会公众提供所有评估结果。

11. 坚持行为准则

好的行为准则可以在发展进程中确定非政府组织作为社会伙伴的定位作出贡献，并且为他们在加勒比共同体国家提供注册的一般行为标准。非政府组织法规规定由非政府组织委员会监督道德和行为准则的实施，行为准则坚

持加勒比共同体公民社会宪章的价值目标和原则，并且为促使决策制定者和
实践者之间为了加勒比海可持续发展利益的积极合作提供最大善意的公民社
会承诺。为了实现在发展部门内所有区域的最好实践，非政府组织应遵守所
陈述的良好实践。

道德和行为准则适用于加勒比政策发展中心的所有成员、通过申请欲成
为发展中心成员的组织、寻求从政策发展中心的项目获取利益的组织及任何
其他意欲签署的组织。政策发展中心的所有成员包括代表做出成员签署行为
的个人或者团体都应在政策发展中心每两年召开的大会上签署道德和行为准
则并且在行为资料中表明他们采用该行为准则。这些签署者会通过加入道德
和行为准则成为首要的代理人并且会在非政府组织之间得到推广。行为准则
的每一个签署者都负责遵守、尊重和坚持行为准则的标准并且帮助其他的非
政府组织采纳和维护行为准则。

12. 行为准则的治理

非政府组织委员会应监督行为准则的实施和管理。委员会应由准则秘书
处、政策发展中心主持，并且包含 4 个民主选举出的非政府组织的代表和一
个代表独立机构的非政府组织成员组成。

非政府组织委员会应负责在非政府组织之间、其它利益相关者之间提请
对行为准则的注意，保证在所有的非政府组织行为和职能中行为准则起到主
流作用，监督和评估实施过程，促进冲突解决方法的管理，接受和听取来自
于非政府组织和其它利益相关者就行为准则所提起的控诉，提供控诉者和非
政府组织应该采取的行为和提及对行为准则修改的建议。

13. 监督和评估

行为准则的签署者应：

（1）监督和评估行为准则影响人们行为和组织文化的方式。特别是非政
府组织应该监督组织是怎样为了道德和行为准则的需要进行商业行为的。

（2）个人和集体应该对自己和他们为了行为准则的需要而进实施行为进
行自我监督。

（3）保证对行为准则遵守的监督和评估在管理者和职员之间进行分享。

（4）负责向非政府组织委员会提起违反行为准则的控诉。在解决提及的
按照行为准则的条款对非政府组织的控诉中，行为准则的签署者应该与非政
府组织委员会合作以期达成和解并且维护准则的整体性。

14. 行为准则的修改

准则的修改应该由参加加勒比海政策发展中心双年年度大会的三分之二签署组织的通过之后才能生效。修改的提议应该在召开双年年度大会的六个月之前提交给政策发展中心以促进交流和提前讨论。

加勒比海非政府组织良好行为准则

IIIIIIIIIIIIIIIIIIIIIIIIIIIIIIIIIIIIIIIIIIIIIIIIIIIIIIIIIIIIIIIIIIIIIIIIIIIIIIIIIIIIIIIIIIIIIIIIIIIIIIIIIIIIIIIIIIIIIIIIIIIIIII

意识到在所有时期均要发挥非政府部门的角色,良好的道德实践是非常必要的,加勒比海政策发展中心采用此良好行为准则(以下简称准则)为整个加勒比海共同体和更宽广的加勒比区域的非政府组织的所有成员和职员提供了行为指南。良好行为准则关切到非政府组织的内部治理,处理当地、国内、区域性及国际性非政府组织之间的关系,处理非政府组织与受益团体、捐赠伙伴和政府之间的关系及非政府组织与劳动者、私人部门、媒体和广大公众之间的关系。

社会发展积极分子必须为区域内人们的共同利益服务,承认及捍卫为获得合理生活质量而需要的自由和人权!积极分子需要在实施他们项目过程中与各种各样的合作者建立关系时作出准确的判断。准则的目的就是在非政府组织与他们服务的社会之间建立良好的关系,有益于其在积极分子、受益人、捐赠者和合作者之间获得较高的尊重。虽然道德准则不能预见每一个情形及个人的诚实和荣誉,但是可以指引以非政府部门的名义所进行的每一个决定和行为。准则在维持非政府组织积极分子间较高行为标准的成功之处在于每个人都拥护准则中设定的原则并且承诺在实践中坚持这些原则。

■ 拥护行为准则

加勒比海政策发展中心的成员被期望在每一次大会时采纳和签署非政府组织间良好行为准则,并且可以在他们的宣传材料中表明他们已经接受了准则。政策发展中心的成员通过加入良好行为准则成为首要代理人会在非政府组织间得到提升。政策发展中心的每一个成员都应该拥护准则并且帮助其他非政府组织采纳和维持准则。

当说服失败的时候，他们也有责任提请非政府组织或政府委员会注意违反准则的行为。在针对某一组织提起的对违反准则条款的控诉时，他们应该和非政府组织或政府委员会合作以期达成和解和维持准则的完整性。

行为准则是承认非政府组织作为发展社会合作者的一个立法组成部分，并且在加勒比共同体的成员国内为他们的立法和一般实践提供参考。监督行为准则的实施是非政府组织法规提供给非政府组织或政府委员会的职能。行为准则主要体现的是加勒比共同体公民社会宪章的价值目标和原则，并且为公民社会在政策决策者和在加勒比地区为人类可持续发展利益而行为的积极活动者参与提供善意原则的承诺。为了追求非政府组织部门所有行为的完善应遵循以下良好实践。

■ 内部治理

·应该保持自愿性、独立性和非党派性质；

·非政府组织应保证他们的行为符合组织的目的；

·在他们任何的行为中应避免任何性质的错误行为，并且在错误行为发生后应立即采取的改进措施；

·在处理与第三方利益冲突时寻求和解方法；

·坚决避免和反对非政府组织活动和董事会成员之间的利益冲突；

·鼓励董事会成员通过对各种社区承诺的良好实践达到作为董事的服务标准；

·在董事会和成员及在成员内部之间维持良好的关系；

·为成员参与到组织的管理提供持续不断的机会；

·需要所有的成员为社区的发展做出贡献。

■ 成员

·在职员的雇佣、职业培训和提升中促进性别平等；

·根据预先存在的条款，非政府组织应该在雇佣中提供平等机会，禁止建立在年龄、阶级、性别、区域位置、心理或生理能力、种族及宗教上的歧视；

·尽量雇佣那些即具备执业能力又具有服务意识的职员；

·保证任何针对组织错误行为的主张都能得到公平的处理；

·董事会的成员不能受雇为组织的领薪职员，董事会的职员也不能为从事非政府组织领薪职员而辞职。

■ 财务

·非政府组织应该在财务管理中力行节约，并且遵守所有的账务原则并从程序上减少财务不正确使用的可能性；

·捐赠物应该按照在募捐呼吁中承诺或者暗示的方式使用，并且应该在捐赠协议中单独列明；

·非政府组织应该在接受或者拒绝反对以可持续发展为目标的公司的捐赠时保持独立及整体性。

■ 与目标群体的关系

·非政府组织应该在确定社区需要和设计项目时促进公众的积极参与；

·非政府组织应该毫无歧视的帮助危难群体；

·非政府组织应该将增强易受伤害群体实现自治和自助的能力放在首位。

■ 与公众交流

·募捐应是可信的，并且在募捐活动中不能使用高压手段；

·与公众的交流应该彻底的尊重民众，应该在交流中把民众描述为平等的合作者；

·组织活动应有益于增加非政府组织部门的公共信任。

■ 地方、国内及各区域层次非政府组织和社区组织的关系

·非政府组织应该相互尊重及尊重其它公民社会组织的关注区域、能力和方法的不同；

·如果有需求，非政府组织应该分享有关项目和目标的信息；

·非政府组织在实施为目标群体或其它社会群体的利益的项目中应该尽可能广的与其它的非政府组织和社区组织进行合作；

·非政府组织应该努力实现和保护公民社会组织的利益；

·只要其他组织与非政府组织的目标相一致，非政府组织就应该与他们的行动和行为保持团结；

·非政府组织应该致力于促进部门的成长和效率。

■ 与国际非政府组织和捐赠伙伴的关系

·非政府组织应该努力的让他的成员和目标社区设定他们的行动计划，并且把这种政策适用于捐赠伙伴和国际非政府组织；

·非政府组织应该在不威胁到非政府组织整体性的基础上从事有关捐赠伙伴和国际非政府组织全球问题的项目；

·非政府组织与国际非政府组织和目标团体的合作中应该对其成员进行监督和评估；

·非政府组织和捐赠伙伴应该致力于合作的形式，目的是实现非政府组织可持续性的目标，并且降低对外部资金的依靠。

■ 和政府的关系

·在加勒比共同体公民社会非政府组织宪章的框架下，应在记录对各种各样边缘化社区服务的基础上寻求与政府的合作；

·为实现人权的可持续发展目标，非政府组织应该积极寻求与政府机构的对话和合作；

·非政府组织应该避免任何的行为或者项目可以推断出与政府、国家机构和部门竞争、争抢或代替的意图；

·非政府组织在区域保持民主传统而正当选举的政府时，应该保持政治独立的地位，并尊重所选出的政府。

■ 与劳动者、私人团体和媒体的关系

·非政府组织应该尊重以追求国家和区域发展为目标的贸易协会和私人部门的特殊角色；

·非政府组织应尊重作为利益相关群体和交流渠道的媒体；

·在行为准则价值目标和原则的指引下，非政府组织应寻求与媒体、私人部门和贸易协会的各种合作并创造成为非强制性发展合作伙伴的机会。

欧盟非政府发展组织宪章

‖‖

欧盟发展和人道主义救助非政府组织的基本原则

■ 背景

本非政府发展组织宪章的诞生是为了回应在发展非政府组织、正式捐赠者的平等和发展非政府组织问责性问题的日益增长的争论。此宪章是在考虑到欧盟内非政府组织的性质、在欧洲委员会和联络委员会之间展开激励他们工作的讨论并迅速变成包括所有国内层面联络委员会的所有的成员和非政府组织之音组织的所有成员参加的大讨论的基础上作出的。

在本次大讨论中，能够明确的非政府发展组织的力量之一就是他们的不同性。就是这种不同性使非政府发展组织能够代表社会的不同声音。但是，这种不同性对没有看到非政府发展组织正式介绍的官员的冲击力是很大的。本宪章就提供了对在欧盟的非政府发展组织的正式介绍。

■ 宪章的使用

本宪章是对欧盟－非政府发展组织联络委员会渴望加入并为其工作的非政府发展组织的描述。这也是对欧盟发展非政府组织的价值、工作方法和结构进行列举的一个方式。因此，虽然并不是所有的非政府发展组织在任何的时间都具备该特点和实现这些高标准，但是该宪章可以为非政府发展组织本身理解"非政府发展组织"这一词语提供指南。

本宪章也为想更好的了解非政府发展组织的性质和他们的附加价值的组织捐赠者提供了指南。虽然，该宪章的首要目的是为了促进非政府发展组织的外部发展，但是其也为其组织的内部治理提供了一系列的原则。

欧盟非政府发展组织宪章的详细叙述。

一、非政府发展组织信任以下价值目标：

1. 社会公正、平等和尊重人权。非政府发展组织相信所有的人都有获得基本生活条件的权利。他们相信这种权利应该建立在地球资源的平等分配、消灭贫穷、社会公正和对财富平等分配的基础上。他们相信所有的人应该具备决定他们自己价值、优先权及组织实现这些目标活动的权利。

2. 他们所工作群体的参与。非政府发展组织相信，根据他们自己确定的优先权，应认识到与他们工作社区目标群体相团结的重要性。他们相信这种目标应该在发展的过程中通过普遍参与达成。他们相信，目标社区的男人和女人应该为计划和项目的观念、设计、实施和评估尽最大可能的参与并负责，并且要参与到北方政策的形成中。他们相信在有关花费和政策的形成过程中应与当地合作者和当地合作者的不断对话交流。

3. 在发展合作中涉及公民社会。非政府发展组织相信公众既有权利又有义务参加到合作发展和实现社会公正中来。为此，他们直接或间接的邀请和鼓励公众参与他们的工作。他们相信这种参与应该建立在公众了解非政府发展组织动机和目标的基础上。所以，他们与参与者和支持者积极对话。

4. 为南方合作者服务——他们不是为了自己的利益服务，而是为了他们合作者的利益。非政府发展组织相信要把他们南方合作者的需要放在首位。他们不希望非政府发展组织的工作以不为发展过程做贡献的方式做出。

二、非政府发展组织在发展合作和人道主义救助中坚持以下方法：

1. 在他们工作中采取职业方法。非政府发展组织相信他们有能力实施他们的使命。非政府发展组织应该在已被证明的方法基础上形成一般策略，具体包括在实施他们行为的过程中进行监督、评估和继续学习。

2. 提高南方合作者的能力。非政府发展组织相信通过建设既存地方机构、知识和能力的方式提高南方合作者的能力。如果地方机构不存在，非政府发展组织要试图鼓励他们的建立。非政府发展组织要建设允许人民提高他们自己条件的情形。这种目的可以通过使他们自己了解自己身份和资源并且通过移入必要的社会、技术和管理技能而完成。这涉及到足够财务和技术资源的获得。并且，他们相信这可以由南方和北方合作者的互相学习而完成。

3. 提高残疾人权力。非政府发展组织相信应该特别注意和支持他们工作社区内的残疾人，特别是妇女、少数人和其它危险群体的需要。非政府发展组织应该努力的保证在影响到人们生活的事件和决定中人们平等和充分的参与。他们应该帮助男人和女人创造增强他们自己能力的条件。

4. 致力于减少性别不平等。非政府发展组织认识到确定性别差异的重要性并承诺应在他们的发展工作中减少性别差异。为此，他们必须注意男人和女人在社会中的决定角色和影响到他们的政治、社会和经济力量。非政府发展组织应该致力于创造为女人能够全面参与和作为社区平等成员的条件。应积极促进妇女在决策过程中的参与。他们应该保证妇女全面的参与到项目中，只有这样，这些发展项目才能平等的使男人和女人获利。

5. 使用恰当的募集资金的方法。在他们的募集资金活动中，非政府发展组织应该致力于明了他们所进行的情况的现实和复杂性，避免采取影响他们工作积极作用的不恰当和过于简单化的方法。非政府发展组织应该控制代表他们实施的所有募集资金活动。

6. 保证他们的活动是可持续的。非政府发展组织应该为能够在需要时间内持续存在及在长期时间内能够在地方可持续存在的机构和实践的建立提供支持。他们也致力于保证社会、政治和经济条件的提高是和谐的，并且不能威胁到社区中他人和后代的机会。在短期的救济情况下，非政府发展组织应试图保证他们的活动不能阻碍当地组织或者其它行为者当危机结束时的接管。

7. 在北方进行发展教育、提高意识和倡议活动。非政府发展组织应该通过组织发展教育和提高意识的活动，使欧盟的公众能够了解到贫穷的现实和使之存在的结构。他们应该使用南方游说组织、北方和南方、特别是国际层面他们的政府能够发出声音的地方经验，影响最不利生活人口的生存条件。发展教育应该建立在南方经验的基础上。

8. 使用他们连接不同社会部门的联系能力。非政府发展组织应该与社会的不同部门和能够影响他们条件的南方其他类型组织建立合作关系。这种合作关系应该建立在认识到非政府发展组织只是在发展合作和人道主义救助中的众多行为体之一的基础上。由关系到发展合作和人道主义救助的各种行为体连结在一起工作可以导致更粘合和持续的发展。

三、结构

纵观欧盟，尽管国家传统存在不同，但是也有足够的相似性能够使我们使用"欧盟—非政府发展组织"来描述共同的结构。

欧盟－非政府发展组织：

1. 都根植于欧盟公民社会。非政府发展组织都接受了他们成立基础的公民社会部门直接或者间接的公共支持。他们相信在非政府发展组织工作中支持者的真正参与。支持者的参与建立在对非政府发展组织的动机和目标了解的基础上。他们相信这种关系应该通过不断的与支持者进行对话来实现。

2. 具备非营利目标。欧盟非政府发展组织为非营利组织，不能具备从其活动中获利的目的。来自于任何项目的收入都应该使项目中的目标人口获利，或直接投资于组织的发展、人道主义救助和发展教育工作。

3. 都为合法组织。每一个非政府发展组织都是根据欧盟 15 个成员国的合适的法律所承认的组织。

4. 都在欧盟注册。来自于欧盟的非政府发展组织应该在欧盟的至少一个成员国进行合法注册。并且，组织收入来源的主要部分是在欧盟内部，并且控制这些花费和政策决定也发生在这里。但是，非政府发展组织应该在合适的时候向南方合作者进行资助和实施政策。

5. 都为由人组成的群体。非政府发展组织是由一群人而组成的群体而不是单个的人。

6. 都是独立的追求他们的发展目标。非政府发展组织应该免受政府的控制、不受与该母子的目标和宗旨不同或相反的政府、多边组织或者其它外部机构的指导。但是这并不排除非政府发展组织从政府或者其它组织获得资金，或者与他们进行合作工作。但是需要要求他们在不受外来机构的影响下追求实现自己的独立目标。

7. 具有代表非政府发展组织选民并独立于其决定的董事会。非政府发展组织受代表他们选民、支持者或者成员的董事会的管理。他们应有公开和透明的提名和选举机制并且保证能够代表绝大部分非政府发展组织的选民。董事会成员应在不影响到非政府发展组织的基础上独立于任何组织。他们应该避免任何在董事会成员和其它成员之间的利益冲突的发生。他们应该保证董事会成员应为无党派，并且不能因作为董事会的组成部分有任何的获利和财务获取。

8. 寻求资金来源的多样性。非政府发展组织在合适的时候，为了维持财务独立于一个捐赠者，应该保证资金来源的多样性。

9. 对公众负责和保持透明。非政府发展组织应该对公众公开，使其监督和讨论他们的政策和管理行为。他们应该在对捐赠者、支持者和目标群体的管理中保持透明。

非政府发展组织方法的不同性

非政府发展组织的方法遇到的困难之一就是他们的不同性。非政府发展组织的活动因是基于欧盟内不同的传统、文化和不同的情形，所以是很多样化的。

非政府发展组织可以根据很多的方式进行分类。例如，根据他们的活动（金融、行为或倡议性组织）；根据他们的地域范围（地方、国家或者国际）；根据他们的成员资格（成员组织、非成员组织）是否为宗教性或者世俗性组织等。当然有一些类别是重叠的。一些大的非政府发展组织可能会涵盖几种类型，而其它的可能只关注一个领域。

其它的因素，如大小，也会对非政府发展组织的职能产生影响。非政府发展组织的大小在欧洲甚至在一个单独国家的差别是巨大的。这也会影响到非政府发展组织在同一时间进行的不同活动。并且，许多非政府发展组织是由教堂组织或者政治团体所组成。这种意识形态的背景激励着非政府发展组织的工作并长远的植根于社会。

非政府发展组织的传统因国家而不同。有一些组织组建的目的是与政府和利益群体之间保持明确的分权，但是其他一些组织却是为了弥补政府活动的缺陷。另一个传统是非政府发展组织是作为他们成员和政府之间的正式谈话者，积极的参加政府的决策和政策的形成。这也自然的对非政府发展组织的身份产生影响。

当形成该宪章的时候，这些因素都被考虑在内了。但必须保护非政府发展组织活动的多样性并不意味着非政府发展组织部门没有共同的性质。所有的发展、人道主义救助、非政府组织注重分享的共同特征和所有成员必须相互信任的确定标准，已经很清楚的在此宪章中表达出来。

香港廉政公署非政府组织行为准则样本

‖‖‖

■ 介绍

1. （非政府组织的名称）是一接受政府的补助金而进行福利服务的非政府组织。组织在向公众提供服务的过程中承诺坚持诚实、正直和公平原则。所有的职员应该保证（非政府组织的名称）的行为，如服务的申请、采购或者职员的招募都应按照公开、公平及公正的方式进行。

2. 本行为准则为所有的职员、组织的有关利益的接受及职员利益冲突的申报等政策所制定预期应该执行的基本道德标准。

■ 防止贿赂条例

3. 根据防止贿赂条例的第 9 部分，组织的雇员在工作的过程中没有经过雇主的许可索要或者接受任何的利益，会被认为是实施了犯罪。"利益"在条例中有规定，并且包括除了招待之外的任何价值，如钱、礼物、佣金、贷款、工资、奖励、职务、雇佣、合同、服务或恩惠。（附件一）

■ 利益的接受

4. 组织的政策应该禁止所有的职员从与组织有交易的任何人（如代理人、供应商、合约者）处索取利益。欲接受该利益的职员应该在接受之前寻求管理委员会的特别许可。

5. 任何自愿在职员职务能力范围内给予的礼物都是属于组织的礼物，在没有获取同意之前不能接受。如果接受礼物会影响到他们在行为组织业务时的公正性、或者引诱他们违背组织的利益、或者会导致因偏见或者不公正的控诉，职员就应该拒绝接受。

6. 对于在职员职务能力范围内给予的普通价值（低于 xxx 美元）的礼物，如果拒绝接受将被认为不礼貌或者不善于交际，管理委员会应该概予一揽子许可准许职员接受礼物。在其它情况下，职员应该向管理委员会书面申请获得接受许可。每一个申请都应仔细的被管理委员会或者 XXX 审查申请。这些申请应该有正确的记录，包括申请者的名字、接受者的场合、性质、礼物估计的价值、申请者是否获取了允许接受礼物和对礼物处置的其它指示。对礼物的可能处置方式罗列见附件二。

7. 但是在职员的私人范围内，并没有对职员从与组织没有任何正式交易的人处获得利益的限制。在有疑问的事件中，职员应该把该事项提交给 XXX（名字或者被指定官员的级别）寻求建议和指导。

■ 利益冲突

8. 利益冲突是指发生在职员的私人利益与组织的利益之间的竞争和冲突。私人利益指的是职员的财务和个人利益或者与他们相关人之间的利益，包括：

- ·家庭或者其他关系；
- ·私人朋友；
- ·他们属于的社区和社团；
- ·任何他们有亏欠恩惠或者有义务的人。

9. 职员不能利用他们的正式职位或者在行使职责过程中获取的信息为他们自己、他们的亲戚或者任何与他们有个人或者社会关系的人获益。他们不能把自己放在与组织有真正的或者潜在利益冲突的位置。不能避免或者宣布任何将会产生偏袒、滥用权力或者贪污的指责的利益冲突。特别是在采购的过程中，职员如果与被选为非政府组织货物或者服务供应商，其公司具有可享受的利益，就应该宣布其存在利益冲突。附件三提供了一些职员可能会遇到的利益冲突的例子。

10. 当被选派处理组织事务的时候，如果事务对其有真正的或潜在的利益冲突，其应该通过书面形式向他的监督者通报。他应该停止处理该事项，或者服从监督者的指示，把任务重新指派给其他的职员。

■ 招待

11. 按照防止贿赂条例的第二部分,"招待"指的是在某场合中消费的事物或者饮料,或者同时提供的任何其他服务。虽然招待是一种可以接受的商业和社会行为,而不被认为是"利益",但是职员不能从与组织有正式交易的人处获得过于浪费的或者频繁的招待。

■ 官职的滥用

12. 职员为其个人利益或者为了他们的亲戚没有获利而滥用官职,这将被认为是可以处罚的行为,甚至会被起诉。滥用的例子包括为负责选任供应商的职员提供不正当的帮助或者向他亲戚的公司以签署合同为目的透露关键的信息。

■ 秘密或专有信息的处理

13. 职员不能在没有授权的情况下向任何人透露任何保密或者专有的信息。有机会获取或者控制该信息的职员应该在任何情况下为预防信息的滥用提供足够的保障。滥用的例子包括为了获得回扣透露信息或者为了个人利益使用信息。值得注意的是,任何没有经过授权的对个人信息的披露也许被认为是对个人信息(隐私)条例的违反。

■ 组织的财产

14. 有机会使用组织财产的职员应该保证为了执行组织商业的目的使用财产。严格禁止为了个人使用或者销售而不恰当使用组织的财产。

■ 赌博

15. 职员不能和与组织有商业交易的人或者职员之间,特别是和下属之间有频繁的或者过度的赌博行为。如果在社交场合,不赌博将被认为是不善交际,那么涉及到的钱不能过多。在组织的场所内部应严格禁止赌博。

■ 兼职

16. 如果职员打算在工作以外接受其它工作，包括兼职，必须在接受工作之前得到组织的书面同意。接受工作以外的工作的申请应该提交给 XXX 进行审查。如果该工作的接受与组织的利益相冲突，就不应同意。

■ 准则的遵守

17. 理解和遵守行为准则是每个职员的职责。

18. 所有的管理者在其日常监督中，必须保证下属理解和遵守在行为准则中陈述的标准和要求。碰到的任何问题和任何建议应该提交给 XXX 考虑。

19. 任何职员有违反行为准则任何条款的行为都将被认为是可以被责备的行为。如果发生贪污或者其它刑事犯罪，应该向廉政公署或者其它正当机构报告。

附件一

■ "利益" 是指：

·任何礼物、贷款、工资、包含钱在内的回报或者佣金、有价值的担保及其它财产或者利益；

·任何的职位、雇佣或者合同；

·对贷款、义务或者责任，整体或者部分的支付、解除、免除或者清算；

·任何服务或者恩惠（招待除外），包括保护任何的惩罚、丧失资格或者逮捕的对象、保护任何具有惩罚性、民事或者刑事性质的行为或者程序；

·行使或者承担任何的权利、权力或者义务；或者

·发生在前五项的意义范围内，不管是附条件的还是未附条件的，任何要约、保证或者承诺；

但是不包括在选举条例中承诺的选举捐赠，特别是不包括根据该条例所获得的选举回报。

附件二

■ 对职员在其职务能力范围内接受的礼物的处置方式

·如果礼物是易于腐烂的（如食物或者饮料），则可以在办公室之间或者在非政府组织的部门所进行的活动中分享。

·如果礼物是可以使用的，则可以送给慈善组织或者非政府组织的服务部门。

·如果非政府组织接受的礼物具备历史或者其它利益，则可以送给图书馆或者博物馆。

·如果礼物适合陈列（如图画、花瓶等）则可以陈列在接受者的办公室或者组织内的任何地方。

·如果礼物的价值非常低（低于 XXX 美元），则可以捐赠给组织作为实施社会职能的幸运奖品。

·如果礼物属于价值较低的个人用品（低于 XXX 美元），则可以由接受者保留使用。

附件三

■ 利益冲突情形举例

·如果职员参与选择供应商或者合约者，竞标者之一属于其家庭成员、亲戚或者亲近的个人朋友。

·如果职员对作为非政府组织货物或者服务供应商的公司有财务利益。

·职员从非政府组织供应商或者合约者那里接受经常或者易于浪费的招待或者非常昂贵的礼物。

·如果职员作为非政府组织采购或者晋升委员会的一员，申请者之一是他的家庭成员、亲戚或者亲近的个人朋友。

·如果职员处理老年人进入一个家庭的申请，而申请人是他的家庭成员、亲戚或者个人朋友。

国际非政府组织行为准则

筹款专业委员会道德原则和标准准则

筹款专业委员会的存在是致力于筹款行为的发展和增长、促进在募集职业中的高道德行为及维持和增长慈善和志愿主义。筹款专业委员会的会员把通过他们的服务提高了生命的质量作为内在动机。他们服务于慈善的理想，承诺维持和增长志愿主义、并把坚持这些观念作为他们职业生涯的全面指引。他们承认积极的和有道德的保证所需资源是寻求和和满足捐赠人的愿望被诚实满足的责任。为了实现该目的，筹款专业委员会的成员，不管是个人还是商业组织，都在为获得慈善支持而履行责任的行为中怀有特定的价值目标。筹款专业委员会的业务成员努力的促进和保护他们代理组织的工作和使命。

筹款专业委员会的成员，无论是个人还是商业组织，致力于：

· 保证正直地及诚实地并且在遵守履行保卫公共利益的绝对义务的基础上实施其行为；

· 根据他们组织、职业、代理人和良心的最高目标和愿望来进行业务；

· 把慈善使命高于个人的所得；

· 通过他们自己的奉献和最高目标的意识激励他人；

· 提高他们的业务知识和技能，使他们的行为更好的服务他人；

· 牢记因受他们行为影响的个人的利益和福利主张；

· 尊重受他们行为影响的所有人的隐私、选择自由和利益；

· 促进文化的多样化和多元的价值，以尊重的态度对待所有的人；

· 通过个人给予，坚持对慈善和在社会中的角色的承诺；

· 遵守现行适用的法律和规章制度的精神和意义；

· 在组织内部进行倡议的时候遵守所有的现行法律和规章制度；
· 避免出现任何的刑事犯罪和业务的错误行为；
· 通过他们的公共行为为筹款职业建立信誉；
· 鼓励同事接受和实践这些道德原则和标准；
· 注意其他致力于慈善的专业组织所施行的道德准则。

■ 道德标准

与此同时，在根据上述价值目标进行行为的时候，筹款专业委员会的成员，不管是个人还是商业组织，都同意遵守（以最大的努力保证所有的职员遵守）筹款专业委员会的标准。违反这些标准会导致纪律处罚，包括在筹款专业委员会道德实施程序中所规定的开除。

成员义务

1. 成员不能从事对成员组织、代理人或者本职业造成伤害的行为。

2. 成员不能从事与他们对组织、代理人和职业所担负的信用、道德和法律义务相冲突的行为。

3. 成员应该有效的披露所有的潜在的和真实的利益冲突，这种披露不能包括或者暗含任何的道德不忠实。

4. 成员不能为成员或者成员组织的利益利用与捐赠者、志愿者、代理人或者雇员的关系。

5. 成员应该遵守所有的正在实施的地方、州、省和联盟的民事和刑事法律。

6. 成员应该认识到其个人能力的范围，对其职业经验和资格有正确的了解，并且应该正确的表述其成绩，不能有所夸张。

7. 成员应该诚实的及无误解的呈现和提供产品和服务，并且要清晰的说明这些产品的详细信息，如这些产品和服务的可获得性和也许会影响到为捐赠人、代理人或者非营利组织所提供的产品和服务的合适性。

8. 成员应该在一开始就设定任何合约关系的性质和目的，并且要在出售任何材料和服务之前、过程中和以后通知组织和他们雇佣的组织，并对此负责。成员应该承担因合同所产生的所有公正的和合理的义务。

9. 成员应该任何时候都禁止侵害其它方的知识产权的行为。成员应该积极的改正他们可能发生的任何侵权行为。

10. 成员应该保护有关提供者或者代理关系的所有的授权信息的保密性。

11. 成员应该禁止从事贬低竞争者的任何行为。

募捐和使用慈善资金

12. 成员应该保证所有的募捐游说和交流材料是准确的，并正确的反映他们组织的使命，正确的使用募捐资金。

13. 成员应注意保证捐赠者接受有关捐赠物的价值和税收的正式的、准确的和道德的建议。

14. 成员应该注意保证按照捐赠者的意愿使用捐赠物。

15. 成员应该积极争取所有税收资源，注意保证及时的报告对该资金的使用和管理。

16. 成员应该在改变财务交易条件之前获得捐赠者明示的同意。

信息的呈现

17. 成员不能向未得到授权方披露任何获得优先权和机密的信息。

18. 成员应该遵守这样的原则：所有的捐赠者和由或者代表一个组织或者代理人产生的信息是该组织或者代理人的财产，除了代表该组织或者代理人不能转移或者使用该财产。

19. 成员应该给予该财产捐赠者和代理人在与其它组织进行销售、租赁和转移行为时消除其姓名的机会。

20. 在向有关组织陈述筹款结果的时候，成员应该使用正确的和一致的符合由美国注册公共会计师协会采取的指南的会计方法。

补偿和合同

21. 成员不能接受建立在捐赠物百分比基础上的赔偿或者合同，也不能接受任何中间人的佣金或者成功酬金。商业成员应禁止在未披露第三方给予代理人补偿的情况下接受为代理人从获得产品或者服务的第三方的补偿。

22. 成员可以接受以劳动为基础的补偿，如红利，只要该红利符合成员自己组织的原来实践，并且不是建立在百分比捐赠物的基础上。

23. 成员不能提供也不能接受为了影响产品或者服务目的的报酬或者特殊的考虑。

24. 成员不能支付在捐赠物基础上的中间人佣金、佣金或者百分比补偿，并且应该注意他们的组织不能获取该样报酬。

25. 任何代表捐赠者或者代理人接受资金的成员必须满足处分这些资金的法律要求。应该完全披露因该资金赚取的任何利益或者收入。

独立部门善治和道德实践原则

‖‖

■ 序言

美国的非营利组织——不同规模和使命的教育、慈善、民事和宗教机构——是美国最广泛的致力于有组织表达社会公益的代表。这些志愿组织的创建，经常为实现一些公共目的的草根组织，这是区分我们国家生活的一个标志。自从 1835 年亚力克西斯的《美国民主》的出版，他们已经被国际广泛的承认为社会粘合力、创新力和应对不断出现的主意、需要和社区机会适合的方式的渊源。公民已经持续性的使用他们第一次言论和结社自由修正案，创设和活跃组织来探寻公共需要、召集公共支持和为公共问题寻求创新解决方法。这些非营利组织已经成为了解决很多社会问题的国内成功的资源。

美国慈善组织不同的目的、形式和信念是为什么其能不断的获得来自大量美国人支持的一个主要原因。近几十年来，在对美国慈善和志愿组织道德和诚实度的调查的回应者中，对其表示信任的百分比已经达到了 67% 左右。而对于个别慈善组织，这个比例更高一些，能够达到 70% 以上。在 2006 年，有 20% 的美国人能够在其能力范围内参与各种非营利活动。个人捐赠总数达 207 亿美元，远远超过了公司和基金会捐赠的 42 亿美元。

慈善组织保持这种多样性、适应性和创新能力很大程度上依靠于对公共信任的维持。公众对全国 1.4 百万个慈善组织的道德标准和影响怀有很高的期望，但是有时是很难对非营利组织进行区分。仅仅单独组织的不道德或不正确的行为，虽然很少，但是往往会威胁到对其它活动的人力和财务支持。

虽然政府试图预防该滥用，如果没有谨慎的达到该目的，非营利组织本身也会减少其所带给美国生活的独特价值。如果对非营利组织的约束太过于严厉、正式和不灵活，这将会扼杀非营利组织值得保护和鼓励的创新性和多样性行为。政府可以为组织和其活动设置合适的免税和有资格接受可免税捐助物的规则；如政府决定着中捐助物不能用于党派政治活动，或者不能用于捐赠者的个人利益。同时，政府应该明智的避免干涉组织怎样去实现他们的使命、管理他们的项目和他们运作的结构。

认识到其重要性，非营利组织需要长期的维持和加强公共信任的道德实践标准。虽然这一类的标准事实上已经存在，但是还没有一个能用于美国所有的慈善组织的标准。在此，就在该领域设置了一系列的原则。他们的目的是加强对整个部门透明度、问责性和善治的全面理解，不仅仅是保证道德和值得信任的行为，而且是为了鼓励所有的慈善组织作出有效的、可持续性和获得广泛支持的实践。

■ 在法律和自我治理之间达成平衡

任何保持非营利社区的巩固和整体性的方法必须在下列两者之间达成谨慎的平衡，即在保证非政府组织不能滥用他们免税资格特权的法律义务和其它有关非营利组织可行运作、正式自我治理和共同意识的自我治理义务之间。这样的平衡是非常重要的，可以保证问责和透明结构是非营利组织社区的核心力量，可以保障非政府组织获得追求他们各种需要及保证他们具备适应对他们社区、他们努力的区域和时代变化的灵活性。

非营利部门专门小组在过去的三年里一直在努力寻求该平衡。在参议院财政委员会领导的鼓励下，成立于2004年的专门小组已经致力于解决由非营利组织、公众成员、国会、联邦和州监督机构提出的对一些慈善组织和他们的捐赠者不合法或者不道德实践的报告。该小组的最终和增补报告已经分别在2005年和2006年被分别提出，提供了100多条有关提高治理监督的建议，包括预防个人为了个人所得滥用慈善组织的新的原则。2006年颁布实施的《养老金保护法案》把其中的一些建议变成了法律，并且专门小组正在继续在国会成员与行政机构共同工作中寻求实施其他建议的方式。

专门小组自2004年创始之初，就开始承诺形成有效的及广泛使用的自我管理方法。他们的工作已经从这样的信念开始，在立法者和他们的职员之间而不是在慈善组织之间，针对不当行为最大的障碍总是非营利组织社区自身要保持的警觉，包括他们可以采用、在部门之间广泛的促进和随着时间不断完善的一系列原则。这些原则应该足够明确到是可行的和在各种组织之间是可以被实施的，并且这些原则应该是灵活的，可使这些组织的治理委员会和管理机构根据组织的范围和使命采纳。广泛的使用这些原则可以使组织通过互相学习提高他们的运作。更为重要的是，这些原则可以为公众应怎样得到他们的支持提供了尺度。

■ 发展部门之间广泛使用的支持自我约束原则

虽然现行的国会成员给予了支持并创设了非营利部门专门小组，但是自我约束的观念在慈善组织之间远远还没有形成。在早期的努力中可以追溯到1918 年，一个非营利联盟成立了国家慈善信息署帮助公众知晓他们捐助的组织的道德实践和管理。很多有关自我约束出色的体系已经在部门内的不同机构内被使用，并且与他们关注的领域和成员的目标、资源和挑战相适应。在寻求为整个部门广泛使用的自我约束标准的过程中，专门小组的第一步就是进行审查和分析研究，找出这些现存体系的类型。

专门小组在慈善组织、基金会、科研机构和监督机构号召了 34 名领导者成立了专门的自我约束咨询委员会。在进行前述审查和分析研究的武装下，委员会于 2006 年在从超过 50 个体系中所获得的原则和标准的指导下开始工作，这些原则包括从营利部门和非营利部门挑选而来。经过广泛的审议，成员在从现行体系中总结和加入专家们对非营利法和治理的建议，形成了全面的一系列原则。

这一系列原则的草案在 2007 年初被公开接受公众评论。经过对回馈结果的审查，委员会和专门小组又形成并公布了第二个草案，并且设置了更长的公众评论期限。对两次草案这么广泛的回应反映了公众对非营利社区实现透明、问责和道德行为标准的一致元素的广泛兴趣。产生的指南和鼓励更进一步加强了专家小组对最终原则的形成。

■ 为你的组织适用这些原则

接下来，专门小组就为每个慈善组织为了增强其效率和问责设置了应该考虑的 33 个原则。其中的 6 个原则是为所有的慈善组织设置的必须遵守的行为准则，因为这是法律需求；其它的 27 个原则是慈善组织根据他们的法律和运作结构及要实现的慈善目的应该考虑的。

这种区别——在法律的义务性规则和更灵活的原则之间——应该在不同的情况下进行不同的解释和使用，这对理解和使用该文件是必须的。接下来，非营利部门专门小组继续审查了不同的方式，或多或少的反映了对于采用这些原则一致性的程度和实施的方式。这种范围的最后是认证体系，如为从事医疗和高等教育的机构就规定了法律约束力和违反后的惩罚。继续进行研究的是协会或者类似组织成员的标准，如土地信托协会或特定慈善机构应统一遵守的标准。但是没有满足这些标准并不强制导致一个组织关门，但是作为具备良好名声伞式网络状组织的成员的优势就是能足够的鼓励对这些原则和标准的仔细遵守。最后，非营利组织仅仅是在自愿的基础上适用这些标准，没有外部认证机制，因为他们是想增强他们的治理实践和道德行为。

前两种方式对紧密附属在一起或属于相关类似团体的组织是有效的，因为他们的实践和职业期望是很高的或者社会惩罚对他们产生的影响力是很大。而对于作为整个非营利社区的广大和不同的团体，第三种方法是更适合的：实践标准对组织是被鼓励使用，而不是需要，满足。很多的国内和州非营利组织协会已经发现该种办法已经使他们的非营利组织成员受益。专家小组和其他的许多职员协会用共同行为描述采用每个原则背后的原因，并且为怎样适应和使用提供指南。

值得肯定的是，大量的非营利组织由于他们参与部门的一些分支机构使用了其中的一种方法并已经发挥作用。虽然这些体系中有很少能够提供善治和道德实践的全面方法，但是已经使用更多全面方式的组织也可以在本文件中找到能够更进一步增强他们自我治理的主意和实践的方法。

确实，考虑到形成非营利组织的多样性、使命和活动形式，在很多情况下创设每一位成员都适用的统一标准是不明智的也是不可能的。相反，专门小组提出了每个慈善组织任意适用的下述原则的建议，慈善组织可以选择适应他们规模和慈善目的的方法。慈善组织可以使用这些原则评估他们先行的标准。

自我治理从善治开始。每个按照联邦和州法律创立的慈善组织都应该有董事会，或者它是否由一个慈善信托、一个或者多个信托理事所创立。董事会设置组织的政策并监督其运行，包括财务政策。董事会也应该有创设它将要采取行动问题之公开的机制及健全审议环境的责任。不管组织是否有领薪的职员，董事会都承担保证组织向其捐赠者、顾客和公众承担法律和道德义务的首要责任。对于确实有职员的组织，首要的职员和董事会一起承担监督或执行由这些原则产生的活动责任。因此，对于非营利组织的董事会和首要执行者来说，本文件是特别重要的。

下述 33 个原则主要是分为四个主要的类别：

1. 法律遵守和公共披露（原则 1 - 7）——责任和实践，如利益冲突的实施和告密者政策，可以协助慈善组织遵守其法律义务并向公众提供信息。

2. 有效治理（原则 8 - 20），董事会应该为有效实现其监督和治理责任而实施的政策和程序。

3. 坚实的财务监督（原则 21 - 26），组织应该遵守保证对慈善资源有效管理的政策和程序。

4. 尽责的筹款（原则 27 - 33），组织从公众处募集资金应该遵守的建立获得捐赠者支持和信任的政策和程序。

组织的董事会通过对所有的原则进行彻底的讨论并且决定组织应怎样在其运作中明智的使用该原则。有可能在审查之后，董事会决定不使用某一特定原则。应该创设展示组织是怎样使用原则的透明机制，包括为什么相关原则没有被使用，将有可能会对部门的不同性质产生更大的尊重及对董事会的良好管理产生深深的敬意。

对这些原则的参考版本可以在专家小组的网站上获取（www. nonprofitpanel. org），主要包括每个原则的背景、每个项目的词汇、专门小组进行该工作而进行的对自我管理体系的两项研究及专门小组的咨询委员会在该工作期间研究的有关自我管理的 50 多项体系。

独立部门，作为专门小组的设置者和支持者，也在其网站中提供了相关信息（www. independentsector. org），协助组织发现适用这些原则的工具和其它资源。

■ 继续监督和使用的程序

加强道德和问责是一个有组织的过程，需要董事会、组织的职员和整个非营利社区共同进行。随着时间的推移，在组织内部和整个社区对该原则的讨论也许会导致对该原则的重新设置。这些讨论也将构成对整个部门价值的证明并且有利于部门提高其工作质量。

对于目前实践没有满足专门小组建议的标准或者没有达到现存自我管理体系的组织目标，达到该行为准则使用的标准还需要一些时间。达到这些标准所进行的努力过程将有利于增强组织和其服务社区的能力。关键是今天就开始该努力。

■ 善治和道德实践原则

1. 法律遵守和公共披露。慈善组织应该遵守所有生效的联邦法律和规章制度及该组织成立或者运作所在州或者任何地区生效的法律和规章制度。如果该组织在美国国家之外进行项目活动，其也必须遵守约束美国的所有国际法、规章和条约。

慈善组织所要遵守的联邦、州和地方法律的范围都被叙述在本报告所依据的参考文本中，并可在独立部门非营利部门专门小组的网站上获得。组织的管理机构负责监督和保证组织遵守所有的法律义务并发现与改正管理中的不当行为。虽然董事会成员不被要求具备专门的法律知识，但是他们应该熟悉组织必须遵守的基本原则和要求，并且应保证给组织的监督机构必需的法律建议和协助。

存在着很多资源帮助慈善组织和他们的董事会成员理解法律。国内税收服务部门在网站上提供了免费的工作工具（www. stayexempy. org），在该网站上涵盖了有关小型和中等规模免税组织的税务遵守事项。许多州首席检察官、其它国家的慈善工作人员、许多国家、州和区域的非营利组织协会也提供了网上工具和资源提供法律指南。组织也可以发现与律师协会的州或地方分会协商，寻求低成本或者免费的法律协助是十分有帮助的。

2. 慈善组织应该具有正式采用的书面道德准则，并且所有的董事会成员、理事、职员和志愿者都应熟悉他们所需遵守的道德准则。

通过遵守法律为组织的行为提供了最低的标准。每个组织都应该具有他们职员、董事会和志愿者愿意遵守的为他们设置实践和行为标准的道德准则。虽然并不是法律要求，但通过采纳该准则可以帮助组织有效与道德地履行它的责任。准则应该建立在组织存在价值的基础上，应该强调对与组织一起工作之人在一系列领域的期望，如保密性和对代理人、顾客、捐赠者、志愿者、董事会成员和职员的尊重等。

对准则采纳和实施的程序和行为准则本身一样重要。董事会成员和职员必须参与符合组织性质的准则的形成、起草、采用和实施。它也应该具有怎么描述准则中的原则应怎么适用于实践的政策和程序。组织在对董事会新成员、职员和志愿者的培训中包括对行为准则的讨论，并且应该有规律的督促他们在工作中遵守该准则。

3. 慈善组织应该具有保证在组织内部和董事会采纳和实施通过披露、拒绝或者其它方式处理所有利益冲突的政策和程序。

当董事会成员或者职员忠诚职责和其个人的财务或者利益在一些业务中产生竞争时，利益冲突就出现了。有些这样的业务是非法的，有些是不道德的，但是其他的也许是遵守特定程序为了组织的最好利益而出现的。

建立和实施利益冲突政策对保护慈善组织远离不道德或者不合法的实践是非常重要的。政策不必复杂，但是必须与非营利组织成立所在州的法律是保持一致的，并且体现加入组织的特别需要和性质。政策应该需要对组织内所有的潜在的利益冲突进行全面披露。它必须适用于有能力影响组织决定的所有人，包括董事会和职员成员及与他们相关的团队。一些组织也会把政策适用于一些实质的贡献者。

组织应该鼓励董事会成员和职员披露在业务或事项中的所有利益，其人可以对该利益进行合理的审查，看其是否会影响到决定制定者的公正或独立，即使该利益并不是因为职员或者董事会成员与其它团体有正式的附属关系而产生的。全面披露的实践应该在董事会会议中被进行，冲突的实施和采取的应对行为，包括回避，都应该在会议备忘录中被注明。

利益冲突政策应该按照情形的不同加以区分，表现冲突点的存在，特别是董事会或职员在进行组织业务时具有直接或者间接财务利益的实质冲突时。具备透明的处理程序是非常重要的，程序中应设置由董事会成员参与，区分冲突的性质和是否能被合适的管理。例如，一些基金组织和拨款的慈善组织禁止向由投资者董事会或者职员担当不接受报酬董事或者理事的组织拨款。其它的需要披露这种关系和在决策过程中被剥夺资格。但是有些组织鼓励董事会成员或者职员与其它的慈善组织积极的合作，包括他们可能投资的慈善组织，作为向这些组织和他们工作领域工作的一种学习方式。

一旦冲突政策形成，在他们参与组织和每一新的董事年度开始的时候，所有的董事会成员和高级职员都需要签署该政策并且披露任何实质的利益冲突。许多的组织使用年度问题调查或者以此为目的的披露陈述，向审计员或其它审查组织财务业务的人提供董事会成员的利益冲突。当高级雇员、董事会成员或者他们的家庭成员与董事会或者职员正在考虑的事项具有利益冲突时，他们应该禁止试图影响其它有关该事项的决定制定者。具有实质利益冲突的董事会成员应该按照法律的需要，除了应该信息披露，还应被剥夺参与董事会讨论和对该事项进行投票的资格。

4. 慈善组织应该设置和实施能够使个人提供有关非法实践或者对组织政策违反责任的政策和程序。这种"告密者"政策应该确保组织不能报复，而且应该保护作出善意报告之人。

每个慈善组织，不论其规模大小，都应该具备允许职员、志愿者或者组织的代理人无需害怕报复的向组织汇报任何嫌疑错误行为的政策和程序。有关该政策信息应该广泛的分散给职员、志愿者和代理人，并且应该在对新职员的培训中和对雇佣者和志愿者的培训项目中得到体现。这样的政策可以帮助董事会成员和高级职员在对组织造成严重破坏之前保持警觉并及时解决。政策也可以协助遵守保护在慈善组织工作的人员因为从事了特定的高密行为而受报复的法律义务。对该义务的违反可以使组织和个人因为违反行为而受到民事和刑事制裁。

保护报告错误行为的人的政策，有时称为"告密者保护政策"或"有关报告错误行为政策"。经常包括嫌疑盗窃，制作故意误导的财务报告，不正当或者无正式文件的财务交易，不正当毁坏记录，不正当使用资产，违反组织的利益冲突政策，和其它的任何有关现金、财务程序或者报告的不正当发生。

应该按照非营利组织的规模、结构和能力制作政策，并且应该反应其设立地或者行为地的法律。所有的组织应该确保向组织内部的成员或者外部方报告该政策。很少或者没有领薪职员的小的组织可能希望指派一外部的顾问，可以确保向其无需担忧任何报复、威胁汇报。特别是对于家庭基金会，其董事会成员和职员也许不会对另外家庭成员或者家庭比较亲近关系之人的不合法或者不道德的担忧并感到不舒服。大型组织应该鼓励雇佣人员和志愿者向监督者、主席、执行董事或者组织的主要财务人员汇报担忧，但是应提供向董事会成员或者由组织确定的外部实体匿名汇报的方法。一些大型的组织已经建立了允许匿名报告的计算机系统、有一些私人公司也提供了通过免费电话、电子邮件或者内联网网站的匿名报告服务。

同样重要的是组织应该具有审查所有报告和采取合适行为的明确的程序。政策应该保证没有任何针对报告嫌疑违反行为之人的报复，除了组织已经确定该报告是为了故意对组织或者组织内的个人造成伤害而做出的错误报告。

5. 慈善组织应该具备和实施保护和保存组织重要文件和商务记录的政策和程序。慈善组织必须具备书面的保护组织治理和行政管理、宣称组织遵守法律所需的业务记录的政策。这样的政策也是可以帮助组织、董事及管理人员禁止从事一些错误行为。董事会成员、职员与志愿者应该彻底的熟悉政策和正式通知其执行该政策时的责任。

政策应该特别的列明需要保存的文件类型及什么时候需要对特殊类型的文件进行销毁。政策应该为职员和志愿者提供有关文件、电子档案、档案和电子信息的指南。必须具备特殊的程序保证组织正在对某一文件调查或者打算调查时，对该文件的破坏必须立即停止。

慈善组织应该需要长期保存他们的组织文件、董事会会议记录、政策和有关他们州和联邦免税资格地位的材料。其它有关治理、行政、筹款和组织项目的文件，应该按照适用法律和报告的需求，以文件或者电子形式保存特定的时间。联邦和有些州的法律禁止破坏、替换、损毁或者隐藏与组织正式合法运行有关的记录。

6. 慈善组织的董事会应该保证组织有充分的计划保护其资产——财产、财务和人力资源、项目内容和材料、整体性和名声——免受破坏和损失。董事会应该为保持一般信用、董事会和职员的信用保险的需要有规律的审查组织，并且在必要的时候采取措施避免风险。

组织的董事会应该负责明了组织暴露出的主要风险，并且有规律的审查这些风险，保证已经建立体系来管理这些风险。组织的风险层次、审查的内容和风险管理进程应该根据组织的规模、项目的关注问题、地域方位和复杂性的不同而不同。

风险管理一般包括对组织重要资产潜在风险的审查，包括它的财产、善意、关键的项目和活动与有关组织保护其资产免受损失的合适途径的决定。所有的组织应该谨慎的审查该报告中的原则，为了其有效治理、坚实的财务监督和其有责任的筹款实践，也是为了保护他们资产形成有效的政策和程序。

董事会成员也应该为特定的违法行为承担罚款和其它的处罚，如没有支付必要的工资，其它税款、批准超出利益或者进行了自营业务。联邦和一些州的志愿责任法为除了接受花费补贴不领取报酬而善意行为的董事会成员提供了指南。虽然，以慈善组织和其董事会成员作为诉讼目标的事件很少，但是每个组织仍然应该采取必要的步骤保护在这些事件中的资产。董事会成员也应该在考虑到其成立或者行为地州法律的基础上，在其管理文件中设置赔偿条款。董事会也应该有规律的在其项目活动和财务能力的基础上审查组织对保险的需要。但是，保险只是风险管理策略中的一种。也应该采取其他的财务策略来保护组织的资产，如成立准备金吸收微小损失、从出借人处借贷、为解决特定的损失与第三方进行谈判。组织也应该具备政策和程序减少各种风险的发生，或者缩小组织暴露在特定风险的概率。

即使最小的组织也应该具备预防和保存文件和其它对他们治理、财务和运作项目至关重要的信息的副本。大型的组织应该具备更广泛的风险管理项目，包括因自然、人为灾难或者其它会影响到其项目和运作危机的预防和回应。

组织应该具备按照联邦和州法律制定的书面的人力雇佣政策。他们应该具备恰当的程序保护雇佣者和志愿者工作时的健康和安全。组织在向易受伤害个人提供服务的时候，应该保证具备合适的监督和培训程序减少对顾客、代理人、职员和志愿者的风险。

7. 慈善组织应该制作其运作的基本信息，包括其治理、财务、项目和活动，并且应该使公众获取该信息。组织也应该制作有关评估他们工作结果使用方法的信息，并且要共享这些评估的结果。

对于基金公司和大多数的公共慈善组织，向国税局每年提供准确和完全的信息统计表是法律的需要。这些统计表就为联邦的管理者、公众和许多州的慈善官员就有关慈善组织的财务、治理、运作和项目提供了首要的资源。除了这个基本要求之外，慈善组织也可以通过提供其做了什么和其怎么运作的额外信息来表现其问责和透明机制。

最好的第一步是提供列明组织董事会和职员、描述其使命、分享其有关项目活动的信息、详细的财务信息，包括最低限度的全部收入、花费和净资产在内的年度报告。这样的报告并不需要很复杂，可以以文件和电子表格的方式作出，可以指引读者通过其他文件（如审计财务报告）获取更多的信息。如果组织选择以不太经常的方式作出这样的报告，它应该保证任何有关其董事会、职员或者项目信息的变化以附件或者其它的方式使读者知晓。

另外一个有关透明和问责的资源与交流组织工作的关键方法是网站，该网站既可以是独立运行也可以通过其他组织运行。网站应该包括年度报告中被建议包含的信息，可以直接指引怎么获取组织最近的美国国税局 990 表格和其它的财务信息。有用的网站经常提供诸如组织使命和任务陈述的信息、董事会和职员的名单、价值描述和行为准则、利益冲突政策、告密者保护和旅行政策。

提供有关组织结果和他们怎么被评估的信息是解释其工作和向捐赠者与公众负责的特别有价值的方式。这样的信息和提供该信息的能力在不同组织之间表现不同。大体上，有关结果的评估和信息是可以获取的，有些文本应该包含在年度报告、网站和其它的交流方式中。有关项目评估的更多信息规定在原则 19。

■ 有效治理

8. 慈善组织必须具备一个管理机构，负责审查和通过组织的使命、策略指南、年度预算、关键的财务交易、报酬政策与实践和财务与治理政策。

董事会应该承担保证慈善组织实现对法律、捐赠者、职员和志愿者、代理人和公众义务的首要责任。董事会必须保护组织的资产并提供监督保证其财务、人力和物质资源为了实现组织的使命而被正确使用。董事会也为组织设置使命和目标、并且设置董事政策和策略指南使组织能够实现其慈善目的。

当董事会决定组织准备增加领薪职员的时候，董事会负责挑选、监督，如果需要，解雇首席参谋。在一些小的和不具备职员的组织，董事会应在监督中承担更多的指引角色并且有时运行组织的项目和服务。在一些大的组织，董事会作为职员领导者的策略合作者，保证组织实现其目标和承诺。

9. 慈善组织的董事会应该召开足够的有规律的会议保证实施其业务和实现其职责。

有规律的会议为董事会成员审查组织财务状况、项目活动，创设和监督实施关键的组织政策和程序及致力于解决影响实现其慈善目的能力问题的关键场所。

慈善组织应该保证他们的管理文件满足为董事会行为设置规则的法律要求，如法定人数要求和通知董事会成员开会的方式要求。董事会应该设置和实施需要董事会成员有规律参与会议的参与政策。考虑到参加会议需要花费的时间和费用，有些董事会会通过电话会议或者网络交流的方式允许成员听取所有参与人的意见。在这种情况下，组织的管理文件应该确定允许这种替代会议的方法。

董事会经常组建一些委员会并且授权他们在董事会议期间处理一些工作。组织的之间文件应该确定董事会是否可以创设一个或一个以上的委员会。在大多数州，法律禁止董事会向委员会指派一些特定的责任，如解散组织的资产、选举或者解雇董事会成员和替换组织的管理文件。但是，委员会也可以对应该由董事会考虑和决定的事项进行调查和提供建议。

但是许多慈善组织每年至少召开三次会议实现其基本治理和监督责任是太过于谨慎了，有些具备严谨委员会结构的慈善组织，包括具有广泛分散的组织，每年只召开一次或者两次会议。有些拨款的基金会每年只召开一次会议就发现足够了。

10. 慈善组织的董事会应该设置自己的规模和结构并且有规律的进行审查。董事会应该有允许对组织的治理和其它事项进行全面考虑和表现多样化的足够的成员。除了特别小的组织，一般意味着董事会至少需要 5 名成员。

董事会理想的规模取决于很多因素，如组织的年龄、性质、使命和活动的区域范围及资金需要等。虽然大型的董事会可以保证具备大量的知识，但是大型的董事会也许会变得不便利和导致向委员会分配太多的责任，或者允许一小部分的董事会成员实施实质上的控制。相反，小型的董事会会促进每个成员的积极参与，但是他们应该考虑他们的成员是否具备作出决定的全面知识和必要的经验，如果不能，就应该给董事会提供向外部专家或者咨询团体就特殊事项进行商谈的机会。

11. 慈善组织的董事会应该包括为促进组织使命吸纳具备不同背景（包括但不局限为道德、种族和性别方面）、经验、组织和财务技能的成员。

慈善组织的董事会应该努力的吸纳具备预算和财务管理、投资、人力资源、募集资金、公共关系、营销、治理、倡议和领导能力的职员，除此之外，也应该具备一些了解慈善组织关注区域或者项目的职员，或者与慈善组织的支持者有特殊关系的职员。一些组织寻求能够维持尊重和反映组织服务社区文化的董事会。董事会在招募职员的时候除了关注招募能够对组织有利的具备专业知识、职业或者个人经验的人员之外，也越来越多的鼓励对不同背景的人的包容和敏感性。

因为董事会必须保证组织所有的财务事项合法地、道德地并且根据正确会计原则而进行，所以其应努力的保证至少有一名成员具备财务知识，即具备理解财务陈述、评估会计事务所因进行审计或者审查的出价与帮助董事会制定可行的财务决定的能力。这不需要在会计或者财务管理中进行进一步的培训。如果董事会自身不能雇佣到具备该能力的人员，其就应与有资质的财务顾问签署合同或者寻求免费的服务帮助董事会实现其财务责任。

组织也应考虑有关他们受赠者董事会的组成对现在和预期资金资源的需要。

一些向私人基金会捐赠的捐赠者希望在他们基金会的董事会中加入家庭成员，保证捐赠者的慈善传统能够在后代中继承下去。如果家庭成员不具备必需的专业知识和经验，董事会也希望加入咨询者。董事会也应该考虑由家庭外部代表带来的多样性和观点的优点。

12. 大多数的公共慈善组织的董事会，经常意味着至少有三分之二的成员应为独立的。独立成员不能：（1）作为雇员或者独立的合约者由组织支付报酬；（2）不能由组织支付报酬的人决定他们的报酬；（3）除了作为组织服务的慈善阶级的成员，直接或者间接的从组织接受财务利益；（4）或者与上述之人有关（作为配偶、兄弟姐妹、父母或者孩子），或者与上述之人一起居住。

非营利组织的所有董事会成员应该具备"道德义务"，需要把组织的利益放在个人利益之上，并且在能够实现非营利组织最好利益的前提下做出决定。任何在慈善组织事项中有个人财务利益的个人，不能参与决定他们报酬或者佣金的问题或者要在改变管理或者项目活动中给予无偏见的意见。

非营利组织的创建者有时提议把家庭成员和商业合作者作为董事会成员，但是这种连锁的财务关系会增加所有的董事会成员所需要的作出独立判断的难度。所以，为了组织的长期成功和问责，在董事会中具有符合要求的没有利益冲突的个人是非常重要的。

本原则不适用于对自我经营交易有特殊法律限制的私人基金会和特定的医疗研究机构、也不适用于在组织章程中对董事会组成有特别规定的慈善组织。例如，按照宗教组织的先例建立的组织也许会需要在其董事会中包含牧师或者其它的该组织的领薪代表。一个支援组织也许会需要在董事会中具有其要支援组织的代表。对于按照该原则排除在外的所有类型的组织可以在非营利专家小组的网站获得这些额外的信息。

当慈善组织决定具有多数的独立董事会成员是不恰当的，董事会和职员应该评估他们的程序和会议形式确保董事会成员能够实现他们的责任，为组织的管理和组织执行力提供独立的和公正的观点。

13. 董事会应该雇佣、监督和每年评估组织首要执行人员的执行力，并且在该人员的报酬改变之前进行该评估，除非具有生效的多年的合同或者该变化仅仅包括对通货膨胀或者生活费用的惯常调整。

董事会有权利为了维护组织的日常运行向首席执行官分配责任。董事会的一个重要的责任就是选择、监督和决定能够吸引和雇佣首席执行官的报酬。组织的管理文件应该需要所有的董事会成员每年和在报酬变化之前评估首席执行官的执行力并通过其报酬。董事会可以选择通过签署与首席执行官的多年合约，或者当首席执行官满足特别执行措施的时候，提供其每年递增的报酬，但是对于董事会为审查合约的条款是否已经满足提供有规律的基础是非常重要的。如果董事会指派一个特别的委员会审查首席执行官的报酬和执行力，该委员会应该向全体董事会报告其发现并提供建议，并且按照要求向任何董事会成员提供详细的细节。董事会应该把该决定的基础成文化并且准备回答有关该文件的问题。

当决定给予首席执行官的报酬的合理性时，董事会应该保证作出报酬建议的个人不能与该执行官有利益冲突。为了有效的比较职位，董事会或者其委员会应该审查类似组织的支付报酬，不管是支付税收和不支付税收的组织。许多专业性的委员会准备有规律的报酬调查对评估报酬是非常有效的，或者委员会可以提交由独立的公司或者由相似组织评估执行人员的服务而做出的报酬调查。有些组织会发现在他们的地理区域或者运作领域非常困难为评估执行人员的报酬进行薪水调查或者其它的数据调查，但是董事会应该为支持其报酬决定寻求公正的外部数据。

当管理机构使用报酬顾问帮助决定首席执行官的合适薪水时，顾问应该直接向董事会或者其报酬委员会报告，并且该顾问不能从事其他的业务或者不能与该首席执行官有利益冲突。

管理机构应该负责决定首席执行官的报酬并且要通过对组织资源实施实质控制之人的报酬范围。首席执行官具有根据董事会设置的合理报酬指南决定其他职员的报酬的责任。如果发现首席执行官为了吸引和雇佣具有特定高资质和有经验的职员，给予该职员与其相同或者超过其报酬的报酬，董事会应该对该报酬的必要性进行审查，以决定没有提供过多的利益。

董事会或者指定的报酬委员会应该审查全部的报酬项目，包括提供给特殊职位的薪水范围和利益，评估报酬项目是否公正、合理和足够吸引并雇佣高资质的职员。

14. 具备领薪职员的慈善组织的董事会应该保证首要参谋、董事会主席和董事会财务人员由不同的人担任。没有领薪职员的组织应该保证董事会主席和财务人员由不同的人担任。

避开有价值的政府机关彼此之间的相互平衡由一个或两个人集中组织施行集权的治理和管理，可以帮助解决利益冲突，使个人利益不能优先于组织的最好利益。一些州的法律要求总统和财务人员的位置由不同的人担任。董事会主席和财务人员应该独立于首席执行官，为执行人员的执行力提供恰当的监督和对执行人员恰当的报酬作出公平和公正的判断。

当董事会认为为了慈善组织的最好利益应该由首要执行官担任董事会主席，董事会应该制定另外一名董事会成员（有时被称为主管）处理需要分权的事项，如审查首席执行官的责任、执行力或者报酬。

15. 董事会应该创设有效的、系统的与董事会成员提供教育和交流的程序，保证他们对他们的法律和道德责任保持警觉、了解组织的项目和活动及有效的执行他们的监督职能。

大多数志愿加入董事会的成员是为实现对组织使命的承诺和组织对社会工作的价值。他们也许仍然没有充分理解他们的信义责任或者对慈善组织共同实践的培训或者信息。

一个有效的董事会任职培训的程序通过设置董事会的监督责任和个人成员的法律及道德责任便满足了该需要。成员应该意识到他们为董事会的行为而担负的个人责任，或者为其没有采取行动而担负的责任与为他们所提供的保护。所有的董事会成员应该接受有关组织对管理文件、财务、项目活动、管理政策和实践的口头和书面的指导。即使已经在其他组织的董事会服务过的职员仍然能从为他们提供董事服务的组织所提供的特殊任职培训中获利。慈善组织，如果需要及资金允许，都应该为董事会成员提供机会获得有关法律、财务问题和责任的特殊培训的机会。通过了解董事会责任的律师或者保险代理人解释提供给董事会成员保护和有关保险的建议是明智的。

正在进行的有关董事会的培训应该包括保证职员已经了解或者审查了在每一次董事会会议上致力于解决的问题的足够的信息。在召开所有的董事会会议之前应该发布所有的会议议程和背景资料，使所有的成员在参加会议之前能够阅读和考虑所要讨论的事项。

16. 董事会成员应该以不少于每三年一次的频率来评估作为团体和作为个人的执行力，并且应该具备解雇不能实现他们责任的董事会成员的明确的程序。

有规律的评估董事会执行力的程序可以帮助确定其过程和程序的优势和缺陷，并且提供加强任职培训、教育项目、董事会行为、委员会会议及与董事会和职员领导者互动的建议。很多的董事会会发现每年进行这样的自我评估是有用的；其它的董事会也许会更喜欢具有与董事会服务任期相符的计划或者有规律的长期计划周期。一系列的印刷和网上工具，从简单的自我评估问题调查到更复杂的评估程序，能够帮助组织设计满足其需要的董事会评估或者自我评估程序。

董事会应该为每个成员的职责和责任创设明确的指南，包括参与会议、准备和参与委员会任务及为了提供有效治理而被期望具有或者形成的各种专家董事会成员。许多的董事会有向执行委员会或者与其平行的董事发展委员会指派监督董事会评估和发展职能的责任。具备这种责任的董事会成员应该具备讨论参与问题或者与个人成员决定是否可以被改正或者个人需要委派还是从董事会解雇的董事会执行力的其它方面的权力。解雇不具备执行力的成员通常需要所有董事会的行为，或者如果组织有成员，则需要所有成员的行为。

17. 董事会应该设置明确的有关董事会任期和可以连任期数的政策和程序。

每个慈善组织应该决定每个成员能够实现组织的最大利益在董事会工作的最低期限。一些组织发现设置最低期限能够通过新职员为组织带来新的能量、主意和专业能力。有些慈善组织则认为任期限制会剥夺组织获取有价值的经验、持续性和在有些情况下获取董事会成员支持的需要。他们认为组织应该单纯的依赖组织强劲的评估董事会成员的政策并且解雇不能有效实现其治理角色的职员。一些家庭基金会也许决定不限制董事会任期，如果他们的捐赠人表达了只要家庭成员愿意和能够继续在董事会服务的意愿。

实施董事会限制服务期限的组织应该考虑设置一较灵活的任期程序，在雇佣到一些有经验的骨干成员的同时还可以继续雇佣一些新的成员参与进来。许多组织发现制定使董事会成员能够在一年或多年的任期后能够继续连选的政策是非常有用的。发现能够使结束服务的成员能够继续参与组织的项目和服务是非常有价值的。

不采取限制董事会服务任期的组织应该考虑创设规律的程序，来确定董事会坚持其方法的承诺和成员能够积极的表达他们继续服务于董事会的意愿。一些慈善组织创设了校友会或者荣誉委员会为那些认为应该离开但是仍然愿意参与组织活动的董事会成员提供了可以选择的途径。有些慈善组织还设置了董事会成员必须退休的年龄限制。

不管组织是否已经设置了任期限制，具备直到董事会正式开始运作前能够使董事会积极参与的委员会或者专门小组的程序是非常有帮助的。

18. 董事会应该不少于每五年一次审查其组织的管理文件。

有规律的审查组织的设置文件、规章制度和其它的管理文件可以帮助董事会审查是否遵守了其设置的规章制度，并且决定是否需要更改这些文件。董事会可以选择把这些行为指派给委员会去行使，但是所有的董事会应该按照委员会的建议进行考虑和行使。

大多数的州的法律允许州的总检察官可以提起诉讼，要求法院让董事会对没有遵守这些基本文件所设置的要求而负责。如果这些文件变得不切实际或者不再适合为实现其章程中设置的目的而实施，董事会应该采取适当的步骤修改这些条款并且按照需要提交给州工作人员。在一些州，慈善组织修改其管理文件也许会需要法庭的同意。

19. 董事会应创设并有规律的审查组织的使命和目标，并且不能以低于每五年一次的频率评估其项目、目标和活动以保证它们能够完成其使命和保证组织的资产被谨慎的使用。

为了获取公众的信任和组织投资使用的资源，董事会成员应该负有保证组织尽可能的按照其使命有效的使用资源的义务。每个董事会应该设置策略目标并每年进行审查，通常要作为年度预算审查程序的一部分。这种审查应该致力于解决现实需要和应对在组织运作的区域或者社区有可能会影响未来运作的预期变化。其也应该考虑需要实现的组织目标而必需的财力和人力资源。这种周期性执行力的审查和评估是许多非营利组织参与的自我评估、认证和筹款项目的共同要求。

虽然对个别项目活动和成绩的讨论是大多数董事会会议的典型职责，但是这些并不是根据董事会已经通过的目标和目的对组织全面的影响和效率进行更强劲周期性评估的替代品。

因为非政府组织和他们的目的是不同的，所以每个组织发展其评估自己效率的程序是非常有必要的。大多数组织应该至少有每年进行评估其目标和目的的非正式程序，但是，因为考虑到涉及的时间和花费，他们应该选择进行更强劲的评估程序。

虽然对于组织来说，其工作并没有规律的进行每年评估，如科学研究或者年轻发展项目，但是应该确定具备不定期的评估来决定组织的工作是否按照正确的方向进行。

20. 除了发生在行使他们董事会职责期间花费的补偿外，董事会成员通常是没有报酬的。慈善组织应该使用恰当的比较数据来决定应该支付给董事会成员的报酬的数额，并且制作成文件按照要求向任何人对报酬的数额和理论基础进行披露。

虽然一些慈善组织对董事会成员针对董事会工作的花费进行补偿，但是大多数的董事会成员还是没有报酬的。事实上，公共慈善组织的董事会成员经常向组织捐赠时间和金钱，这是支持作为给予和志愿精神的实践。

当组织决定根据董事会成员的工作时间或者职业能力适当给予其报酬，他们应该准备提供详细的报酬数额和给予的原因，包括董事会成员的责任和他们所提供的服务。任何提供给董事会成员的报酬必须是合情合理的并且是支持组织免税职能执行力所必须的。给予组织在职员能力范围内提供的董事会成员因服务而获得的报酬应该明确的不同于因董事会服务所提供的报酬。

慈善组织董事会成员应该负责决定他们接受的报酬不能超过具有类似责任和职能的相似组织提供给类似职位报酬的普通数额。一些组织雇佣报酬顾问确定报酬水平，一些组织是以来取自于国内、区域协会或者营利公司的数据而确定，还有一些组织是通过在类似组织间进行报酬调查进行确定。当他们确定自己的报酬时，其不能独立的授权机构进行，当然也不能利用他们赋予这些机构法律保护。

■ 严格财务监管

21. 慈善组织必须保持完全的、最近的和准确的财务记录。其董事会应该接受和及时审查组织财务活动的报告，并且应该由有资质的、独立的财务专家按照适合组织规模和运作形式的方式审计或者审查这些陈述。

完全和准确的财务陈述对于慈善组织实现其法律责任及董事会对组织的财务资源行使正确的监管是必须的。如果董事会没有具备财务专业能力的职员，其就应该雇佣有资质的领薪或者志愿财务专业人员来确保财务体系和报告是否形成并正确的实施。

应该按照通常接受的会计原则和审计标准准备财务陈述和审计，以便能够提高信息的质量。每个组织必须保证其按照其行为地或募集资金地国家法律的要求和按照政府或者私人捐赠者的要求准备年度财务陈述，并进行审计和审查。当按照法律的要求不需要审计报告时，财务审查应该用较为经济的方式提供给董事会、管理者和大众有关组织财务记录准确的信息。许多小的组织选择与一独立的会计师共同工作，必须注意该会计师能够提供有价值的指南。

每个把其财务陈述独立进行审计的慈善组织，不管是否是按照法律的要求，应该设置包括独立的具备财务能力的董事会成员在内的审计委员会。通过减少外部审计者和组织领薪人员之间可能的利益冲突，审计委员会能够提供给董事会审计已经恰当的进行的保证。如果州法律允许，董事会可以指定不具备投票权及非职员顾问而不是董事会成员参与审计委员会。

具有小型董事会或者有限组织结构的慈善组织也许不用选择成立单独的委员会分担审计责任。审计委员会也许对慈善组织是不合适的，因为该组织是按照信托组织组建而不是公司。

22. 慈善组织的董事会必须形成保证组织根据所有的法律需要有责任地管理和投资其资金的政策和程序。所有的董事会应该审查和批准组织的年度预算，并且监督预算的真正执行。

进行有效的财务管理是董事会最重要的责任之一。董事会应该设置明确的政策保护组织的财务资产，保证没有人承担接受、处分和花费资金的单独责任。日常会计和财务管理应该为职员的主要任务，或者如果组织没有或者只有一个职员，其就应该指派具有必要时间和技能的志愿者执行该责任。董事会负责审查实践和报告以确保这些职员和志愿者正在遵守董事会通过的政策。

组织的年度预算应该反应组织来年将要进行的项目和活动，其需要募集或者产生支持这些活动的资源。谨慎的审查包括预算、实际花费和收入的财务报告，应允许董事会决定是否为了适应收入的变化做出更改。年度报告应该反应组织怎样遵守捐赠者或者捐赠项目为使用资金设置的限制。

谨慎的财务审查需要董事会展望未来，从每月和每年的财务报告中决定组织的现行财务执行力怎么与往年的相比和其未来的财务应该展现出什么前景。如果组织的净资产已经连续几年保持稳定，或者如果未来的资金会显现出巨大的变化，董事会应该采取步骤取得成功或者维持稳定性。

无论在何时组织应该具备足够的收入为其未来设置先进储蓄。当组织已经有足够的储蓄允许投资，董事会负责设置管理资金应怎样投资、或者收入的多少部分能够用于立即的运作或者项目的政策。具备一定规模资金储备或者捐助金的组织的董事会应选定一个或者多个独立的投资经理管理组织的投资。在这些情况下，董事会或者董事会委员会应该有规律的监督外来的投资经理。

23. 慈善组织不能向其董事会成员、办公人员或者理事提供贷款（或者类似的业务，如贷款保证、买卖或者转移居所或者办公室的所有权、免除债务或者借贷义务）。

向董事会成员和执行人员提供贷款的行为，虽然不经常，但是已经为公共慈善产生了真正的和潜在的问题。虽然存在着很多的情况，慈善组织发现有必要提供给职员贷款，但是也没有给董事会成员提供贷款的正当理由。联邦法律禁止私人基金公司、提供支持的组织和捐赠者建议的资金向实质上的贡献者、董事会成员、组织管理人员和相关团体提供贷款。很多的州也禁止这些贷款或者只在非常有限的事项内可以提供贷款。

当慈善组织认为有必要向雇员提供贷款的时候，如使慈善组织的新成员为在组织办公室附近买一个居所，则贷款的期限应该由董事会清楚的理解和同意。这样的贷款则应该在组织年度信息统计表中被报告。

24. 慈善组织应该花费其年度预算中的很大部分用于实现其使命的项目中。预算也应该为组织的有效管理提供足够的资源，如果其募集资金，则应为募集资金活动提供足够的资源。

慈善组织应该把其资源使用到其被赋予免税资格的慈善目的，并且应该在为实现资金贡献目的的活动和项目中适用捐助资金。同时，组织或者任何业务的成功运作，包括对任何类型慈善目的有责任的追求，都需要有效的管理和运作。管理活动包括财务和投资管理、个人服务、保存记录、募捐、管理合同、法律服务和支持组织的管理机构。不仅这些元素可以保证组织遵守所有的法律需求，而且也可以帮助向捐赠者、公众和政府管理者提供完全的、准确的和及时的信息。

慈善组织依靠其他的支持服务执行其职能。大多数的公共慈善组织具备鼓励潜在捐赠者捐赠金钱、物质和其它资产的募集活动，并且保证捐赠者能够接受他们捐赠物怎么被使用的必要的报告。一些公共慈善组织也依靠成员发展活动劝募未来的成员、收集成员会费和保证成员接受被承诺的利益。私人基金会和一些公共慈善组织也有向其他组织和个人捐赠的费用。

有资质的个人对提供项目、招募、管理志愿者、募集资金和保证正确的管理是必需的。提供给个人的报酬费用，包括薪水和利益，必需根据正确的记录按照他们为组织执行的特别职能而确定。

一些自我约束体系和"监督"组织建议公共慈善组织应该花费他们全部收入的至少65%用于项目活动。这个标准对大多数组织是合理的，但是也有可以减轻标准的情况，如需要组织为组织的管理和募集资金活动投入更多的资源。董事会应该审查预案算和财务报告决定组织是否正确的分配其资金。

25. 慈善组织应该为任何人为执行业务或者代表组织旅行的花费进行支付或者补偿设置明确的书面政策，包括按照文件需要可以被支付或者补偿的花费。这样的政策也要求代表组织进行的旅行必须是以节俭有效的方式进行的。

慈善组织的旅行政策应该不是匿名的，应该易于得到，并且应该反应组织对决定什么是代表组织进行旅行个人合理的花费的有原则的判断。这些政策应该包括正确记录发生的花费和这些花费组织目的的程序。

作为通常接受的实践，旅行政策应该保证组织的业务是以经济有效的方式做出。有关旅行花费的决定应该建立在怎么能够最好实现组织慈善目的的上作出，而不是仅仅为了个人旅行。慈善资金通常不能被用作一级旅行的花费，但是董事会应该保持为了组织的最好利益作出例外的灵活性。如果有这样的例外应该是明示的、对董事会成员和其它与组织有关的人员持续使用和透明。

　　组织的政策应该反映按照现行法律制定的有关旅行花费的要求和限制。详细的指南提供在国税局 463 号出版物中：旅行、招待、礼物和汽车消费应该作为慈善组织管理者的指南，避免浪费、奢侈或者过度花费。

　　26. 慈善组织既不能支付也不能补偿陪伴执行组织业务之人的配偶、受抚养人或者其它人的旅游花费，除非他们也是为了执行该项业务。

　　如果在特定情况下，组织认为支付陪伴执行组织业务之人的配偶、受抚养人或者其它人的旅游花费是合适的，这种花费应该是按照法律做出的，并且应该按照代表组织的个人旅行花费进行补偿。这个原则不适用于一些微不足道的花费，如当参与人邀请带来客人，组织招待一顿餐饭的费用。

■ 负责的募集资金

　　27. 所有向捐赠者和大众提供的募集资金的材料和交流必须明确地指明该组织，并且是真实和值得信任的组织。

　　慈善募集资金，不管是否是通过印刷品、互联网、电话还是个人进行，经常是捐赠人和组织的唯一联系。明确和准确的募集资金材料帮助潜在的贡献者能够联系组织、或者获得区分有向社区提供坚实服务历史的组织和宣称相似名称和目的但是其募集呼吁是误导的组织的必要信息。

　　捐赠者有知晓下列信息的权利：募集资金之人的名字、接受捐赠物组织的名字和方位、有关其活动的明确描述、募集资金的预期使用、获得额外信息的联系方式和要求捐赠物的个人是否为志愿者、组织的雇佣者或者雇佣的募集资金者。有关组织项目活动和财务条件的描述必须是现在的和真实的，并且对于过去行动或者事件的描述应该正确的附加日期。

　　如果组织没有资格接受可以免税的捐赠物，它必须在募捐时披露该限制。同样，一个国税局承认有资格接受可免税捐赠物的慈善组织应该在其募捐时清楚的指引捐赠者怎样获得该地位的证明。慈善组织应该在其网页上提供国税局决定的信件，并且在捐赠人要求时向其提供。如果募捐承诺向捐赠人提供货物或者服务换取捐赠物，则募捐材料应该清楚的指示捐赠物的部分（即提供的任何货物或者服务的价值）不是可以免税的。

　　28. 捐赠物必须应该按照符合捐赠人的意愿的目的使用，不管该目的是描述在募集资金材料中还是捐赠者直接的指示。

　　当捐赠人捐出捐赠物时，其有权利期望该资金按照承诺的目的被使用。

募集活动应该指示产生的资金是否应用于组织的一般项目或运作还是用于支持特别的项目。捐赠者可以通过信件、在募捐上的书面便条、与募捐者或慈善组织的工作人员进行交流，指示他或她期望捐赠物应该怎么被使用。

在一些情况下，组织也许不能募集到为了执行预期的项目所需的足够捐赠物，或者其也许接收到超过执行预期项目所需的捐赠物。如果组织不能或者不愿按照在呼吁中或者按照捐赠人的要求使用捐赠物，其有义务联系捐赠者获得其因另外目的使用捐赠物的许可或者提出归还捐赠物。慈善组织应该努力的在募捐呼吁材料中明确的叙述为了一特别的项目他们将怎样处理这些情况。

慈善组织应该在接受捐赠物时仔细审查任何合同或者授予协议的条款。如果组织不能或者不愿遵守捐赠者要求的条款，其应该在缔结该交易之前必须协商应对变化。特别是在大量捐赠物的情况下，接受者应该缔结一个协议明确其具备的如果事项允许其可以改变礼物用途相关条款的权利。一些慈善组织在其管理文件或者董事会决议中指示组织保留"变更权力"、修改有关资产使用的权利，这样的权利应该通过书面协议明确的通知给捐赠者。

29. 慈善组织按照国税局的要求应该提供给捐赠者有关捐赠物的特别认知并能够促进捐赠者遵守税法要求。

使捐赠人了解捐赠物是非常重要的，不但是因为国税局的要求，而且还可以帮助建立捐赠人对他们捐助活动的信任和支持。组织应该建立使捐赠人及时了解捐赠物和按照要求提供现金收据的程序。向捐赠者有规律的更新他们支持活动的信息是建立信任和忠诚的另一途径，因为其为捐助者提供了自己发现更多信息的途径，如通过网站、印刷品或者拜访组织的办公室等。

如果组织向捐赠者提供物品或者服务来换取或承认捐赠物，必须使其了解善意的评估这些物品或者服务公正的市场价值，即捐赠者为买这些货物和服务应该支付的数额。对慈善组织物品的花费并不决定它公正的市场价值，虽然花费可以是很重要的元素。例如，一个旅馆也许会为一场宴会捐赠所有的事物，但是这对于慈善组织却产生零费用。但是在宴会上捐赠者食物的市场价值却不是零，他必须支付在旅馆消费同样事物所要支付的份额。如果该价值不超过捐赠物价值的 2% 或者 89 美元，有时甚至更少（这是 2007 年的数值，国税局有规律的决定该数值），慈善组织不用提供公正市场价值的信息。

对于慈善组织从纳税者那里评估财产的价值以寻求这些捐赠物的免税是

不明智的，有时会产生利益冲突。组织应该提请捐赠者注意国税局诉讼提出证据的规则，并且鼓励他们缴纳合适的税收或者在作出非现金捐赠时咨询律师。

30. 慈善组织应该采用建立在其特别免税目的的基础上，决定是否规定礼物会与其道德、财务状况、关注的项目或者其它利益相冲突的明确的政策。

有些慈善捐赠物会对组织或者捐赠者造成潜在的问题。不管知晓与否，捐赠者也许会要求慈善组织按照非法或者不道德的目的分配资金，或者其它的捐赠物会使组织回避按照环境保护法案或者其它规则应该承担的责任。一些公司赞助公司股票产的利益会为慈善组织产生不相关的商业利益。如果慈善组织不能在实现其使命中适用捐赠物而必需卖掉，或者在捐赠物接受后不能很快的处理财产，捐赠者会面对不利的税收后果。

捐赠物接受政策通过设置一些规则和程序为董事会成员、职员和潜在的捐助者提供一些保护，即使该要约是真实作出的，组织也应评估其是否可以接受捐赠物。政策应该清楚的制定组织不能接受任何的与其使命或目的范围相反或者之外的非现金捐赠物，除非该捐赠物是打算进行重新销售或者能够为组织产生必要的收入。该政策应该列明任何的财务资源、捐赠物的类型或者阻止阻止接受捐赠物的条件。组织也应该考虑设置决定捐赠物是否为可接受的原则和程序，并且决定什么样的情形下接受捐赠物之前必须向律师或其他专家进行咨询审查。

31. 慈善组织应该为代表其募集资金之人提供恰当的培训和监督，保证他们明白他们的责任和适用的联邦、州和地方法律，并且不能使用强迫、威胁或者意欲伤害潜在捐赠者的方法。

慈善组织应该对代表其从事非法或者欺诈行为的人负法律责任。即使不能保证募集资金活动是合法和诚实的，慈善组织也有很多的原因向代表其募集资金之人提供仔细的培训和监督。最明显的原因是他们是捐赠者最初，有时是唯一，与该组织联系的人。组织因此应该保证它的募捐者应该理解募捐者的担心，不能使用强迫或者骂人的语言获得捐赠物、滥用潜在募捐者的个人信息、寻求被潜在捐赠者错误解释的个人关系或者以其他的方式误导捐赠者。所有包括志愿者在内的代表组织进行募捐的人，应该向捐赠者提供有关下列信息的材料和指南：组织的名称和地址、捐赠者怎样更多的了解组织、捐赠物会被用作的目的、是否所有的或者部分捐赠物是免税的及捐赠者为获得更多的信息所需联系之人。

如果慈善组织决定使用外部的职业募捐公司或者顾问，其应该按照法律的需要或者按照良好实践的指南具有明确的合同，担负设置接收资金组织、募集资金公司或者顾问的责任。募集资金者必须同意遵守其募捐资金地的任何注册和报告要求和联邦有关电话、电子邮件或者传真募集资金的限制。慈善组织应该确保该外部募集资金者是按照其欲募集资金所在地的法律要求而注册的。

通常，代表慈善组织募集资金应该禁止给予个人捐赠者特殊的法律、财务和税务建议。而且，当这些问题产生时，在完成捐赠物之前，募捐者应该鼓励捐赠者向他们自己的律师或者其它专业的顾问咨询。

32. 慈善组织不能以佣金或者募集资金数额的百分比给予内部或者外部募集资金者报酬。

募集资金活动的报酬应该反映代表组织进行募捐的个人或者公司的技能、努力和时间。许多的职业募捐委员会禁止其成员按照募集慈善收入或者预期获得收入的基础获得报酬。把报酬建立在募集资金数额百分比的基础上，会鼓励募捐者把组织或者捐赠人的利益放在个人利益之后，会导致使用威胁到组织价值、名声及捐赠者对组织的信任的方法。以百分比为基础的报酬也可能会导致报酬会被法律机构或者公众认为与其从事的真正工作相比是过多的报酬。以百分比为基础的报酬也可能为不是通过募捐者的努力而获得的募集资金，这样偏离了设计初衷。

同样的逻辑适用于雇佣者。一些慈善组织选择向雇佣者为其在募捐、行政或者项目活动中所做的额外工作提供红包。如果这样，这些红包的标准应该尽力在他们进行工作质量的基础上，而不是他们募集资金的百分比。

33. 慈善组织应该尊重个人捐赠者的隐私，除非披露是出于法律的需要，否则不能出卖或者在没有提供他们在一年内退出使用他们名字的机会而使其名字容易被获得。

维持捐赠者的信任和支持需要捐赠者的信息按照法律的最大限度允许的范围被处理。慈善组织应该向捐赠者披露他们的名字是否被使用或者怎么被使用，并且在捐赠作出时，要以简单的方式提供给所有的捐赠者他们不期望他们的名字或者联系信息被组织以外所共享的回应。在所有的募捐或者其它促进材料中，组织应该向捐赠者或者其它接受该材料的人提供要求他们名字在以后从相似的信件、传真或者电子交流方式中被移除的方式。且收到这种要求组织应该立即从其要求的名单中删除其名字，并且每年至少一次向所有的捐赠者保证提供有关他们可以要求他们的名字和联系方式不能被组织之外的人分享的信息。

　　搜集浏览其网页的捐赠者和其它拜访者个人信息的组织应该具有隐私政策，并且在其网站中容易获取，通知该网站的拜访者有关他们的什么信息被搜集、信息应被怎么适用、如果拜访者不愿其个人信息在组织外被分享怎么通知组织和组织有什么安全措施保护个人隐私。

国际非政府组织问责宪章

ⅢⅢⅢ

■ 我们是谁

我们，签署此宪章的国际非政府组织，是独立的非营利组织，在全球工作中致力于促进人权、可持续发展、环境保护、人道主义救助和其它社会公益。

我们的行为权利建立在全球承认的言论、集会和结社自由，对民主进程的贡献和我们努力促进的价值目标的基础上。

我们的合法性也来自于我们工作的质量、全世界我们共处或者为之工作的人民、我们的成员、我们的捐赠者、广大公众、政府间的其它组织的承认与支持。

通过签署该宪章，我们努力的寻求促进更高的透明目标和我们坚持的问责制，并且承诺我们的国际非政府组织尊重该条款。

■ 我们怎样工作

非政府组织能够补充，而不是代替政府在促进人们平等发展和福利、坚持人权和保护生态的中流砥柱和首要作用。

我们也努力的促进私人部门在促进人权和可持续发展及保护环境中的角色和作用。

我们能够时常致力于政府或者其它机构不愿或者不能解决的问题。通过建设性的挑战，我们寻求促进善治和促进我们实现目标的进步。

我们努力的通过调查、倡议和项目促进我们的使命。这是在国际、国内、区域和地方层面我们或者直接的或者与合作者一起共同的工作。

我们与其它组织一起工作是为了促进我们完成个人使命的最好方式。

■ 宪章的目的

本宪章所表达的我们共同的承诺是卓越、透明和问责。为了实现和建设这些承诺，我们努力寻求：

· 明确的定义共享原则、政策和实践；

· 在外部和内部增强透明和问责；

· 鼓励与利益相关者的交流；

· 提高作为组织我们的执行力和效率。

我们承认不管是政府、商业还是非营利组织透明和问责是善治的必备要素。

无论什么时候，我们应该保证自己也要遵守我们要求其他组织遵守的高标准。

宪章起到补充现存法律的作用。它是以自愿宪章规定一系列的现存准则、规则、标准和指南。

我们同意在我们所有的政策、行为和行动中适用宪章。除非他们特别声明，宪章并不代替组织已经签署的现存准则或实践。本宪章的适用也并不阻止组织签署支持和使用其他工具促进透明和问责的准则或实践。

我们会通过经验改善宪章，把未来的发展考虑在内，特别是有关问责和透明的那些经验。

■ 我们的利益相关者

我们首要责任就是有效和透明的实现我们所陈述的符合我们价值目标的使命。为了达成此目的，我们要对我们的利益相关者负责。

我们的利益相关者包括：

· 人们，包括后代，他们的权利是我们努力要保护和提高的；

· 生态，其不能进行自我保护；

· 我们的成员和支持者；

· 我们的职员和志愿者；

· 对财务、货物和服务做出贡献的组织；

·合作组织，包括和我们工作的政府和非政府组织；

·管理机构，我们的建立和运行需要他们的同意；

·我们意欲影响的政策、项目或行为制定者；

·媒体；

·大众。

为了平衡我们利益相关者的不同观点，我们应受我们使命和本宪章原则的指引。

■ 原则

1. 尊重全球原则。国际非政府组织按照世界人权宣言中所规定的言论、集会和结社的权利而创建。我们寻求促进国际和国内法律加强保护人权、生态保护、可持续发展和其它的公共利益。

当这一类的法律不存在、没有被全面实施或者被违反的时候，我们应建议将这些问题进行公共讨论和倡议合适的救济行为。

为了实现该目标，我们应该尊重所有人类的平等权利和尊严。

2. 独立原则。我们目的是政治和财务独立。我们的治理、项目和政策应该非党派、独立于特定政府和政治党派及商业部门。

3. 有责任的倡议原则。我们应保证我们的倡议活动与我们的使命相符，并在我们工作和促进既定公共利益的基础上进行。

我们应有采纳公共政策的明晰程序、可以指引我们倡议策略选择的明示的道德政策、在不同利益相关者之间明确管理潜在利益冲突的方式。

4. 有效项目原则。我们努力寻求与当地社区、非政府组织和其它组织针对地方需要可持续发展的真正合作。

5. 非歧视原则。我们重视、尊重和寻求鼓励多样性，我们寻求在我们所有的活动中坚持公正和非歧视。为了实现该原则，每一个组织应该在所有的外部和内部的活动中有促进多样性、性别平等、平衡、公正和非歧视的政策。

6. 透明原则。我们承诺对有关我们结构、使命、政策和活动保持开放、透明和诚实。我们也会与利益相关者积极交流我们自己的信息，并让公众知晓这些信息。

7. 报告原则。我们寻求符合我们成立和行为国家对相关治理、财务会计和报告的要求。

我们应该每年至少一次报告我们的活动和成就。应该包括组织的：

· 使命和价值；

· 我们项目和相应活动实现的目标和结果；

· 环境影响；

· 治理结构和程序及主要的办公人员；

· 主要的从公司、基金会、政府和个人获取的资金来源；

· 财务执行情况；

· 对本宪章的遵守；

· 详细的联系方式。

8. 审计原则。年度财务报告应该与相关法律和实践相符，并且应该由一有资质的独立的会计师进行审计，其陈述将写进报告。

9. 准确信息原则。我们应该在陈述、解释及研究、使用、参考和独立研究数据时使用广泛接受的规范技术标准。

10. 善治原则。我们应该为我们的行为和成就负责。我们应该做到：有明晰的使命、组织机构和决策程序，根据所陈述的价值目标和既定的程序负责，保证我们项目实现的结果与我们的使命相符，并且以公开和准确的方式报告这些结果。

每个组织的治理结构应与相关法律保持相符并且保持透明。我们寻求遵守下述最好的善治原则。每个组织应该至少具备：

· 一个管理机构监督和评估主要行政机构、监督项目和预算事项。它应决定全球策略、与组织使命相符、保证资源被有效和恰当的使用、正确评估执行力、保证财务整体性及维持公共信任。

· 具备管理机构成员的指定、责任和条款，并且要预防和处理利益冲突。

· 具备指定和替代管理机构成员权力的有规律的大会。

我们应听取利益相关者对我们应怎样提高工作质量的建议、鼓励被直接影响到利益的人们提供建议。我们也应使公众较为容易的为我们的项目和政策提供建议。

■ 道德募捐

1. 捐赠者。我们尊重捐赠者的权利：告知其我们进行募捐的原因、告知其他们的捐赠物怎么被使用、在邮寄名单中删除其名字、告知其募捐者的地位和权力、除了他们的捐赠规模会影响到我们的独立性的例外情况下其应该保持匿名。

2. 使用捐赠物。在募集资金中，我们会正确的描述我们的活动和需要。我们的政策和实践也应保证捐赠物能够促进我们组织使命的实现。当为了特殊目的而进行的募捐，捐赠人的要求应该被尊重。当我们要求公众为了特殊的原因进行捐赠时，每个组织应该制定对处理任何的捐赠物的不足或过多的计划，并且作为其募捐呼吁的一部分。

3. 礼物。一些捐赠可能以物品和服务的形式被给与。为了实现我们的效率和独立性，我们应记录和公开所有的给予机构的礼物或者类似礼物的详细细节、清楚的描述礼物的价值和使用的审计方法并且保证这些礼物对我们的使命做出贡献。

4. 代理人。我们寻求保证捐赠物可以间接的获取，如通过第三方以完全符合我们实践的方式募捐或获得捐赠物。这也应成为两方之间书面协议中的一部分。

5. 职业管理。我们以职业的及有效的方式管理我们的组织。

我们的政策和程序应该在所有的方面促进我们更加卓越。

6. 财务控制。内部财务控制程序应该保证所有的资金被有效的使用并减少被滥用的风险。我们会实施在财务管理中的最好实践。

7. 评估。我们会不断的提高我们的效率。我们应为我们的董事会、职员、项目和计划，在共同负责的基础上规定评估程序。

8. 公共批评。我们应该对针对个人和组织的公共批评负责，保证这些批评可以产生公平公正的评论。

9. 合作者。我们承认我们组织的整体性，并且保证我们的合作者也符合正直和问责的最高标准。保证会采取所有可能的步骤确保不会涉及与组织和个人的不合法和不道德的实践。

10. 人力资源。我们承认我们的执行和成功反映出我们职员、志愿者和管理实践的质量，承诺为人力资源管理投资。薪水和收益必须在公众对职员及非营利组织的期望与我们为了实现我们使命所需要的吸引和留住职员之间达成一个平衡。我们的人力资源政策应该与相关的国际和国内劳动规章相符、适用在工作中雇员和志愿者权利及卫生和安全的最好志愿部门的实践。

11. 贪污和贿赂。人力资源政策应该特别禁止组织或者代表组织工作的职员或者其它人的贪污和贿赂行为。

12. 尊重性别的整体性。我们谴责以一切形式的性别剥削、滥用和歧视。我们的政策应该在我们所有的项目和活动中尊重性别整体性，禁止性骚扰、性别剥削和歧视。

13. 内部举报者。职员应该能够和被鼓励对可能与相关法律、我们的使命和承诺及包括本行为准则中条款的不符提请管理机构的注意。

2005 年 12 月 20 日

国际红十字会、红新月及其他非政府组织参与灾难救助的行为准则

‖‖

■ 目的

本行为准则寻求指引我们行为的标准。它并不是有关行为细节的准则，如怎样计算事物供应或者怎么搭建难民帐篷。而是，它为了寻求维持独立性、有效性和非政府组织及国际红十字会和红新月应对灾难的高标准。它是自愿准则，由接受该准则的组织为了保持在准则中设定的标准而自愿实施。在军事冲突中，现行的行为准则应该按照国际人道主义法解释和应用。本文先是行为准则，后面附有三个附件，来描述我们愿意看到的由东道国政府、捐赠者政府和国际组织为了促进在人道主义协助中的有效实行而创设的工作环境。

■ 定义

非政府组织：这儿所指的非政府组织是不管国家层面还是国际层面，独立于其创设地国家政府而组建的组织。

非政府组织人道主义机构：非政府组织人道主义机构是指创造的包含国际红十字和红新月运动、国际红十字委员会、国际红十字和红新月联合会及它的成员和上述所定义的非政府组织的机构。本行为准则特别是指被卷入灾难救助的那些非政府组织人道主义机构。

国际政府组织：国际政府组织是指由两个或者两个以上的政府组建的组织。它包括所有的联合国机构和区域组织。

■ 国际红十字会、红新月及其他非政府组织在灾难救助项目中的行为准则

1. 人道主义救济优先。接受人道主义帮助和请求该帮助的权利是应该由所有国家的所有国民应该享有的基本人道主义原则。作为国际社会的成员，我们承诺在需要的时候提供人道主义帮助。因此使受影响人们畅通无阻的获取救助是在履行该责任的时候最重要的事情。我们应对灾难的首要动机就是减轻由于灾难造成很难忍受痛苦群体的人类苦难。我们提供的人道主义帮助不是也不应被视为党派或者政治行为。

2. 救助不管种族、教派、或者接受者的国籍都要给予，并且不能做这类的区分。给予帮助的优先性只能仅仅按照需要而考虑。

在任何可能的时候，我们会在救助协助条款的基础上并且通过对于灾难受害人需要的评估及满足这些需要的地区安排给予。在我们项目的整体性上，我们会反映对比例的考虑。不管人类痛苦什么时候被发现，其将被减轻。生命应该和国家的一部分那样宝贵。因此，我们协助的条款也会反映寻求减轻痛苦的程度。在实施这个方法的时候，我们承认在灾难频发地区妇女发挥出的重要角色并且保证这个角色是由我们的帮助项目支持而不是减少。如果我们和我们的合作者有机会使用提供给这样平等救助的资源，这样全球性、公正和独立的政策只能是有效的并且可以使所有的灾难受害者平等获取。

3. 人道主义救助不能为了政治和宗教目的而进一步使用。人道主义救助应该根据个人、家庭或者社区的需要而给予。虽然非政府组织人道主义机构有支持政治或者宗教观点的权利，但是我们坚信人道主义机构不会依附于这些观点的接受者。我们不会把救助的承诺、递送和分配与接收特殊政治或者宗教派别联系在一起。

4. 我们不应作为执行政府对外政策的工具。非政府组织人道主义机构是独立于政府的机构。我们形成和实施自己的政策与策略，并不寻求执行实施任何政府的政策，除非其与我们自己独立的政策保持一致。我们将永不故意或者过失的允许我们自己或者我们的雇员使用为政府利益或者不是为严格人道主义考虑目的的机构的政治、军事或者经济政策信息，也不作为捐赠者政府执行对外政策的工具。我们应该援助真正需要的灾难而不是按照捐赠物提供者的分配或者因任何捐赠者的政治利益的指引。我们尊重和促进有关个人自愿给与的劳动和财务来支持我们的工作，并且承认这些志愿动机所促进的

行为的独立性。为了保护我们的独立性，我们应避免对单独的资金自愿的依附。

5. 我们应尊重文化和习惯。我们应该努力的尊重我们工作的社区和国家的文化、结构和习惯。

6. 我们应努力的提高地方应对灾难的能力。所有的人们、社区和易受伤害的群体，即使在灾难时也拥有能力。在可能的时候，我们应该通过雇佣当地职员、购买地方物质和与当地公司进行贸易来促进这些能力。在可能的时候，我们应该与地方人道主义救助机构在实施和规划过程中进行合作，并且在合适的时候与当地政府机构合作。我们应把我们紧急事件的救助的正确合作作为优先考虑的事情。这在被这些应对活动直接影响到的国家里更应得到最好的实践，并且应该包括相关的联合国的机构。

7. 在对救济协助管理中应该制定使项目受益人卷入的方式。灾难应对救助不应该强压给受益人。当受益人参与到设计、管理和实施协助项目中时，将最好的实现有效的救助和持续性的重新安置。我们会努力的致力于在我们救助和重新安置项目中所有社区的参与。

8. 救助协助必须致力于减少未来对灾难的易受伤害群体并且要满足其基本需要。所有的救助行为应该以积极或消极的方式影响长期发展。为了实现该目的，我们致力于实施救助项目，将积极减少受益人对将来灾难的易受伤害性并且帮助创造可持续的生活方式。我们应该在设计和管理救助项目的时候特别注意对环境的影响。我们应努力的减少人道主义救助的负面影响和避免受益人对外部救助的长期依赖。

9. 我们要坚持为寻求帮助群体和捐赠自愿者负责。我们经常作为处理在灾难中意欲提供帮助群体和需要接受帮助群体中的组织联系。所以我们应该为这两方负责。我们所有的针对捐赠者和受益人的所有交易应该反应开放和透明的态度。我们承认从财务的角度和开放的角度报告我们活动的需要。我们承认保证对协助分配恰当监督的义务并且对灾难救助影响的规律评估。我们应该以开放的方式，报告我们工作的影响及限制或增强该影响的因素。为了减少对价值资源的浪费，我们的项目应该建立在高职业化和能力的基础上。

10. 在我们的信息中，无论是公开的还是广告活动中的，我们应该承认灾难受害者为有尊严的人而不是无助的对象。坚持把灾难受害者作为活动中的平等伙伴而得到尊重是永不丢失的原则。在我们公共信息中，我们应该对灾难状况公正的描述，要强调灾难受害人的能力及愿望，而不仅仅是受到的伤害和恐惧。当为了鼓励公众回应而与媒体合作的时候，我们应坚持不允许公开的外部或内部需求高于整个灾难最大救助的原则。我们也应该避免与媒体中所涵盖的其它灾难救助机构进行竞争，因为该涵盖的救助机构会对提供给受益人的服务、我们职员及受益人的安全造成伤害。

■ 工作环境

在双方同意遵守上述行为准则的基础上，我们为陈述以下指示性的指南描述我们愿意看到的在捐赠者政府、东道国政府和国际组织之间，特别是联合国的机构为了增强在灾难救助中人道主义救助机构的积极参与所创设的工作环境。这些指南只是为了指引，并没有法律拘束力。我们也不期望政府和国际政府组织通过签署任何性的文件接收该指南，虽然这也许会成为我们将来工作的目标。这些指南是以开放和合作的方式作出，我们的合作者会注意我们意欲寻求的目的与他们的理想之间的关系。

■ 附件1 对受灾难影响到国家政府的建议

1. 政府应该承认和尊重非政府组织人道主义救助机构的独立的、人道主义的及公正的行为。非政府组织人道主义救助是独立的机构，这种独立性和公平性应该被东道国政府尊重。

2. 东道国政府应该促进灾难受害者对非政府组织人道主义救助机构迅速的接受。如果非政府组织人道主义救助机构全面遵守他们的人道主义原则，为了实现进行人道主义救助的目的，他们应该使灾难受害者迅速和公正的接受救助。这是东道国政府的责任，作为行使主权责任的一部分，不能阻碍这些援助、并且接受非政府组织人道主义救助机构公正的及无政治意义的行动。东道国政府应该促进受害者对救助职员的迅速接受，放弃对出入境证件的要求或者迅速做出授予这些证件的安排。政府应该在紧急情况救助阶段，授予运输国际救助物资的航空器在国家上空飞行和着陆的权利。

3. 政府应该及时的促进在灾难期间救助物资和信息的流动。救灾物资和装备进入国家仅仅是为了减轻人类痛苦的目的，不是为了商业收益。这些收益应该允许自由的无限制的通过，不应要求原产地证明、发票、进口或出口及其它限制、征收税收、着陆费用或者港口费用等。目前必须的救济装备主要包括机动车、轻型飞机和通讯设备，东道国政府应该通过暂时的放弃许可证或者注册限制等要求迅速的接受。同样，政府不能限制在救济活动结束后救灾设备的出口。为了增加灾难救助的交流，东道国政府应该鼓励设置特定的点播频率，以使救助组织可以为了救灾目的在国内和国际层面使用进行交流，并且在灾难之前使灾难救助社区知晓这些频率。他们应授权救助人员为了他们救助行为的需要而使用所有的交流方式。

4. 政府应该提供协调的灾难信息和计划服务。所有的救灾努力的计划和协调是东道国政府的最后责任。如果非政府组织人道主义救助机构提供救灾的需要、政府计划和实施救灾努力的体系和他们也许会遇见潜在的安全风险时，计划和协调的作用就大大增加了。东道国政府应该迅速提供这些信息。为了增加在灾难救助努力中的有效协调和有效的使用，东道国政府在灾难之前就应为将要来的非政府组织人道主义救助机构指派一联系点为了方便与当地政府联系。

5. 在武装冲突中的灾难救助。在武装冲突中，救助行为应该受国际人道主义法相关条款的约束。

■ 附件2　对捐赠者政府的建议

1. 捐赠者政府应该承认和尊重非政府组织人道主义救助机构的独立、人道主义和公正的行为。非政府组织人道主义救助机构是独立的机构，捐赠者政府应该尊重其独立性和公正性。捐赠者政府不能利用非政府组织人道主义救助机构实现任何的政治或意识形态的目标。

2. 捐赠者政府应该在保证行为独立性的基础上来提供资金。非政府组织人道主义救助机构应该给灾难受害人的精神提供资金和物质帮助，其中之一为人性和独立性。救灾行为的实施最终是非政府组织人道主义救助机构的责任，应根据该机构的政策进行实施。

3. 捐赠者政府应该利用其良好的影响力来帮助人道主义救助机构接近灾难受害者。捐赠者应该承认承担人道主义救助机构接近灾难场所的安全和自由责任的重要性。在需要的时候，他们应该准备与东道国政府进行外交活动。

■ 附件3　对国际组织的建议

1. 国际政府组织应该承认地方和外国的非政府组织人道主义救助机构为

有价值的伙伴。非政府组织人道主义救助机构应该愿意与联合国和其它的政府间组织为了促进良好灾难救助而共同工作。他们在尊重所有合作者整体性和独立性的基础上建立该合作关系。国际政府组织机构应该尊重非政府组织人道主义救助机构的独立性和公平性。人道主义救助应该在准备救助计划时咨询联合国机构。

2. 国际政府组织应帮助东道国政府为国际和地方灾难救助提供全面的协调框架。非政府组织人道主义救助机构经常不会具有提供需要国际回应的灾难协调框架的职责。这个责任应该归于东道国政府和相关的联合国政府。他们应该被鼓励以迅速和有效的方式为影响到的国家、国内和国际灾难回应社区提供服务。在任何情况下,非政府组织人道主义救助机构应该付诸所有的努力保证他们自己服务的有效协调。在武装冲突期间,救助行为应该受到国际人道主义法条款的约束。

3. 国际政府组织应该为非政府组织人道主义救助机构的联合国组织提供安全保护。当国际政府组织提供安全服务的情况下,这种服务应该在要求的时候提供给他们的人道主义救助机构的行为伙伴。

4. 非政府组织应该给非政府组织人道主义救助机构提供其给予联合国组织的信息。国际政府组织应与他们的非政府组织人道主义救助机构合作者分享有效的实施灾难救助的所有相关信息。

国际乐施会慈善会行为准则

|||||||||||||||||||||||||||||||||||||||||||||||||||||||||||||||||||||||||||||||||||||||||||||||||||||||||||||||||||||||||||||||||||||||||||

一、乐施会名称和国际乐施会的标志

1. 国际乐施会的每一个分支机构应该根据宪法、本行为准则、每个分支机构的原则和条款的规定来使用"乐施会"名称。所有的分支机构应该在他们国家领土范围内致力于并采取任何必要的步骤保护"乐施会"名称,以防被任何个人或者机构越权或仿冒使用。

2. 任何的分支机构在没有其它分支机构明确授权的情况下,不能代表他们发表观点。任何以国际乐施会的名义发表的陈述,都应该尽可能的是经过全体一致同意的,或者在需要的情况写至少有两票阻止决定的产生。如果有些分支机构不想参与陈述,那些参与的机构应该被列举出来。

3. 每个分支机构应该在其名称中包含"乐施会"。组织应该有权力为那些不想立即采纳该要求的已成为分支机构但是不使用"乐施会"名称的分支机构作出特殊安排。

4. 每个分支机构应该在其所有的公共文件中向国际乐施会表明其分支机构资格。

5. 为了更容易的区分不同的分支机构,每个组织应该在其注册国使用"乐施会"进行注册,但是应该尽可能的使用其完全的法律名称。(例外是已经存在名称为"乐施会"的组织;组织已经同意但是在国际上使用"XX 乐施会"的名称,并且在其他国家已经用这个名字注册。)

6. 在分支机构共同进行项目的时候,项目中应该使用"在……(国际)

的乐施会"的名称。

7. 每个分支机构应根据其作为使用商标方签署的许可协议的条款使用商标。

二、主权权利/领土

1. 分支机构应该在他们各自的母国内尊重其它分支机构的领土主权。

2. 分支机构应该在发表批评另外分支机构的政府或者其它分支机构在一个国家有项目的政府，并且会有可能会影响到他们职员安全的信息、调查和观点之前要与有可能影响到的分支机构进行协商。

3. 分支机构的职员因他们自己组织的原因来到另外一个分支机构的领土时，如参加会议、协商等，应通知当地分支机构其计划和项目。当地的分支机构，如果可能的话，应该提前告知该国的媒体。

4. 如果没有事前得到分支机构的同意，另外分支机构不能在该分支机构所在的国家内进行募捐。

5. 如果没有事前得到另外一个分支机构的同意，其他分支机构不能使用该分支机构所在主权国家政府的资金。该项资金只有在以下情况下允许使用：

（1）当地的分支机构在该国有应该使用该资金的项目；

（2）该资金满足在威胁生命情况的紧急需要；

（3）接受资金的分支机构对该资金支持的工作的实现有特殊的优越处，并且该资金并没有被其它的非乐施会的国际非政府组织所获得；

（4）对于该项资金，当地的分支机构已经得到正式的书面通知，如果上述条件得到满足应以最快的方式的表示同意。

6. 如果没有得到当地分支机构的事前允许，分支机构不能接近当地分支机构的政府、使用他们的媒体进行倡议或游说或在其领土范围内实施任何的其它活动。

7. 上述第 3 和 6 条中的安排不适用于跨国和国际机构，但是应该通知国际乐施会秘书处或者在华盛顿的倡议办公室。

8. 在没有通知潜在的合作国际乐施会分支机构之前，分支机构不能单方面在一个新的国家开展项目，即使该新国家没有任何的乐施会的工作。

9. 如果一个分支机构意欲在一个其他分支机构已经开始工作的国家开展业务，其必须寻求合作的机会。

三、成员资格

每个分支机构必须符合：

1. 具有符合规章第二条的主要目标。

2. 具有不同的财务和管理项目。

3. 接受和统一遵守国际乐施会的规章和规则。

4. 根据本行为准则进行行为。

5. 根据第 19 条规则，在统一的分摊公式的基础上在特定的时间内分担国际乐施会的预算。

6. 与其它分支机构互换相关信息、就共同利益事项进行协商、讨论政策变化的提议、审查和采纳有关协调工作的内部程序。

7. 为了表明其国际性质，承诺自己资助母国以外的项目并且全面参加国际乐施会。发达国家的分支机构需要承诺向海外贡献一部分收入，而发展中国家的分支机构应被期望在其他国家投入资金进行工作。

8. 特别的，应该在当地社区募集最低 20% ~ 50% 的资金，这是为了保持独立于政府和表明其是在当地社区的支持下植根于他们自己的社会。在评估独立性和当地支持的时候，应该考虑到当地志愿者基地的贡献。

9. 采纳积极的致力于使其直接或间接工作的对等群体、机构和社区权力增长的工作方法。

10. 在项目过程中表明性别和文化意识。

11. 对于分支机构这些标准的解释和适用，董事会有最终决定权。

四、分支机构的治理和问责

每个分支机构应该遵守：

1. 按照其国家管辖权下油管公司法或者社团组织法的要求成立和注册。

2. 董事会按照其注册国的法律和相关法规享有权利和承担责任。

3. 董事会成员不应以董事会成员享有接受薪水或者报酬。

4. 董事会成员应该拒绝参与与他们有利益冲突的任何决定。

5. 董事会成员中领取报酬的职员数目不能过半。

6. 每年应把其账务提交给注册的和独立的审计员并且允许公众对审计报告进行监督审查。

7. 制作容易获得的年度报告，包括向支持项目的捐赠者、志愿者成员陈述财务信息，并且向捐赠者和支持者制作容易获得的通讯、获得物清单或者其它的出版物。

8. 在其职员、个人志愿者成员和项目成员之间实施无歧视原则，而不管其种族、宗教、性别、性取向和身体能力。

9. 把可能会威胁到独立性的正式宗教组织、政治组织或者其它类似的分支机构排除在外。

10. 采用有关参与工作关系和职员问责的政策。

11. 向秘书处有规律的提存其宪法、法律规章、审计年度账务、年度报告和每次董事会和年度会议的会议记录和相关文件（没有得到相关分支机构的特别允许，秘书处不能散布任何性的会议记录和文件）。

12. 分支机构的附属机构都应该为其行为向他们的上一级组织负责，保证遵守本行为准则和其它不管是否使用了"乐施会"名称订立的协议。

13. 建立新附属机构的提议必须通过秘书处的信息和评论通知给所有的分支机构。

14. 对宪法或者任何分支机构或者附属机构的法律作出重大改变的建议、与其它组织或者政府签署亲密合作的有可能会影响到分支机构的自治性或者其参与国际乐施会能力的协议必须在分支机构董事会会议或者其它能够通过该决议的会议召开之前的三个月内通知秘书处。

五、倡议、运动和教育

所有的分支机构应该遵守由倡议协调委员会通过的有关工作问题的共同政策，他们不能做出与该政策相反的任何陈述。

六、乐施会品牌风险管理

1. 所有的分支机构应该认识到：

（1）保护乐施会名称和品牌的整体性是国际乐施会成立的主要目标之一。

（2）所有的分支机构和国际乐施会承担在他们母国和全球超过 100 个国家进行全球行为所使用乐施会品牌所带来的风险并分享奖励。

（3）分支机构应该意识到一个或者多个分支机构的行为，甚至是发生在他们国内或者区域内的行为都有可能对其他的分支机构产生重大影响。

（4）各分支机构应向他们的兄弟分支机构和国际乐施会为乐施会在整个联盟中的利益和实现分支机构和国际乐施会共享目标中的品牌风险管理和建设、增强品牌而负责。

（5）乐施会的品牌风险管理是复杂的，因为他要求所有的分支机构和国际乐施会在他们的倡议活动、运动、发展和人道主义回应项目、募集资金和交流活动中承诺使用问责、诚实、透明的高标准。

（6）由国际乐施会行政长官负责监督和管理品牌风险，无论其是故意还是处于无心的都用该帮助分支机构实现这一点。

2. 根据上述 1 中所提及的标准，分支机构应该在计划和实施他们活动的时候有意识的避免影响到其它分支机构、国际乐施会、乐施会名称或者其他品牌。

3. 各分支机构应该根据上述原则对有可能对另外分支机构、国际乐施会、乐施会名称或者其它品牌造成实质负面影响的活动进行深思熟虑。

（1）在按照下述程序没有达成协议之前不能采取行动。

（2）首先要与可能影响到的一个或多个分支机构进行协商，在合理分析意欲采取行为的风险、收获、成分和利益之后，获得这些分支机构同意之后才能实施符合这些原则的信息。

（3）按照程序规则中的第 29、30 条规定的国际乐施会行政长官行使监督和参与的职责，可以将活动提请行政长官进行协商。

4. 任何有合理理由相信其分支机构会因意欲采取的行动受到实质性的负面影响，提起采取行动的分支机构应该在上述第（2）条的协商活动中，谨慎的考虑其目的和意欲达到的结果。

5. 同样，意欲采取行动的分支机构也应该谨慎的考虑其它分支机构对行为的风险、成本和实质性负面影响提出的担忧。

6. 在任何上述阶段达成的协议，应该在国际乐施会秘书处的写下书面记录，并且由国际乐施会行政长官书面通知给所有的分支机构的行政长官。

7. 如果在一段合理的讨论和协商的时间后，两种分支结构对意欲采取的行动没有达成一致，他们或者他们的任一方可以把该事项提交给国际乐施会行政长官去考虑。

8. 如果在一段合理的时间后，国际乐施会的行政长官在与提起活动和受到潜在威胁的分支机构进行了合理协商之后仍然没有达成结果，国际乐施会的行政长官将把该事项通知所有的分支机构的行政长官。

9. 如果经过分析并考虑到双方分支机构的观点之后，行政长官以绝大多数的（75%）的表决通过了该活动，则该活动可以被采取。在以国际乐施会的名称意欲采取的倡议陈述中，应该适用在本行为准则的第1条的第2款所规定的高层次的协议。

10. 意欲采取行动的分支机构和可能受到影响的分支机构可以根据程序规则的第31.2～31.4条款的规定对行政长官的决定进行申诉。

11. 国际乐施会行政长官应向国际乐施会的董事会每年提交风险管理报告。品牌风险将监督国际乐施会对整个联邦有影响的所有工作，并且国际乐施会行政长官会以预期的追索的方式跟踪这些工作。在监督进程的任何部分，国际乐施会行政长官会向任何的相关分支机构提及潜在品牌风险的担忧，并且在需要的时候会采取本部分第6～10条规定的程序。

国际信息系统安全认证组织道德准则

‖‖

■ 追求信息安全的正直、荣誉和信任

所有的由国际信息系统安全认证组织证明的信息安全职业组织都承认这种认证是必须追求和保持的一种特权。为了支持该原则，所有的成员承诺全面遵守国际信息系统安全认证组织的道德准则（称准则）。违反该准则条款的成员将由专门的审查小组进行审查，有可能会导致对认证的撤回。准则为认证组织的成员提供了有关性质、能力、力量或者信任的可确认的信赖，并且在和成员进行交易时提供了高层次的信任。

准则中一共有四个义务性的标准，并且为每个标准提供了附加的指南。该指南可以为董事会在判断行为的时候提供指南，但是其是建议性的而不是义务性的。其旨在帮助职业组织在处理信息安全职业时确定和解决所面临的不可避免的道德犹豫。

需要说明的是，该高层次的指南并不会成为职业者道德判断的替代品。

■ 道德原则的序言

为了团体的安全、为了保证我们委托人（雇佣者、合约者和我们为之工作的人）相互之间的安全，需要我们遵守高道德标准。因此严格遵守本准则是认证的条件。

道德标准的义务性准则：

■ **保护社会、团体和基础设施。**

· 促进和保护在信息和体系中的公共信任。

· 促进对谨慎信息安全措施的理解和接受。

· 保护和增强公共设施的完整性。

· 不鼓励不安全的行为。

■ **光荣的、诚实的、公正的、负责任的和合法的行为**

· 讲实话、使所有的利益相关者及时地注意你的行为。

· 遵守所有的无论是明示还是暗示的合同和协议。

· 公正地对待所有的成员。在解决冲突时，把对委托人的公共安全和责任放在首位，接下来是个人和职业的顺序。

· 提供谨慎的建议、避免做出不必要的警觉或者给予没有授权的安慰。在自己的能力范围内注意信任、目标和警觉。

· 在不同的管辖权内解决不同法律冲突时，把给你提供服务的管辖内的法律放在首位。

■ **向委托人提供勤奋的和有能力的服务**

· 尊重他们的体系、适用和信息的价值。

· 尊重他们给予你的他们的信任和优先权。

· 避免利益冲突。

· 只提供完全展现能力和资质的服务。

■ **促进和保护职业**

· 赞助促进最好资质的活动。所有的其它相关的活动，获得认证和遵守这些规则者优先。避免那些实践或者名声会破坏职业的职业协会。

· 注意不能通过恶意和冷漠伤害其它职业组织的名声。

· 保持你的能力、保持你们的技能和知识与时共进。在训练他人时，慷慨地贡献你的时间和知识。

■ 指南的目标

委员会应该注意其职责：

对解决好对决好、坏对决坏的犹豫提供指南。

鼓励正确行为，如：

·研究

·教学

·确定、指导和赞助职业候选人

·评估证书

不鼓励以下行为：

·提出不必要的警觉、害怕、不确定性或者疑惑

·给予没有授权的安慰和确定性

·同意错误的行为

·向公共网络依附较弱的体系

·与非职业协会建立职业合作

·与业余者进行职业承认或者合作

·与刑事犯罪或者刑事行为合作

这些目标仅仅是为了提供信息，职业组织可以不需要或者期望同意这些原则。在解决他或她面临的选择时，职业组织应该牢记指南仅仅是建议性的。遵守指南既不是必要的也不是对道德准则而言所必需的。

遵守序言和义务性规则时的义务性。义务性规则之间的冲突应该按照义务性准则之间的顺序进行解决。义务性的准则不是同等的，他们之间的冲突不应产生道德约束。

国际非政府组织加强卫生系统行为准则

■ 序言

加强卫生系统行为准则的目的是为国际非政府组织怎样在东道国以尊重和支持东道国政府组织卫生系统首要责任的方式进行工作提供指南。

在过去的十年里，在增强国际卫生领域，已经付出了大量的政治力量、资金支持和组织结构。虽然也在一些领域取得了一些成就，如在艾滋病治理领域，但是在初级护理和未成年儿童卫生领域却还有待于提高。已经越来越清楚、明白的是，非政府组织可以通过创建与政府平衡的的结构，以逐渐从正式卫生系统里分离社区为目的，向私人行为领域派遣卫生工作者、管理者和领导者的方式决定公共部门甚至卫生系统。

本行为准则意为致力于增强国际非政府组织和他们行为的国家的培训、救助和有效利用人力资源的角色。一共有六个领域非政府组织可以做的更好：雇佣政策、补偿计划、培训和支持、通过在他们国家多种的非政府组织的项目减少政府的管理重担、帮助政府把社区和正式卫生系统连接在一起和通过政策倡议为政府系统提供很高的支持。本行为准则在中的这六个区域每个区域都提供了可持续性的实践。

本行为准则的签署者承认自愿道德准则的角色并且认识到以国家为基础的行为准则已经来到了他们面前。这些行为准则，如《国际红十字会和红新月和非政府组织在灾难救助中的行为准则》、《非政府组织应对艾滋病良好行为准则》和《巴黎有效救助宣言》等，为非政府组织和在发展工作中涉及的捐赠人提供了可行的道德标准。这些标准目的是提高他们工作的质量和影响。

本行为准则的原始起草者，为在各种发展中国家有丰富的实施和倡议经验的国际非政府组织的代表；我们自已在我们致力于工作的领域做出了很多错误。

我们希望我们的行为准则通过建立增强卫生系统的原则能被证明是对非政府组织、政府、当地组织和捐赠者是有用的。我们的承诺帮助保证"所有人是卫生的"并不是千年目标，而是在我们能力范围内能够实现。

本行为准则具备清楚、直接、简洁和行动导向性质。

第一条　非政府组织会采用能保证长期卫生系统可持续存在的雇佣实践

国际非政府组织的角色是补充东道国政府和地方组织在增强和扩大卫生系统的公共政策角色，而不是替代。非政府组织的角色是在形成公共卫生政策发展中提供能促进公民社会和当地科研机构的研究、支持和能力。我们，本行为准则的签署者，认识到我们的角色是时间有限的，即随着社区、当地卫生组织和机构变得越来越强大和能力得到建设，非政府组织的角色就会缩小或者转化。

1. 在经过培训的个人稀少的领域，非政府组织或采取尽可能的努力防止从公共部门雇佣卫生或者管理职员，也不会用尽政府部门和他们有能力者和专家的诊断行为。

2. 在雇佣职员的时候，非政府组织将优先从公共部门的雇佣者之外雇佣当地易获得的有能力的国民，要认识到虽然公共部门也严重缺失雇员，权威的有能力的当地居民的失业率也是非常高。当有能力的居民容易获得时，志愿劳动也不能用作领薪职员的替代者。

3. 在人员缺少的领域，如果非政府组织雇佣了已经在公共部门工作的职员，非政府组织应该保证他们已经与当地卫生机构进行了协商且已经获得同意。这种协商应该承诺使用公共部分全部的人力资源政策，包括岗前培训、提供薪水或者其它的方式。政府和非政府组织应该共同致力于在所有部门卫生工作者的长期失业。

4. 非政府组织承认他们已经具备为受过培训和有技能的个人在富裕国家工作的历史角色。非政府组织承诺避免卫生工作者离开发展中国家为国际组织或者国际区域工作提供动机。相反，非政府组织应该为其留在公共部门工作提供动机，包括改善工作条件、良好报酬和福利待遇。

第二条　非政府组织应制定、增强公共部门的雇佣补偿政策

非政府组织承认他们具有以牺牲国民雇佣者利益的代价使外来雇佣者受益的不平等报酬支付政策的历史传统。本行为准则的签署者承诺他们试图设立承认能力和培训的不同，而忽视雇佣者国籍的支付政策。

1. 非政府组织承诺在所有的卫生照顾系统内为因完成工作的所有雇员使用公平的报酬支付政策，包括社区卫生工作者的薪水。

2. 非政府组织在一国内雇佣卫生工作者、管理者和其他有技能的个人应该提供在当地有竞争力的薪水，虽然这些薪水并不比公共部门更慷慨，但是是提供给其雇员公平的和更够生活的薪水。

3. 非政府组织有时会对公共部门的职员支付额外报酬，即为补充其获得公共部门之外的薪水，目的是保证其能够完成约定的工作。但是一般说来，非政府组织应该避免这种做法，因为会产生不平等、增加现存职员的重担和不能为卫生部门增加新的劳动者。

4. 非政府组织承诺限制外国雇员和国民之间、乡村和城市之间、部门之间和非政府组织工作人员之间的薪水支付的不平等。鼓励使用能够激励在乡村工作，而不提倡以性别为标准的不平等的薪水支付政策。

5. 非政府组织应该设置建立在雇员需求基础上的利益结构，至少可以仿照公共部门实践，包括退休计划。当公共部门的利益或支付机构不足够的时候，非政府组织会协助公共部门提高。

6. 任何给予外国雇员的特权也应该给予具备形似资质和责任的国内雇员，如获得从工作地到家的出行方式的机会。

第三条　非政府组织承诺创造和维持对他们工作所在地国家有利的人力资源培训和支持体系

非政府组织承担增强培训卫生工作者教育机构及提供在工作中不断教育的目标。工作地和其它短期的为卫生工作者提供的培训项目经常偏离工作者的日常责任，应该从整体上提供尽可能的利益。

1. 非政府组织应优先对长期的岗前教育和培训项目投资，特别是在能够有持续利益的国内大学。

2. 在卫生工作者稀少的领域，非政府组织应该采取能够在其行为地国家不断增加职业者数量和能力的措施。

3. 非政府组织应该在广义上对卫生部的服务和管理提供培训。实现向国家工作者转移技能和使其最终具有足够建设能力来满足国际非政府组织需要的目标。

第四条　非政府组织应该为政府卫生部减轻管理重担

非政府组织认识到政府没有足够的资源组织他们自己国内事务的重担，而还必须同时兼顾一些多种重担，有时是来自一些其他国家救助组织的竞争。

1. 在认识到在 2005 年巴黎有效救助高层次论坛上对捐赠者的承诺和多种部门间在计划、教育和协调领域的方法，非政府组织承诺在国家部门之间采取有意义的和共同的计划。

2. 非政府组织承诺尊重国家和卫生部门的优先权、劳动和个人政策。这些政策包括有关项目和地域资源的有效使用，特别是能够促进卫生工作者的更广的分配和促进服务的获取。

3. 非政府组织承认卫生部的管理能力经常是有限的。除了围绕不足能力建设平行或者围绕机构之外，非政府组织承诺增强政府有效行为的能力。这种实践可以使非政府组织成为导致政府服务的支持人员。

第五条　非政府组织应按照他们参与社区的方式支持卫生部

非政府组织在充当公民社会组织和政府机构之间桥梁中发挥了很重要的作用，特别是在人民遭受到他们政府压迫的国家。

1. 非政府组织应该增强社区为他们的卫生发展承担责任和掌握所有权的能力，在卫生系统中作为为人权义务负责的政府的合作伙伴。

2. 非政府组织应该把他们与社区的工作记录下来并且通知东道国政府其计划和优先权的设置。在分享信息的时候，非政府组织应该保卫与他们一起工作的个人的隐私，包括职员和病人。

3. 在与受到压迫的社区一起工作的地域，非政府组织应该保护当地人民。

第六条　非政府组织应该倡议促进和支持公共部门的政策

非政府组织应该积极的向公民社会、当地组织和捐赠者倡议能增强整个卫生体系的政策和项目。非政府组织应认识到垂直项目和选择性方法会使在卫生系统的不平等恶化，并且忽视卫生的决定性情况。我们也承认资金制约可以限制或者扭曲政府花费和优先权。这些不必要的限制会为卫生和发展持续制造障碍，是不公平和不平等的。

1. 非政府组织应增强和支持，而不是替代，政府在决策中的角色。非政府组织应该通过鼓励在发展政策和设置资金优先权中的参与，支持公民社会在政策领域中发出声音。

2. 非政府组织应该承诺倡导移除横亘在公共卫生系统扩大和促进前的政治、意识形态和财务障碍，包括不必要的限制财务和金钱政策及有国际金融组织强压的工资账单。

3. 非政府组织应该和他们的卫生部同僚共同抵制国际货币基金组织、世界银行和其它限制政府在卫生或者教育领域贷款条件的领导者的有害的政策。

4. 非政府组织承诺设计他们的活动和项目的时候，能够增强初级卫生保健、促进平等和社区参与，是可复制的并且总是在财务上是可持续存在的。

5. 非政府组织也应该倡议捐赠者在全面国内优先权服务中支持一般卫生系统的增强。

6. 非政府组织应该和其它商业组织一样，在他们行为地国家遵守国家劳动法并且为他们的收入和资产纳税。

互动会私人志愿组织标准

⫿⫿

■ 引言

根据 1992 年的适用于成员之间的协议，所有的现存的和未来的互动会成员组织必须遵守 1994 年 1 月通过的《私人志愿组织标准》。在每个日历年的年末，每个互动会的成员被要求审查标准和巩固他们的遵守。

当私人志愿组织的海外工作在范围和影响上都有了急速猛进的发展之后，为了保证和增强对成员组织和他们进行项目的整体性、质量、和有效性的公共信任，本标准被设立。互动会和其成员机构设置了财务、运作和道德标准，这些道德和目标标准使互动会的成员区别于其他的慈善组织。确实，互动会的私人志愿组织标准超过了原来使用的标准。

一些历史：本标准在 1989 年召开的互动会执行委员会的一次会议上被制定。肯尼斯·菲利普（Kenneth Phillips），当时的救助儿童组织的主席，督促互动会形成一系列的道德标准，包括治理、财务报告、募集资金、公共关系、管理行为、人力资源、公共政策和项目服务。在承认互动会成员项目日益增长的规模和影响与成员公开承诺作为社区的基础上，制定该标准作为保证公共信任的可信赖的方式。

在 1990～1992 年，代表了互动会多部门的私人志愿组织标准委员会多次开会并且把该标准的几次草案送给所有的成员。标准在 1992 年 11 月 5 日召开的互动会董事会议上被全票一致通过。自我认证开始于 1993 年，需要每个互动会成员的首席执行长官和董事会主席确保其机构遵守议定的标准，当该标准没有被遵守时，其要指出为了承诺遵守该准则要采取什么步骤。自我认证程序要继续保持在选定的私人志愿组织标准委员会和成员之间的积极对话。如果需要更多的信息请参考《互动会私人志愿组织标准解释指南》和《成员指南》。另外，互动会具有可供成员使用的相关材料的资源中心。

互动会特别要对菲利普表示感谢，其在 1990 年 11 月~1992 年 11 月期间被选为互动会董事会和执行委员会的主席，对其指引公开程序保证互动会成员的全面参与的努力和有技巧的方式表示感谢。

我们也向私人志愿组织标准委员会的顾问，巴克利尔·阿金斯，其在指引整个过程中的努力一直延续到今天，他与成员组织共同工作的能力、形成早期的文本并且解释议定的程序对该重要的区域是非常有帮助的。

互动会骄傲的把标准通告给整个私人志愿组织社区、媒体、捐赠者和整个国际社区。我们要向洛克菲勒兄弟基金会，特别是其项目执行官威廉·伍德，为其在促进这一重要进程中的财务支持和领导表示感谢。

互动会的私人志愿组织标准已经直接和重要地影响到加拿大、日本、亚洲、东欧和中欧相似组织标准的设置过程。因此，除了增强我们自身组织成员的公共信任，我们很高兴的注意到互助会在促进其它一系列国家增加、使用公开和透明的财务、运作和道德标准中的领导作用。

本标准中的物质协助部分已经形成和修改了数年，需要成员组织在提供物质协助的时候遵守该标准。

事物协助标准在 2012 年 3 月 1 日被加入标准，教育物质标准在 2012 年 12 月 4 日，衣物标准在 2013 年的 3 月 2 日被加入，每个标准都作为组织在处理事物、书籍和教育材料或者衣物的资源。他们作为指南针，为了鼓励互动会的成员在任何可能的时候遵守行业的最好实践。

■ **互动会私人志愿组织标准**

一、序言

1. 互动会，作为美国私人志愿组织的一个会员协会，是为了增强其成员参与国际人道主义救助努力的效率和职业能力。

2. 互动会在执行其使命时遵守最高道德标准。我们承诺鼓励职业能力、道德实践和平等服务。

3. 每个成员组织都应该遵守这些有关治理、志愿者加入、从私人部门获得支持、募集资金、服务和项目的独特标准，保证其能被准确的描述为私人和志愿组织。

二、治理

1. 成员组织应该被一独立的董事会和经正当程序组成的执行委员会公正、公平和负责任的管理。

2. 每个组织应该具有一个无报酬的、独立的、积极的和正式的董事会。董事会应该具备确定董事会会议的频率（至少每年 2 次）和保证董事会成员的充分参与（至少过半）的政策。董事会可以指定一个具备制定政策权力的执行委员会。董事会应该具备限制具备董事会投票权成员的雇员的数量，提供董事会成员与另一个成员、成立者或者执行董事相关联的限制，并且设置董事会成员和办公人员任期的限制。

3. 董事会应该采纳禁止董事会成员、雇员和志愿者之间直接和间接利益冲突的政策。董事会成员、雇员和志愿者应该使董事会知晓其作为真正的或者潜在获取与服务的供应商、捐助资金的接受者或者具备竞争或者冲突目标组织有附属关系的情况。董事会成员和雇员应该不能讨论、参与、或者参与投票与其有利益冲突事项的决定过程。向董事会成员或者职员提供大型的或者不恰当的礼物用作个人使用的行为应该被禁止。

4. 虽然董事会可以向职员派遣任务，但是其必须承担组织全面治理的最终责任。

5. 董事会应该批准年度预算、制定独立的审计者、接受年度的审计财务陈述和指定审计委员会审查财务陈述和组织的活动。

6. 董事会应该采用保证任何成员不因种族、肤色、国民来源、年龄、宗教、残疾或者性别而被排除参与组织之外、被拒绝获得组织的利益或者被组织所歧视的政策。

·每个机构应该形成书面政策保证其在组织结构、职员和董事会组成中的对性别平等的承诺。

·每个机构应该形成书面政策保证其在组织结构、职员和董事会组成中的对道义和种族多样化的承诺。该政策应该以与其使命和服务人民利益相符的方式被完全地行使在组织运作中。

·每个机构应该形成书面政策保证其在组织结构、职员和董事会组成中的包容残疾人的承诺。该政策应该以与其使命和服务人民利益相符的方式被完全的行使在组织的计划和运作中。

7. 所有的活动应该在先行法律允许的范围内进行。

三、组织正直性

1. 成员组织应该正直地可信任性地处理各种事项。组织的活动应该保持公开使捐赠者能够进行监督，但是个人事项和专有信息除外。

2. 每个组织都应该具备其董事会成员、雇佣者和志愿者必须遵守的书面行为标准。

3. 组织应该具备处理控诉程序和禁止报复告密者的政策。

4. 组织应该在其任何行为中反对和禁止从事错误行为、恐怖主义、腐败、受贿和其它财务不端或者非法行为。如果在其董事会、雇佣人员、合约者和志愿者的行为中，无论何时何地发现错误行为，组织都应该采取迅速的和坚定的改正措施。尽管可能存在着与原来相反的实践，但是道德标准应该存在。

5. 在所有的活动中，成员应该尊重其所有服务对象的尊严、价值观、历史、宗教和文化。

6. 成员应该承认其所有活动对私人志愿组织社区所带了的公共影响，并且其承担了促进公共信任的重大责任。

7. 组织应该具备保证在官方调查中对档案进行保护的保留和损坏政策。

四、财务

1. 成员组织的财务应该以保证合理使用资金和向捐赠者负责的方式使用。

2. 组织应该具备由独立的有资质的公共会计进行的年度审计财务陈述。审计的财务陈述应该按照美国注册会计师协会和美国财务会计准则委员会制定的被广泛接受的会计标准和要求进行。审计员应该向董事会董事出具管理信件（年度收入在十万美元以下的组织无需具备独立的审计员）。

3. 组织应该每年向美国政府完成和提交 990 表格（宗教组织按照法律可以免除该义务）。

4. 财务年度陈述应该提供给任何经过合理书面申请程序的申请人。

5. 包含组织目的的陈述、所有或总结的财务陈述、所有项目活动的描述、组织工作的结果和现在董事会成员的信息在内的年度报告，应该按照书面或口头的申请提交。

6. 组织的所有筹款和行政花费应该满足机构的最低限度的需要。行政花费、筹款、和项目服务花费的分配应该反映组织的目的、真正的活动和普遍接受的会计原则。

7. 组织应该执行由董事会通过的预算。它应该从接受资金时到资金在项目或者服务中被使用为止对资金负责。它应该对资金的花费实施足够的内部控制，避免发生没有授权的花费。组织不能有秘密资金并且禁止任何向董事会成员和职员提供没有审计的交易或者贷款。

8. 捐赠物应该按照在募捐呼吁中明示或者暗示的方式或者按照捐赠者的申请使用。如果资金不能按照该种方式进行使用，他们应向捐赠者归还资金，或者捐赠者建议改变计划使用的方式或者给予请求归还捐赠物的机会。组织应该按照捐赠者的意愿或者要求处理该资金。资源不能用作党派影响或者个人所得的工具。

9. 国际汇率应该使用现行法律，获得政府的同意和并被清楚的记录。

五、向美国公众的交流

1. 成员组织应该承诺对有关其目的、项目、财务和治理的信息进行全面、诚实和准确的披露。

2. 募集资金应该是真实的；应该正确的描述组织的身份、目的、项目和需要；应该仅作出组织可以实现的承诺和应避免向捐赠者施加压力的工作方法。不使用遗漏材料、夸大事实、不使用误导性的图片，也不能使用可能制造错误印象或者误解的交流方式。组织募捐呼吁中的信息应该给予募集资金将要用于项目的全面描述。组织不能使用负面的广告或者批评任何其他组织使自己受益。

3. 组织的交流应该尊重其服务人民的尊严、价值观、历史、宗教和文化。他们对待其服务对象的人力或物质需要既不能做缩小陈述也不能夸大。

4. 如果组织意欲出卖、出租和互换捐赠者的名字，其应该在打算这么做之前通知捐赠者，使他们在出卖、出租和互换之前能够做出从名单中移除的选择。

5. 如果组织从事募捐或者相关的营销活动，用于慈善的资金应该在该活动之前或者在进行过程中被明确的描述。

6. 组织应该控制所有的代表他们进行的募集资金活动。所有的募集资金活动和协议应该以书面形式作出。

7. 参与到募集资金和公共关系中的职员应该符合募集职业委员会和美国公共关系社会的标准。

六、对行为和人力资源的管理

1. 成员组织应该努力的进行与其使命、运作和治理机构相符的最优管理实践。

2. 成员组织应该按照正在进行的策略计划和变化的社会环境，对其使命和运作进行有周期性的审查。

3. 成员组织应该具备所有包括来自国内外雇佣者和志愿者的明确的、设置完备的书面政策和程序。

（1）这样的政策应该清楚的设定和保护被雇佣者的权利，保证被雇佣者在所有的事项中被公平对待。

（2）雇员的利益应该被明确的描述和进行交流，并且组织应该制作保护其尊重雇员义务能力的财务安排。

（3）组织对雇员的期望应该被明确的设置并且与雇员进行交流。

4. 成员组织应该招募、雇佣、培训、职业发展和促进具有促进性别和少数种族平等、多元化、多样化等坚定行为的政策和程序。

（1）促进性别平等。

·性别意识应该完全地融入到组织在各个层次职员的人力资源发展项目中，促进组织的效率、促进非歧视的工作关系和尊重在工作和管理活动的多样化。

·机构应该努力的增加在总部的高级决策制定程序中、董事会和在目前代表权低下的咨询群体中的妇女的数量。

·对雇佣和个人评估政策和实践的一个重要标准将是对性别问题和性别平等的承诺的理解。

·每个机构应该实施有关友好家庭的政策，为了使妇女和男人能够平衡工作和家庭生活创造环境。

·机构应该具备为平等工作提供平等报酬的政策和实践。

·项目和高级职员应该培训在项目计划、实施和评估中的性别分析。

（2）促进多样化。

·性别意识应该完全地融入到组织在各个层次职员的人力资源发展项目中，为了促进非歧视的工作关系、尊重工作和管理类型的多样化和创设支持多样化的组织文化。

·组织应该在代表率低下区域、在总部的高级决定作出的程序中、在领域中和在董事会成员中提高道义和种族的多样化。

·在雇佣和个人评估政策和实践中一个很重要的标准将是宣布对多样化问题的理解和承诺。

·组织应该具备为同等工作提供同等报酬的政策和实践。

（3）促进残疾人权利。

·组织应该在代表率低下区域、在总部的高级决定作出的程序中、在领域中和在董事会成员中提高残疾人的参与。

·为了增强在组织文化中的多样化，残疾人参与的意识应该完全地融入到组织在各个层次职员的人力资源发展项目中。这将会提高组织的效率、促进非歧视工作关系并在工作和管理类型中产生对多样化的尊重。

·成员应该努力地招募和保留具备职业能力和承诺服务的职员。

七、项目

1. 普通项目标准

（1）成员组织应该促进自我依赖、自我帮助、普遍参与和可持续发展以避免依附。

（2）来自受影响群体的参与者应该最大可能地对项目和计划的范围、实施和评估进行负责。

（3）成员应该优先考虑与地方和国内组织及团体共同工作，当他们不存在时鼓励他们的设置或者在他们存在时加强他们。

（4）在项目活动中，成员应该在社会经济和公民政治中尊重和促进人权。

（5）成员组织应该尊重他们服务对象的尊严、价值观、历史、宗教和文化。

（6）成员组织的基本担心应该是受影响群体的福利和成员组织的项目应该没有任何的政治、宗教、性别或者其它歧视的对处于危险之中的人进行帮助，并且要把优先权放在增强最易受伤害群体上，如妇女、儿童、少数种族、残疾人和极端贫困之人。

（7）在可能的时候，项目应该促进妇女地位的保证和她们权利获得的实现。

（8）在计划项目和活动的时候，成员组织应该考虑对东道国产生的全面的潜在影响，包括增强当地机构或者组织吸收具备建设性财务和其它贡献能力的潜力，并且在资源超过能力的时候，创造新的辅助机构，如受当地控制的基金会、考虑到在将来使用项目的影响、对当地生产的货物和服务的需要和市场的效果、个人和社区权力的潜力及对自然环境和生态的效果等。

（9）成员组织应该具备评估其项目和计划质量及数量的程序。这些程序应该致力于使用输入捐赠物的效率和输出贡献物的效率，即致力于对项目参与者的影响和实现这些影响花费的关系。

（10）成员应该与项目参与者、其它机构、捐赠者和其它的接受服务之人分享项目知识和经验。

（11）成员应该在他们活动的区域遵守职业标准。

2. 促进性别平等

（1）与其使命和服务社区保持一致，成员组织应该创设首席执行官职能促进和监督在项目中实施性别平等的机制。

（2）性别意识应该适用于项目进程中的每一个阶段，从项目提议的审查到实施和评估，保证项目促进男人和女人的参与及利益。成员应该在这些努力的领域与当地非政府组织合作组织进行协调。

3. 促进多样化

（1）与其使命和服务社区保持一致，成员组织应该创设首席执行官职能，监督并在项目中促进多样化的机制。

（2）在合适的时候，多样化意识应该适用于项目进程中的每一个阶段，从项目提议的审查到实施和评估，保证项目促进所有受影响群体的参与和利益。成员应该在这些努力的领域与当地非政府组织合作组织进行协调。

4. 促进残疾人参与

（1）与其使命和服务社区保持一致，成员组织应该创设首席执行官职能，监督并在项目中促进包容残疾人的机制。

（2）包容残疾人的意识应该适用于项目进程中的每一个阶段，从项目提议的审查到实施和评估，保证项目促进所有受影响群体的参与和利益，包括残疾的男人、女人和儿童。成员应该在这些努力的领域与当地非政府组织合作的组织进行协调。

（3）成员组织的项目和活动应该尽最大可能的在可进入的区域进行。组织应该以可实行的方式提供培训和会议材料。成员机构应该在成员项目和活动中为残疾人提供经济合理的食宿。

5. 紧急情况、公民冲突和灾难应对

（1）成员组织应该尽最大的努力保证在非歧视的基础上提供协助。尽最大的可能给予救助，灾难救助应该按照人道主义和非政治的方式进行。

（2）涉及到灾难救助的活动应该受到《人道主义宪章和赈灾救助最低标准》的指引。

（3）为了保证采取迅速而有效的方式分配资源和避免努力的重复，成员组织应该在为了受灾人民利益的赈灾过程中与地方和国际人道主义组织合作。

（4）参与赈灾的机构应该受到互动会下列文件的指导：《国民职员的安全》、《良好实践和安全风险管理》、《非政府组织方法》。

6. 最低的运作安全标准

（1）成员应该在致力于这些问题中的区域层次和总部层次实施关键的安全问题和正式加护政策。

（2）成员应该具备为满足这些最低运作安全标准的可获得的合适资源。

（3）成员组织应该实施合理的雇佣政策和个人程序，使职员能够在他们执行任务时应对安全问题，并致力于在他们执行被指派任务中提供支持。

（4）成员应该在区域和总部层面的管理体系中实行安全问责。

（5）成员应该与其它的人道主义救助和发展社区的成员进行合作实现他们的共同安全利益。

7. 移民和难民的救助

（1）成员组织对移民和难民事项的救助应该受到1951年《联合国公约》和1967年《关于难民地位的议定书》的指引。

（2）在美国难民移民安置和计划项目中比较活跃的机构应该遵守共同同意的统计局人口、难民和移民参与者指南。

8. 对性剥削和性虐待的保护

（1）成员组织应该有责任保证受益人应该以有尊严和被尊重的方式被对

待，并且遵守特定的最低行为标准。为了预防性剥削和性虐待，下述核心原则应该制定在行为准则中被成员机构所采纳。其应被承认适用包含这些核心原则的行为准则是保证所有的受益者被保护应该采取措施的第一步。

（2）成员组织的职员进行的性虐待和性剥削应该被认为是构成了重大错误行为，并且可以作为终止雇佣关系的原因。

（3）成员组织的职员与儿童（不满18周岁）的性活动是被禁止的，而不管当地同意的年龄是多少。辩护说对儿童年龄的误信是不被接受的。本原则唯一的例外是职员与不满18周岁的人缔结了合法的婚姻的情况。

（4）使用性、性帮助或者其它侮辱性的、有辱人格或者剥削的行为换取金钱、雇佣、货物或者服务，甚至包括对受益人的帮助的行为，是被禁止的。

（5）坚决不鼓励成员职员和受益人之间存在性关系，因为他们之间存在着自然的不平等的权利动机。这样的关系会降低人道主义救助活动的可信度和正直性。

（6）当一个职员对同事产生了性剥削或者性虐待的担心或者怀疑时，不管是否在同一个机构，其应该向已设立的机构报告机制报告该担忧。

（7）成员职员应该有义务创设和维持禁止性剥削和性虐待的工作环境，促进他们行为准则的实施。在各种层次的管理者均负有支持和形成维持该环境体系的特殊责任。

9. 发展

参与到发展援助中的成员应该受到由被承认的机构制定的有关他们部门领域进行约束的标准的指引。例子可以包括但是不限于下述：被世界卫生组织指定的《饮用水质量指南》、世界卫生组织的《住房和卫生：行为规划》、联合国儿童基金会的《有关儿童生存、保护和发展的世界宣言》和美国教育联盟的《所有人学习：进行国内和国际教育会议报告》等。

10. 赞助儿童

（1）参与到儿童赞誉的互助会成员机构使用一系列的以儿童为中心的方法，促进不同文化和经济背景的人民的共同受益和支持关系。他们的项目可以促进自我依赖、自我帮助和广泛参与。他们应该有顾虑地更新每个受助儿童的地位，以及报告参与到项目中受赞助儿童的重大变化。他们应该受到《联合国儿童权利公约》中原则的指引。

（2）通过儿童赞助产生的资源应该以在呼吁中描述的项目及目的相符的

方式使用并对其承担责任。当通过提议、正在进行的交流，赞助者承诺或者暗示适用于特殊的儿童，成员组织应该具备程序使受助儿童能够从受赞助者资金支持的项目中获益。

（3）从事赞助儿童的成员应该采用保证受助儿童和他们的家庭成员以不同的方式从捐赠者贡献中获益的政策和实践。

（4）致力于把捐赠贡献物用来支持关注儿童社区发展计划的成员组织应该保证受赞助家庭中的儿童作为这些项目的首要受益人。

（5）在他们的营销材料中以承诺或者暗示的方式使受赞助儿童获益的成员，应该具备受赞助家庭中的儿童接受广告中的利益。

（6）成员组织不能故意地赞助已经接受另外一个赞助机构赞助的儿童或者家庭，也不能为一个儿童寻求一个以上的赞助者，一但出现这种情况要与赞助者进行明确的交流。

（7）其首要关注区域不是儿童赞助项目的成员组织，不能把赞助仅仅作为募集资金的工具，但是他们可以寻求使他们所得的赞助项目与机构整个的使命和目的保持相符。

（8）成员组织应该具备尊重受赞助儿童和他们家庭的隐私及尊严的政策和程序。成员组织应该确保捐赠者不从受赞助家庭获得不正当的利益。

（9）成员应该在营销中和广告中保持可信任性。

（10）营销材料应该在这些材料中对家庭和儿童做出的准确而真实的描述。在促进呼吁和营销材料中使用募集资金的音像材料应该是真实的反映成员现在的工作。如果使用历史资料，该资料的环境和年度应该在呼吁中被清除。

（11）把赞助的贡献物用于支持关注儿童的社区发展项目中的成员应该在所有的赞助营销材料中注明该实践。

（12）成员应该向捐赠者明确地界定他们向受捐赠儿童所提供的利益，并且有周期性的向监督者进行交流用作监督和评估这些利益。

（13）参与关注儿童社区发展项目的成员组织应该明确地界定和公开为建设与社区关系、通过参与项目和计划的制定使社区获得权力的既定标准。

（14）成员组织应该具备在区域层次上，不管是用过区域办公机构还是通过与当地区域的关系，具备提供财务和执行监督的能力。他们应该具备监督和评估正在进行项目的政策和程序。

（15）参与儿童资助的成员组织应该在儿童赞助项目和关注儿童社区发展活动中具备支持包容残疾儿童和他们家庭的政策。

11. 发展教育

（1）关注发展教育的努力应该承认美国公众在承认全球合作和对所有的社会福利的影响，并且在全世界形成支持有创造性美国的选民的影响。

（2）参与到发展教育的成员组织应该受到《私人志愿组织的指南：对非洲教育的发展、公共信息和募集材料的协助》的指导，并且在世界的其它区域进行合适的采用。

（3）成员组织应该在募集资金和发展教育之间进行明确的区分，特别是其财务报告要遵守美国注册会计师协会就有关这些活动花费的分配的相关标准。

12. 物质帮助

（1）涉及到紧急状况和物质帮助的项目应该在最大可行性的基础上，以能够支持和增强当地专有技术和生产力、减少对未来灾难的易受伤害性和为长期的发展设定基础的方式进行。

（2）使用物质帮助的成员应该保证这类的协助与组织的基本使命和目的有关，并且与当地的需要相符合才能够被接受和分配。任何物质帮助的捐助应该根据互动会一般项目标准进行。所有的捐赠资源应该在装船和运送到合适位置之前得到接收人的同意，并且捐赠物品的质量应该符合来源国和使用国的双重标准并且建立在当地需要的基础之上。

（3）涉及到物质捐助项目的成员应该采取措施缓和由物质捐赠带来的负面效果，如对当地市场的冲击、为非人道主义目的的分配、对受益人的依赖或者由于处置没有使用或者抛弃物品所带来的环境损害。

（4）对于指引成员组织在物资捐助活动的职业标准应该下列资源中找到：世界卫生组织的《药物捐赠指南》、福音救助与发展联合会的《应对紧急状况半球标准》和《紧急状况物资救助标准》及《质量医疗捐赠合伙关系的指南》等。

（5）成员组织应该具备清楚描述评估和审计方法的使用物质捐助的政策，保证协助的价值被正确地描述。评估捐赠物的基础和方法应该按照美国国税局的要求和美国财务会计准则委员会的指南进行，并且要披露组织审计的财务陈述。因为评估物质协助的技术复杂性，成员组织被鼓励形成详细的和透明的评估政策。为了增强物质捐助物产生的计划性利益的可信度和缓解物质捐助被审查的特殊风险，成员组织应该寻求能够在解释公正价值中作出合理的判断和在决定价值的时候选择资源数据的评价方法论。为了记录收入和花费，物质捐赠应该在捐赠做出的日期开始被公正评估其价值。捐赠物不能被成员的财务考虑不正常影响。对于公正价值的判断的重要指南可以在美国财务会计准则委员会的网站中找到。

（6）成员组织应该保证与物资援助有关的兼职应该与期间所发生的花费保持相关，而不是仅仅是涉及到货物的价值。这些花费应该与支出手续费的组织进行交流。物资捐助只能用作捐赠人打算使用的目的，而不能用作与捐助礼物不相关的目的。并且对于所有物资捐赠的交易都应该被正确的记录。成员组织应该保证具备预防物资捐助被用作交换、贸易和出售的内部政策和控制。

（7）成员组织应该遵守所有相关的美国出口法律，包括但是不仅局限于财务部门、商业部门和司法部门及美国《爱国者法案》中的法律与规章制度。成员组织应遵守有关出口和进口的法律，并且为接受组织在进口过程中提供必要的支持。

（8）更多的有多物资捐助的指南可以在以下 13 中的医疗资源中找到。

13. 药物和医疗资源

（1）组织成员的行为：对于药物和医疗资源，成员组织应该以与既定使命和非歧视的实践相符的方式进行，不能威胁到病人的安全并能够清楚的描绘由成员组织其接受者发生的花费。

成员组织应该按照世界卫生组织的药物捐赠指南和必需药品一览表指南进行。

（2）接受者的权利：成员组织应该受到有资质的东道国接受者表达的需要的指引。有资质的接受者可以是合适的政府机构或者有资质的私人部门机构，如国内或者国际非政府组织、当地医院、社区健康中心。药物在没有获得接受者同意之前不能进行发送。

（3）资源的合适性：所有的捐赠物应该建立在明确需要的基础上和与接收国家的疾病类型和消费比率保持相关的基础上。

·所有的捐赠药品或者他们的类似物品，如果不是被接受者特殊要求，应该在接受国被同意使用并且出现在国家必需药品的名单上，或者如果不能获得国家名单，也必须出现在世界卫生组织的必要药品的示范一览表上。

·捐赠药品的描述、效力和组成部分应该和在接受国经常使用的药品相似。

·当做出药物和其它医疗捐赠的时候，成员国应该保证接受者应该有足够使用捐赠药品的能力。

·所有的捐赠药品应该从可信赖的资源获得，并且符合来源国和使用国的双重质量标准。

·提供给病人的药品后又回到医疗室，或者作为免费样品给予健康职业者手中的药品不能被捐赠。

·到达接受国之后，所有的捐赠药品应该至少还有一年的保质期。如果存在例外，最后负责的职业者应该被告知药品失效之前的数量和剩余的保质期。在所有的情况下，药品的到达期限、失效期限和药品的数量应该提前通知给接受者。

·成员组织必须具备陈述捐赠药品在失效日期之后不能被接受者使用的政策。成员组织也应该具备按照施行的环境标准和规章制度处理没有被使用的药品的政策，并且成员组织应该与接收者设置预先的政策，即由谁来承担捐赠药品没有被使用而需要处理时的花费。有关该事项的重要指引可以在以下引用中发现：世界卫生组织的《紧急状态前后没有被使用药品的安全处理指南》。

·所有的药品应该使用被接受国家的卫生职业者能够较为容易理解的语言进行标示，在每一个单独容器的标示上至少应该使用国际非专有名称或者通用名称、批量号、剂量、效力、制造商的名字、容器的数量、储存条件和失效日期。

·成员组织应该具备允许成员和其接受者对捐赠物品进行召回的体系。

（4）有效处理和运输的保证：捐赠物的运输和运送是成员组织的责任，并且要尽可能地对东道国接受者造成较小的损害。捐赠成员应该通知接受者有关接受者和捐赠成员之间设置的有关捐赠药品的关键物流信息。

·捐赠药品应该按照合适的单元尺寸和包装形式进行运输。

·所有的药品捐赠应该按照国际装船规章制度进行，并且要伴有详细的确准每个运输单位的包装信息，如国际非常用名称、剂量、数量、过期日、容量、重量或者任何特殊的储存条件。每个纸箱的装船重量不能超过 50 千克。除非接受国同意，药品不能在同样的纸箱中与其它的供应物品混装。

·国际和地方运输、仓储、港口清关、和其它恰当的储存和处理花费应该由捐赠机构支付，除非在事前与捐赠者有相反的约定。

（5）活动的评估：成员组织应该保存有关所有捐赠物的处理和使用的档案。

·成员应该保存评估潜在药物捐赠的书面政策和程序保证他们满足恰当的计划、医疗、文化和道德标准。

·所有的捐赠物应该具备有关产品价值、发明、接受者的批准、运输者和最可能的消费的档案。

14. 食物援助

（1）食物援助分配的标准。成员组织应该评估和考虑当地食物物品资源的可获得性、当地购买和运输食物对当地的生产和市场体系具备的影响。成员组织只有在亟需的时候应进行食物援助的免费分配，即当食物援助是需要维持生命、减少和预防在食物不稳定区域的营养不良。具备激励性质的食物分配，即为了教育和为了工作进行分配食物，则不在这些事项的限制之内。

食物援助应该是针对亟需的群体，并且要尽可能的停止。当免费的分配食物变得必要的时候，当地购买、文化适当、限量供应都应该在尽可能的时候被应用。不管是当地还是区域性的购买和进口食物都应该避免产生对当地食物生产产生冲击和对当地的市场产生负面影响。当进口食物援助的时候，成员组织应该保证食物援助供应的人口应该是生活在急剧贫困的人们（每日的收入少于2美元）并且对市场的份额产生很小的影响。另外，需要的急切性和仔细的供应将极大的减少出卖接受的食物援助的几率。

（2）食物捐助政策和遵守。成员组织应该分享能够为提高食物捐助效率做出贡献的技术和运作信息。成员组织应该设置并有规律地审查能够解释使用捐赠食物作为项目资源的目的的政策，应该了解使用食物的内在责任和义务。政策应该遵守《全球计划：人道宪章和灾难相应最低标准》中规定《互动会食物援助指南》、粮农组织或卫生组织粮食法典标准和互动会成员组织的最好实践。

（3）食物援助供应计划。成员组织应该在对人们所需的能量、蛋白质、脂肪和微营养进行调查后，制定其自己的食物分配供应（在捐赠者没有指定时）。成员组织应该在满足受影响人口的需要和对可获得食物资源平衡的情况下决定对食物的分配。

（4）食物援助的合适性和可接受性。成员应该提供对接受者合适的和可接受的食物。成员组织应该避免在分配食物时，造成对受益人的文化和宗教传统的不尊重。如果购买到的有营养的食物不是受益人日常饮食的一部分，则应该提供准备符合现行文化的食物的合适教育。成员组织应该避免在没有考虑到营养价值或者富含导致健康问题的元素，如糖分、特别是以糖代替食物的情况下，而单纯的分配食物。

（5）食物援助的质量和安全。成员组织应该按照国际标准和接受国标准，提供具备合适标准和适应人类消费的食物。如果接受国没有存在现行的成文标准，可推荐成员组织使用《粮农组织/卫生组织的粮食法典》。成员组织应该以透明和公正的方式迅速采取和处理由接受国提出的可能会影响接受者健康的有关食物质量的控诉。这并不包括单独的食物品尝行为。

（6）食物援助管理处理程序。成员组织无论在任何时候都要在家庭需要的基础上有效及安全地使用食物。在任何可能的时候，成员组织应该致力于解决食物捐赠接受者在储存、准备、烹调或者消费捐赠食物的困难，包括缺少烹饪工具、食用水和卫生设备以及准备食物安全方法的燃料等。

（7）食物援助供应链的管理。成员组织应该实施能够保证食物援助资源到达既定受益人的供应链管理体系。典型的食物供应链应该按照下述模式进行，并且允许在过程中有一定的灵活性：捐赠者－美国非政府组织受益者－国内主要的分配合作伙伴－第二分配伙伴－援助工作者或志愿者－最终的受益人。成员组织应该保证从捐赠者到最终接受者之间有关食物援助的正确运输途径（可以包括卡车、海外轮船和当地安排的运输方式）。根据食物的性质，也许会需要冷冻、熏蒸、检验和正确的进口文件，如接受国进口各种食物的许可证。为了有效地管理提供链，成员组织应该正确地收集有关最后分配措施的影响或者结果。成员组织应该保证在供应链的各个环节正确的提供分配报告，并且保证具有产品召回政策；成员应该能够成功地处理没有被分配食物的程序。食物供应链的管理和机构可以根据不同组织的文化表现各异，但是保证实现捐赠者被很好的通知和提醒其贡献物良好的质量则是所有的组织都是共同的。

（8）食物援助分配管理。成员组织应该保证食物分配的方法对于当地的条件是负责的、透明的、平等的和合适的。成员组织应该保证食物援助的接受者是通过与利益相关者协商的方式在评估需要的基础上被确定的。食物援助应该首先关注社区内最容易受到伤害者，如儿童、年老者、残疾者、及与当地群体和合作组织共同协商决定者，并且为了避免歧视和保证食物能够持续到达意定接受者必须经常进行监督。

（9）在灾难救助中的食物援助。当为应对灾难而提供食物援助时，成员组织应该与来自于联合国系统、当地社区、政府和当地非政府组织的正式咨询者和利益相关者进行合作，确定援助食物最合适的类型和数量、最有效的供应链管理和最需要食物供应的群体。

分配给与既定收益人与他们现在状况有关的牛奶制品或者替代品应该按照世界卫生组织或联合国儿童基金会的建议进行。

（10）食物援助和发展项目。成员组织应该在可能的时候，适用食物援助支持农业、水产业、动物养殖、渔业、教育和其它的社区发展项目，可以使接受者达到资金和能力的自我满足。

（11）捐赠食物的评估。有关捐赠物品的评估基础和方法，请参考第七部分的第 12 款的这些标准。另外，有关公正评估测量的重要指南可以参考财务会计标准委员会的网站。

15. 书籍和教育材料

（1）捐赠书籍和教育材料的目的。涉及到书籍和教育材料捐赠物的成员组织应该努力在捐赠活动中实现下述发展目标：扩大读者的文化和知识储备、鼓励知识在社区内广泛地分配、促进对教育原则系统的理解、支持国内教育目标的实现和全面地促进在公共领域的讨论。

（2）书籍捐赠物的标准。成员组织不能使用在市场上倾销的书籍，而应该提供从当地接受组织交流中获得的与需要有关的书籍。成员组织在运输之前应该进行监督，保证书籍是合适的，与当地或者国内情况保持相关，并且满足当地读者的需要。成员组织不能运输因过期而被处理的书籍、有错误内容或者犯罪内容或者违反进口印刷材料的国内法律和规章制度的书籍。

（3）捐赠教育材料的标准。成员组织应该保证捐赠的教育材料应该符合国内教育标准。接受组织应该发展与当地教育主管部门的关系，以确定什么样的材料是最需要的和欲达到的教育结果是最保持相关的。捐赠教育材料的样本应该送给接受国的政府监督教育的机构进行批准。教育材料只有在被要求的时候才能递送，并且不能控制任何社区的教育课程。成员组织应该努力地获得最新的印刷教育材料。

（4）捐赠书籍和教育材料的政策。成员组织应该分享对提高资源管理发展作出贡献的运作信息，这将扩大捐赠书籍和教育资料的效率。成员组织应该有规律地审查和评估内部政策保证当地或国内捐赠的书籍起到文化和教育结果，促进读者的巨大进步，并且不对当地印刷业造成负面影响。

（5）教育材料的分配。成员组织应该努力地使用或者形成与当地组织的合作关系，可以通过促进性别平等和通过为学校或者公共图书馆提供书籍使整个社区获益。当地组织应该亲密接触当地社区和他们的读者，可以与捐赠者交流阅读的需要。目的组织应该向捐赠者提供潜在阅读者、包括书籍的地方和社区阅读的需要的信息并且要求书籍。如果可能，书籍和教育材料的分配应该帮助其他的机构和组织。

（6）书籍和教育材料的条件。成员组织应该与捐赠者和接受者共同工作，保证仅仅捐赠新的书籍或者类似于新的书籍。在进行捐赠考虑的时候，质量大于数量。

（7）运输书籍和教育资料。物品应该为了符合运输条件被挑选、组织、确定、包装并进行贴标。为了避免损害，成员组织应该正确地进行保护来应对与天气有关的破坏。成员组织应该对运输内容有明确地列举，保持对目的国海关管理的透明和为目的组织提供准确的清单。

（8）接受书籍和教育资料。成员组织应该保证接受组织具备接受和分配运输给他们捐赠书籍和教育资料数量和类型的能力，包括对材料的装卸、储存和挑选。

（9）海关清关。成员组织应该为了满足接受国的要求加速海关清关并为受托组织准备所有的必要文件和信息。受托组织应该与国内的有权机构进行合作加速关税豁免和有效地处理海关程序。

（10）书籍捐赠物的评估方法。有关捐赠物品的评估基础和方法，请参考第七部分的第12条第5款的标准。成员组织应该具备组织政策设置遵守公认会计准则标准的连续评估的方法。

16. 衣物

（1）衣物捐赠物的目的。成员组织应该利用捐赠的衣物为捐赠者提供应对天气或者环境因素的体面和充足的保护，将会促进捐赠者对社会中包容和参与的自我尊严和自我尊重的意识。捐赠的义务应该用于支持有组织的当地项目活动并且与特定项目和组织的目标保持相关。

（2）衣物需要的评估。成员组织应该仅按照从当地接受组织获得的需要运输和分配义务捐赠。成员组织应该评估接受国家的地域和天气来决定正确满足需要衣物的类型。成员组织应该进一步评估对当地经济潜在的影响，不能移送对当地的国家和地方造成负面影响的衣物。在移送任何衣物之前，成员组织应该评估相关国内法律和规章制度，决定是否有禁止特定衣物进口的限制。

（3）衣物质量的需要。成员组织仅能接受和分配根据合理标准能够被穿的衣物捐赠。衣物捐赠，无论是新的还是被用过，都不能有损害，或者只有不影响衣物穿着的损害，并且不被很容易的区别开来。

（4）衣物的文化意识。成员组织应该在接受或向受益人移送捐赠衣物之前合理地考虑文化意识。文化意识应该在国与国的基础上进行考虑，在可能的时候考虑到当地的知识。所有捐赠的义务应该不能有攻击性的商标或者陈述，并且具备文化意识。成员组织不能接受具备攻击性的衣物，除非已经进行了合理的努力在没有对衣服的功能产生副作用的情况下已经去除有攻击性的商标或者陈述。

（5）运输衣物。成员组织应该正确地包装衣物进行运输，减少在运输过程中任何潜在的损害。必须为接受组织能够有效地分配进行合理地努力挑选和包装衣物。成员组织应该制作为目的国海关管理部门知晓的正确的运输内容的清单，并且为接受组织提供准确的清单。

（6）港口清关。成员组织应该为了满足接受国的要求加速海关清关并为受托组织准备所有的必要文件和信息。受托组织应该与国内的有权机构进行合作加速关税豁免和有效的处理海关程序。当运输衣物之前，如果有烟熏需要，则必须在装船之前进行决定。

（7）接受义务。成员组织应保证接受组织具备接受和安全储存衣物的能力。储存设施应该安全免于偷盗、结构能够充足保证避免衣物的损害和易于被监督。

（8）捐赠评估的要求。成员组织应该保证接受组织对包括紧急情况在内的当地条件进行评估，将会优先保证致力于紧急需要的分配。成员组织应该与其它非政府组织进行合作分配，减小不必要的重复和保证捐赠物的最大影响，特别是在紧急情况时期。

（9）物流的分配。成员组织捐赠物适应于当地的需要，并且使用最能有效满足他们目标的分配途径。成员组织应该保证合作分配机构能够遵守组织的政策和目标。

（10）衣物与受益人相关。成员组织应该根据单独受益人的合适情况分配衣物。成员组织应该允许有合理的原因优先满足个人需要，如果有足够衣物能够满足该需要的话。

（11）无歧视进行分配衣物。在进行分配衣物时，成员组织应该在种族、道德、性别、性取向或者宗教信仰的基础上保持非歧视。

（12）衣物捐赠物的评估方法。有关捐赠物品的评估基础和方法，请参考第七部分的第12条第5款的标准。成员组织应该具备组织政策设置遵守公认会计准则标准的连续评估的方法。

（13）为重新销售而捐赠的衣物。这些标准不被用作仅为在国内获取资金而捐赠衣物。这些标准也禁止在美国国内为了筹集项目资金进行出卖捐赠衣物、也不能出卖给国内的批发商、零售商、最终用户、或者海外的营利进口商，对捐赠衣物的重新销售成员组织应该向捐赠者保持透明。

八、公共政策

1. 成员组织应该具备描述其参与倡议、公共政策和游说活动的明确的政策。

2. 具备倡议和公共政策地位的成员组织应该具备组织批准的定义采纳和实施该地位程序的政策。

3. 成员组织进行的倡议活动、公共政策和游说活动应该具备非党派性质，并且应该遵守美国的非营利法案。

4. 意欲影响美国或者其它国家公共政策的活动应该根据个别成员组织形成的政策和在现行法律的范围内进行。

5. 在行使公共政策地位时，成员组织应该受到由互助会采取的公共政策地位的指导。

九、实施

1. 互动会的成员组织应该需要具备满足需要标准的自我认证机制。每个成员组织接受遵守标准的责任。满足标准的组织可以在其促进材料中提及该事实。互动会应该制作有资质组织的名单并且容易使公众获得。

2. 每年的 12 月 31 日，每个组织的董事会主席和首要执行官应该制作有关组织最新的年度报告和审计财务陈述，表明该组织是符合互动会的最高道德标准的。

3. 董事会将会选举成立私人志愿组织标准委员会，将由互动会的董事会成员和外部被承认的专家组成。标准委员会将有周期性地审查标准并且向董事会建议修改。

4. 标准委员会应该接受和处理对不遵守标准的可信的控诉。控诉应该是书面的，并且附有不遵守标准的可信的证据。有关的组织应该接受标有被控诉事项、可能的处罚和回应权利的书面通知。组织应该具有回应控诉、审查和回应由标准委员会审查的控诉和证据的机会。有关的组织也有权利派出代表出席标准委员会。控诉应该尽可能地保持机密，与审查的义务保持相符。

如果标准委员会认为组织没有对标准进行遵守，其将给与合理的时间做出实质努力进行遵守。标准委员会可以建议执行委员会对没有在合理的时间内遵守标准的成员组织的成员资格予以中止或者终止。

如果成员机构没有满足成为或者继续作为成员资格的标准，并且没有或者拒绝在合理的时间范围内修改这种情形，执行委员会可以以过半票数的方式中止或终止该组织的成员资格。任何被建议中止或者终止成员资格的组织都有权利在中止或者终止之前在执行委员会进行听证的权利。

在执行委员会作出错误决定的情况下，成员组织可以直接向董事会申诉。

标准委员会应每年向成员出具报告。

5. 上述 1、2、3、4 和本 5 标准对成员组织于 1994 年 1 月 1 日开始生效。任何对该标准有效日期的延迟或者适用于某一特殊机构的适用，应该由董事会进行投票进行决定。

6. 互动会的董事会成员应该根据参加董事会常规会议的成员经过三分之二的投票通过不时地进行增加或者修改该标准，并且要进行正确的通知。

7. 互动会应该在其主要办公地点设置一个资源中心，保存在互动会标准中提及到的所有被其它组织所形成的准则和标准的副本。

独立部门非营利和慈善组织道德准则

‖‖‖

一、个人和职业正直性

组织的所有职员、董事会成员和志愿者应该在作为组织代表进行的所有活动中保持诚实、正直和公开。组织应该促进鼓励尊重、公正和正直的工作环境。

二、使命

组织应该具备由董事会批准致力于追求公益的明确的使命和目的。支持该使命的所有项目、为组织或者代表组织工作的所有人都应该理解并且对该使命和目的保持忠诚。使命对组织服务的社区和选民保持负责并向整个社会负责。

三、治理

组织具备负责设置组织使命和策略指引的积极治理机构，并且负责组织的财务、运作和政策。管理机构：

· 保证其董事会成员或者理事具备执行他们职责必备的技能和经验，便给保证所有的成员理解和实现为了组织和公共目的的利益进行行为的治理职责；

· 具备利益冲突政策，保证任何的利益冲突或者表现都能够通过披露、取消资格或者其它的方式进行正确地处理；

·负责对首要执行官的雇佣、开除和有规律的审查，保证首席执行官的报酬是合理和恰当的；

·保证首席执行官和合适的职员向管理机构提供及时和全面的信息，保证管理机构可以有效地执行其职责；

·保证组织可以正直和诚实地处理所有的交易和活动；

·保证组织在互相尊重、公正和公开的基础上促进与董事会成员、职员、志愿者和项目受益人之间的工作关系；

·保证组织对所有的董事会成员、职员和志愿者的雇佣和升迁政策和实践是公正和有包容性的；

·保证组织的所有政策是书面的、被清晰地叙述和正式采用；

·保证组织的所有资源被负责和有责任地进行管理；并且

·保证组织具备有效执行其职责的能力。

四、法律遵守

组织应该了解和遵守所有的法律、规章制度和适用的国际公约。

五、负责的管理职责

组织和它的附属机构应该负责和谨慎地管理他们的资金。这应该包括下列的考虑：

·为了实现其使命，应该花费年度预算中合理的比例用于项目；

·应该具备足够数量的行政花费，保证有效的会计体系、内部控制、有能力的职员和其它旨在职业管理的花费；

·组织应该合理和恰当地向职员或者其它可能接受报酬的人支付报酬；

·募集资金的组织应该具备合理的募集资金的费用，承认影响募集资金花费的各种元素；

·组织不能过度积累运作资金；

·具备捐赠物品的组织应该谨慎地按照捐赠者的意愿提取捐赠资金用来支持组织的公共目的；

·组织应该保证所有的花费实践和政策是公正的、合理的并且对实现组织的使命是恰当的；并且

·所有的财务报告是真实和完全的。

六、公开和披露

组织应该向公众、媒体和所有的利益相关者提供全面和及时的信息，并且及时地负责应对对信息的合理要求。有关组织的所有信息应该完全和诚实的反映组织的政策和实践。有关组织的基本信息数据，如 990 表格、审查和汇编和审计财务报告应该公示在组织的网站上，或者以其它的方式使公众知晓。所有的募集资金的材料应该准确地反映组织的政策和实践，并且应该反映项目受益人的尊严。所有的财务、组织和项目报告应该是完全和真实的。

七、项目评估

组织应该有规律地审查项目的效率，并且具备把经验纳入将来项目的机制。组织应该致力于提高项目和组织的效率并且形成促进从活动和领域中吸取经验的机制。组织应该对活动领域中的变化负责并且对选民的需要负责。

八、包容性和多样性

组织为了提高其整体的效率，应该具备促进包容性和反映职员、董事会和志愿者多样性的政策。组织在其雇用、保留、提升、董事会招募和服务选民的过程中应该采取有意义的步骤促进包容性。

九、募集资金

从大众或者捐赠机构募集资金的组织应该保证他们募集资金的材料是真实的。组织尊重每个捐赠者的隐私并按照捐赠者的意图花费资金。组织应该向潜在的捐赠者披露重要和相关的信息。

在从大众募集资金时，组织应该尊重捐赠者的权利，如下：

·告知组织的使命、资源被使用的方式和为特定目的有效使用捐赠物的能力；

·告知其在管理机构进行服务的人的身份和期望董事会在履行其职责的时候进行谨慎的判断；

·获取组织最新的财务报告；

·保证其捐赠物用作其要求的目的；

·获得恰当的认知和承认；

·保证有关他们捐赠物的信息被尊重地处理并且按照法律提供的范围进行保密;

·期望与所有捐赠者发生关系的代表组织利益的个人都应具备职业素质;

·被告知寻求捐赠之人是否为志愿者、组织的雇佣者或者雇佣的捐赠者;

·具备使他们名字从组织打算共享的邮寄名单中删除的机会;和

·能够自由地在捐赠时提出问题,并且能够接受迅速的、真实的和直接的答案。

十、捐赠组织指南

作为捐赠者的组织具备实现他们使命的特殊责任。这些应包括以下:

·他们应该与寻求捐赠者进行在共同尊重和共享目标的基础上建立建设性关系;

·他们应与潜在的捐赠个人之间进行明确和及时的交流;

·他们应该公正和尊重地对待捐赠寻求者和捐赠个人;

·他们应该尊重寻求捐赠者在他们知识领域内的专业能力;

·他们应该寻求理解和尊重寻求捐赠组织的能力和需要;并且

·他们应该尊重寻求捐赠组织使命的整体性。

人权家庭网络组织行为准则

⫼⫼

1. 介绍

本行为准则为我们——人权家庭网络组织——设置了应该遵守的职业标准。它也为实现促进和努力地保护和实现人权和基本自由，—如在《联合国人权捍卫者宣言》中设置的权利，—的共同目标中我们的职业责任的执行力提供了指南。

本行为准则旨在：

· 设置人权家庭网络组织中所有组织和管理机构的行为标准；

· 设置人权家庭网络组织中所有组织和管理机构的责任；

· 为组织和外部行为者之间的交流提供指南；

· 通过增加透明和问责提高我们工作的效率。

2. 我们的价值

行为准则建立在人权家庭网络组织的下述价值的基础上，我们应该需求促进：

· 网络组织为具备已经建立成员的可信组织与正在出现的人权家庭组织之间提供合作的论坛。愿意参与、贡献和获得是我们合作的关键。

· 网络组织依靠共同信任、尊重、团结和平等原则。我们应该互相平等对待并且期望以该种方式互相对待。

· 期望我们所有的成员和管理机构保持开放、透明和信任。

· 我们尊重所有人的平等权利和尊严。

· 我们以尊重、非侵犯和非侵略的方式进行交流。

3. 对谁适用

行为准则管理人权家庭网络内组织的行为。它适用于所有级别的成员，包括具备完全成员资格和准成员资格、作为网络组织秘书处的人权家庭基金会和网络组织的所有管理机构。

并且，虽然该行为准则是为了人权家庭网络组织的成员特别制作，但是我们期望合作者、专家、顾问和与人权家庭网络组织共同工作的其它人也尊重该准则。

4. 违反

国际咨询委员会会考虑把对行为准则的违反提请人权家庭网络组织的注意。对行为准则的违反会导致中止成员资格或者永久地排除在网络之外和终止进一步的合作。如果合作者不接受咨询委员会的决定，他或她有权利上诉到年度会议。由年度会议根据三分之二多数决定。

5. 行为的原则

（1）人权捍卫者的安全和保护应该放在首位。人权捍卫者的安全应该是我们所有的活动和决定所首先和首要考虑的基础。

（2）毫无歧视的尊重所有人的人权。我们应该根据联合国《人权捍卫者宣言》尊重世界所有国家所有人的人权和基本自由。

（3）保证透明和问责。我们承诺对我们的目标、结构和活动保持透明和开放。我们寻求独立于我们的捐赠者，不能在组织内外产生腐败。

（4）利益冲突。人权家庭组织或者成员组织的领导者不能参与限定或者破坏人权家庭或者人权家庭网络独立性的政治活动。

（5）平等和自治。每个组织都是一个独立的合作者并且保持其自治。

（6）善意行为。我们应该诚实地行为，并且我们以相信能够实现人权捍卫者、组织和网络最大利益的方式行为。

（7）善治。在我们决策过程中和我们决定被实施的程序中，我们应该保证表现由联合国定义的善治的八个特点：参与、舆论导向、问责、透明、负责、效率、平等和包容并且遵守法治。

（8）对粗话的零容忍。我们不能在工作中使用或者忍受任何粗话。

世界非政府组织协会非政府组织道德和行为准则

‖‖

■ 序言

近年来，我们已经注意到了非政府组织重要性、数量和多样性的急剧增加。如今，非政府组织已经影响到了原来只专属于政府和营利组织专注领域政策的制定和动议的促进，非政府组织的人道主义服务已经对全球个人和社会发挥出至关重要的作用。在许多情况下，非政府组织已经证明在应对特殊需求领域比政府更熟练。

这个存在于政府和商业部门之间的强劲的"第三部门"，已经显示出了其承担有关服务和世界和平关键问题时史无前例的重要性和能力。非政府组织的灵活性和与草根社区的联系协助他们迅速地向受影响的区域调动资源。他们坚定的承诺和强烈的动机提供给他们其它组织机构缺少的市民权利。

但是，随着日益增长的重要性也产生日益增长的责任。非政府组织应该负有透明、诚实、负责、道德、产生正确信息及不为他们董事会和职员的个人权利操纵的责任。非政府组织应该跨越种族、宗教、道德、文化和政治的边界。他们有尊重每个人基本人权的义务。非政府组织应该有正确的治理体系。他们应该作为公益信托最大谨慎地对待所有的公款，不能因为个人私利而滥用公款。非政府组织负有不依附于政府、不因单独自私或者目光短浅的方式站在政府立场、不能被政府机构所控制的义务。总之，非政府组织具有为了他人的利益奉献自己并且根据最高行为道德标准行为的责任。

遗憾的是，在非政府组织社区中，有很多非政府组织即不是负责的也不是道德的。Alan Fowler 在他的名为《打破平衡》（Strikinga Balance）中总结了一系列的非政府组织冒牌货，如皮包非政府组织、商业非政府组织、假冒非政府组织、刑事非政府组织、政府控制的非政府组织、黑手党非政府组织和政党非政府组织。其它的一些非政府组织可能在开始的时候具备高尚的目标，但是现在的一些实践是不能被接受的。许多的非政府组织甚至不能明白他们在行为和治理中应该适用的标准。

所有的非政府组织，甚至最高尚和无私的非政府组织，都可以从系统设置道德实践和可被接受标准的道德和行为标准中获利。采纳和适用合适的行为准则不但为非政府组织提供道德标准，也可以作为向受益人、捐赠者和公众陈述维持高标准的重要性。这样的行为准则可以帮助利益相关者确定和避免加入"冒牌货"和不负责任的非政府组织。

鉴于该目的，非政府组织道德和行为准则应运而生。该行为准则为非政府组织设置了指导其行为和管理的基本原则、行为原则和标准。

在世界非政府组织协会的支持下进行发展的非政府组织道德和行为准则，由代表世界很大部分非政府组织社区的国际委员会来系统地管理，并且包括来自世界所有区域非政府组织领导者的贡献。在起草本行为准则的过程中咨询了世界范围内所有非政府组织和非政府组织协会的行为和道德准则。主要包括《筹款专业委员会道德原则和标准准则》、《澳大利亚国际发展委员会联合应对贫困行为准则》、明知捐赠联盟的《慈善问责标准》、《国际红十字会、红新月及其他非政府组织参与灾难救助的行为准则》、1992 年地球峰会的《非政府组织行为准则》、《埃萨俄比亚非政府组织行为准则》、国际筹款组织委员会的《国际标准》、马里兰州非营利组织协会《完美的标准：非营利部门道德和问责准则》、明尼芬达州非营利委员会《非营利部门完善的标准和实践》、援助组织的《良好实践准则》、柬埔寨之星组织的《道德标准：非政府组织的使命和角色》和透明国际的《使命、价值和指导原则的陈述》。

非政府组织这一名称包括了范围广泛的非营利组织，他们有不同的目标、建立原因和意识形态，并且在大小、资源和组织层面表现各异。但是本非政府组织道德和行为标准下的非政府组织采取了广义接受，包括非营利、非政府组织。非营利是指不分配由于投资组织财产所获得的收入，并且不因董事会、职员或利益相关者的利益分配利润，这也是区分非政府部门和商业部门的标准。非政府性是指组织独立于政府，不受政府机构的控制，也不因政府协议而建立。定义中包含大型、国际组织和小的、一人行为的组织，这些组织既可以是世俗的、也可以是以某些信仰为基础的，即包括具备成员资格和非成员资格的群体。

非政府组织道德和行为准则是为世界范围内非政府组织社区的适用而设计的。它既可以适用共同利益的非政府组织，包括只关切其成员境遇的协会，也可以使用为了公共利益的非政府组织，即致力于提高整个社会或社会一部分利益的组织。准则既适用于关注国际问题的组织，也适用于关注地方社区事项的组织，及"南方"和"北方"非政府组织。不管非政府组织是否关注人道主义救助、倡议活动、冲突预防、研究、教育、人权监督、健康护理和环境行为，都要适用该行为准则。

随着非政府组织担当起倡议建设更公正和爱心社会并扮演该社会代理人的角色，非政府组织在出现的全球文化中可以帮助建设和培育认真负责的关切。同样，非政府组织具有维持高道德标准和把其自己的实践和使命坚持到底的使命。期望非政府组织道德和行为准则能够帮助指引非政府组织的行为。

本行为准则会按照授权周期性的被审查和重新修订。

一、指导原则

每个行为体都在基础原则的基础上进行行为，不管该原则是以明示还是默示的方式进行陈述。并且，对在国际层面上对组织进行检验方面显示出了这些原则的很大的共性。换句话说，全世界好的非政府组织在试图进行成功行为的时候共享共同的基本原则。下述就是对这些共享基本原则的更为重要的叙述。

1. 责任、服务和社会公德

可持续发展、和平和公正需要所有的组织对公益做出贡献。所以，一个非政府组织应该把自我发展和服务与其它的组织联系在一起，平衡个人和公众的担忧，关注更为高层次、更广和更加公共层次上的服务。

·保持自己的责任，一个非政府组织应该为他人的利益进行行为，不管是为了整个公共的利益还是为了公众的特殊部分。

·公款不能用作私人目的，所有的公共资产应该作为公共信托尽最大的谨慎去处理。

·非政府组织应该认识到其其行为和行动对公众对非政府组织认识所产

生的影响，并且应该为非政府组织的公共信任分担责任。

· 非政府组织应该对其所有行为的环境展现出负责任和护理的态度。

2. 跨领域的合作

有关世界和平和全球福利的重大进步可以通过宗教信仰之间、文化之间和种族之间的工作和粉碎政治与道德之间倾向于分离人们和他们组织之间人为的障碍达成。非政府组织应该与其它的非政府组织维持道德的合作关系，并且为了更好的社会功德利益尽可能和合适的建立合作关系。

· 在组织文件限制的范围内与组织和个人共享价值和目标的基础上，非政府组织应该跨越政治、宗教、文化、种族和道德的界限进行工作。

3. 人权和尊严

正如《世界人权宣言》第1条宣称的那样："人人生而自由，在尊严和权力上一律平等。他们赋有理性和良心，并应以兄弟关系的精神相对待。"第16条："家庭是天然的和基本的社会单元"。

· 非政府组织不能侵犯任何人被赋予的基本人权。

· 非政府应该承认所有的人生来是自由和尊严平等的。

· 非政府组织应该对他们服务社区的价值目标、宗教、习惯、传统和文化保持敏感。

· 非政府组织应该尊重家庭完整和支持家庭生活。

4. 宗教自由

"人人有思想、良心和宗教自由的权利；此项权利包括改变他的宗教或信仰的自由，以及单独或集体、公开或秘密地以教义、实践、礼拜和戒律表示他的宗教或信仰的自由。"（《世界人权宣言》的第18条）

· 非政府组织应该尊重宗教自由。

5. 透明和问责

非政府组织应该致力于公开和诚实地对待捐赠者和公众成员。应该制作周期会计信息。

· 非政府组织应该在与政府、公众、捐赠者、合作者、受益人和其它利益群体的所有交易中保持透明，但是个人事项和专有信息除外。

· 非政府组织基本的财务信息、治理框架、活动和工作人员及合作伙伴的名单应该保持公开并且使公众易于监督，并且非政府组织应该努力地向公众通知其工作、资源的来源及使用。

·非政府组织就起行为和决定不但要向投资机构和政府负责，而且要想其服务的人民、职员、成员、合作组织和广大民众负责。

6. 信任和合法

非政府组织应该在与捐赠者、项目受益者、职员、成员、合作组织、政府和大众的交易中保持诚实和信任，并且必须尊重任何管辖范围内的所有生效的法律。

·非政府组织应该公开准确的信息，不管是有关其自己和项目、个人、组织、或者它反对或正在讨论的法律的信息。

·非政府组织应该在他形成或者工作地法律允许的范围内实现其职能，必须坚决地反对或者禁止从事贪污、受贿或者其它财务不正当或者非法的行为。

·非政府组织应该具备职员和志愿者向管理机构提交有关组织内的任何人不当行为证据的保密政策。

·非政府组织应该满足其注册地或者行为地国家所有的法律义务。这些义务可以包括公司法、募集资金法律、平等雇佣机会原则、健康和安全标准、隐私规则、商标和著作权法等。

·在任何发现其职员、管理机构、志愿者、合约者和合作者不当行为的时候，非政府组织应该迅速采取改正行为。

二、非政府组织的整体性

非政府组织的基本性质应该为非营利性、非政府性、组织性、独立性、自我管理性、和志愿性。这些标准可以以自我证明的方式表示出来，特别是在非政府组织组织国内制定的法律中规定和需求这些标准，这些法律构成了非政府组织整体性和行为的基础。

1. 非营利性

（1）非营利。非政府组织作为非营利组织而注册和行为。任何通过其运作而产生的收入都只能仅仅用作帮助实现组织的使命和目标。非政府组织的任何收入都不能被用作满足董事会成员、职员、成员、组织雇佣者或者其它个人的利益，除非是非政府组织为向组织提供服务的成员提供的合理报酬。

（2）贸易或商业。组织不能为了与其使命和目标不相符的目的从事任何的贸易和商业。

（3）管理文件。非政府组织的管理文件应该防止组织在运作和解散时为了个人利益分配盈利和资产。

2. 非政府性

（1）非政府性。组织不能为政府或者政府间机构的部分，也不能受其控制。

（2）政治独立。组织应保持独立，不能依附或附属于任何政治团体，虽然在其使命和目标范围内可能会与政治团体共享政治和法律目标。作为非政府组织本身，并不意味着非政府组织禁止从事政治活动，虽然有些特定类型的非政府组织可能被他们的国家禁止从事一些政治和立法活动，如美国的免税组织就被禁止参与或者干预任何试图影响立法的活动或者参与政治运动支持或者反对任何的候选人。但是，非政府组织应该被允许从事在其使命和目标的范围内的政治和立法活动。

（3）外国政策。组织不能作为国家执行对外政策的工具，但是可以独立地从事。非政府组织不能寻求实施任何政府的政策，除非它与组织的使命和组织自己独立的政策相冲突。

3. 有组织性

（1）组织特征。非政府组织应该具备管理文件、执行委员会、职员和有规律的会议和活动。

（2）组织文件。组织文件（如规章制度、书面章程或者协会的备忘录）应该清楚地规定使命、目标、治理结构、成员权利和义务和程序规则。

（3）法律承认。这些不管是否适用于非政府组织的管理原则都应该被任何政府承认。

4. 独立性和自我管理

（1）独立性。组织应该是独立的。她的政策、使命和活动不能由任何的营利公司、捐赠者、政府、政府官员、政治团体或者其它的非政府组织决定。

（2）自我管理。组织应该进行自治，根据它自己选择的治理结构。它应该自我控制自己的活动。

5. 志愿性

（1）志愿价值和原则。除了按照法律的需求而存在，非政府组织根据个人动机而组成，由一些个人选择追求共享利益和关切的问题采取的志愿活动组成。实现志愿价值和目标应该为非政府组织工作的主要动力。

（2）来自志愿者的贡献。为了实现其使命和目标，组织必须有来自志愿者的重要贡献。这些志愿者可以包括目标群体和支持者。

（3）管理人员的志愿性。作为非政府组织管理机构的一部分（一般为董事会）的管理人员，是志愿服务，没有报酬。

三、使命和活动

非政府组织的使命是指非政府组织存在的原因和目的及其想实现的目标。非政府组织负有明确确定和规定其使命的义务。这详细设定的使命应该作为非政府组织所有活动和组织计划的基础和参考。非政府组织负有有效使用其资源实现其既定目标的义务。

1. 使命

（1）正式陈述。组织应该以书面的方式正式地陈述其使命，并且要得到非政府组织管理机构的批准。这些陈述应明确地规定非政府组织为什么存在和想要实现什么目标。

（2）董事会。董事会的每个成员都应完全理解和支持组织的使命。

（3）为公众知晓。非政府组织的使命陈述应该使所有的办公人员、成员、职员、合作者、捐赠者、项目收益者和广大公众知晓。

（4）评估。非政府组织的使命应进行周期性的审查（每两年或三年）决定它是否仍然相关。评估事项主要包括：使命是否已经被组织或者其它实体所实现，现行组织是否有继续存在的必要；使命是否应该被修改，以反映社会的变化；组织是否为了致力于新的需要而需要增加新的使命陈述。

2. 活动

（1）与使命相关。活动应该与组织的使命保持相关。非政府组织的使命应该作为策略计划的基础和组织活动的蓝图。非政府组织所关注的事情必须直接保证其目的能够实现。

（2）有效性。组织的项目对其要实现的既定使命应该是有效的。

（3）回馈。组织应该有规律地就起活动向项目受益人和其它利益相关者寻求回馈。

（4）评估。组织的活动应该有周期性地被严格审查来决定他们对使命的相关性、效率、项目继续存在或修改的价值和进行新项目的必要。被评估的事项包括：活动是否与组织的现行使命相符，或者根据使命的变化是否需要被修改或者停止；项目对实现非政府组织目标的有效性；项目受益人的结果；有关其结果项目的花费和是否需要提供新服务。评估应该是公开的和诚实的，并且要包括利益相关者的贡献。

（5）职业化。组织应该在执行其活动的时候保持职业化，并且以服务他人的观念为中心。

（6）花费的比例。组织应该至少花费其总共收入（包括筹款费用）的65%用于项目活动，理想的是多于80%。如果组织没有满足这个65%标准，其应该解释其较高管理费用的原因和其筹款费用是否合理。没有满足该标准的可能接受可能为一个新组织较高的行政和筹款费用和有关捐赠者限制、不平常的政治和社会因素的例外。

四、治理

具备有效的治理机构和有活力、积极和忠诚的管理机构对一个组织的稳固和实现其使命和目的的能力是至关重要的。非政府组织的治理计划应该反应组织的核心价值、使命和文化标准。在合适和可使用的时候应该使用民主原则。非政府组织的管理机构（一般为董事会或者信托人）为组织的所有活动和资源负责。这包括设置组织的方向、设置使命陈述并且保证该陈述随着时代变化是合适和相关的。管理机构决定组织的活动并且监督他们对使命的遵守。管理机构应有责任的获得和和雇佣人力和财务资源去实现组织使命、维持组织、监督受托人和满足法律要求。

1. 治理机构

（1）治理计划。非政府组织应该设置最有可能实现其使命和反映组织核心价值和文化标准的治理计划。在恰当和可适用的时候使用民主原则。

（2）管理文件。组织的管理文件，包括有关管理机构进行业务的原则、在董事会会议之间行为的执行委员会与选任和指派办公人员和他们角色的程序都应该包含在管理文件内，并且使所有的利益相关方知晓。

2. 管理机构的结构

（1）董事资源。非政府组织管理机构应该由奉献于组织使命、愿意为了实现组织使命而贡献其时间和能量并且愿意为组织作出实质贡献的个人组成。他们可能带给组织管理机构的资源是经验和智慧、威信、为组织募集资金的能力、职业能力，包括法律、会计、管理、筹款和营销。

（2）董事的无关联。管理机构应该至少包括三名成员，并且他们之间没有家庭关系，一般最好有至少五名无家庭关系的成员组成。最多接受两名董事之间有家庭关系，但是这时董事会应该有七名或者更多的成员。

（3）对待领取薪水职员的政策。组织应该有限制在管理机构有投票权成员数量的政策，理想的是不能超过一人或者是不能超过管理机构成员总数的10%。直接或者间接领取薪水的成员不能作为管理机构的主席或者财务主管。

（4）任期限制。应该为管理机构的成员设置任期限制。应该考虑设置能在单个团队中任期的最高年数和允许连任的期数。通常可以接受的是限制董事服务的任期最高为三年和能够连任三次，成员在完成连续连任三期的上限之后，再成为重新选举权的时间间隔为一年。

（5）提名委员会。提名服务于管理机构的成员的程序应该通知给成员和其它相关方。

（6）多样性。管理机构应该有董事会的代表性，反映非政府组织选民的多样性。非政府组织可以鼓励不同地域距离的成员的参与，如果组织的规章制度、当地或者国家法律允许通过电信会议的方法召开会议。

（7）法规制度。管理机构的每个成员都应该知晓并熟悉组织的规章制度。

（8）报酬。管理机构的成员不能为其董事会服务而接受报酬。他们可以接受因有关他们的董事职责而直接的花费。

3. 管理机构的责任

（1）使命陈述。管理机构应该通过创设或者采纳使命陈述、对其准确性和有效性进行周期审查和根据需要进行修订的方式设置非政府组织的方向。

（2）项目和遵守。管理机构应该决定非政府组织的项目和服务，并且监督他们对使命的遵守及他们的有效性。

（3）资源。管理机构应该保证组织具备实现使命的适当的资源。

（4）年度预算和筹款。管理机构应该批准通过年度预算和积极参与筹款过程。在批准年度预算时，管理机构应该决定花费在行政和筹款、项目花费中的比例，致力于实现收入的至少65%适用于项目的目标，理想的是超过80%。

（5）资源管理。管理机构应该有效地管理资源并且提供监督有关受托人和法律的要求。

（6）雇佣的首席执行官和评估。管理机构应该雇佣首席执行官，进行详细的研究发现最有资质的个人。管理机构应该为首席执行官设置报酬，保证他或她具备为实现促进非政府组织组织目标的道德和职业支持，并且周期性地审查他的或她的执行力。

（7）策略计划。管理机构应该积极地与职员参与长期和短期的策略计划过程，包括设定目的和目标与非政府组织要实现使命所要取得的成功。

（8）道德和行为准则。管理机构应该批准非政府组织道德和行为准则，并且保证非政府组织遵守该准则。

（9）非政府组织的使者。管理机构的成员应该作为非政府组织的使者，向公众宣传组织的使命、成绩和目标并且为组织获得支持。

4. 管理机构的行为

（1）管理机构的会议。管理机构和管理机构被在管理机构会议之间授权执行组织事项的任何分支（执行委员会），应尽可能地召开会议满足完全和充分地行为组织业务的需要。最低限度，管理机构或者管理机构与执行委员会每年应该召开四次会议。如果当地、国家法律或者管理文件不需要进行面对面的会议，信息技术可以帮助召开会议。

（2）备忘录。管理机构和执行会议每次会议的备忘录、每个委员会代理管理机构行为的报告都应该被记录，并且递交给管理机构的每一个成员，并且保存以备将来查阅。备忘录可以由协会成员、办公人员、职员和大众获得，但是有关个人评估和其它保密信息除外。

（3）行为的责任管理机构应为自己的行为负责。管理机构应该为董事会成员设置书面期望（包括有关委员会服务、参与会议、参与筹款和项目活动），每年应该评估自己的执行力。如果没有规定在管理文件里，管理机构应该为他的办公人员设置工作叙述（主席、财务保管、秘书等）。

5. 利益冲突

（1）非政府组织的最大利益。服务于管理机构，董事会成员应该到吧组织利益放在个人利益之前，把组织的最大利益放在个人需求之前。

（2）影响董事的事项。任何董事都不能参与决定直接影响其个人的事项（如管理机构的再选举，个人报酬等）。

（3）披露。每个董事都应该披露所有的潜在或者真实的利益冲突，包括他或者她有可能会涉及利益冲突的组织分支机构（如作为有重叠目标和使命的另一个非政府组织的董事会成员）。这些披露不能暗含任何的不道德。

（4）书面的利益冲突政策。管理机构应该具备书面利益冲突政策，其应该适用于董事、任何对组织活动或资源有重要决策权力的职员和志愿者与相关组织的合作者。

（5）签名。管理机构应该向其成员提供利益冲突陈述，并且在每次的服务任期内都需要个人签名。

（6）向管理机构成员提供贷款。如果非政府组织具有向管理机构成员提供贷款的条款，就应该有该贷款怎么运行的条款。所有与管理机构成员进行的贷款或者交易都应该包括在非政府组织的财务报告里面并且应该向公众披露。

五、人力资源

具备忠诚的、有能力的和负责人的职员对于非政府组织的成功是至关重要的，实现这一目标就要具备有效的人力资源政策。对于大多数非政府组织，这些政策应同时适用于领取薪水雇员和不领取薪水的志愿者，在使用志愿者中发挥很多角色，包括适用于管理、适用于补偿项目和支持服务。非政府组织应寻求有资质的雇员，提供给他们正确的培训和监督，公平公正地对待他们并且提供给他们个人成长和发展的有效途径。另一方面，非政府组织应该尊重雇员和志愿者保持职业和个人行为、负责任地使用信息和资源并且避免冲突的最高标准。

1. 非政府组织的责任

（1）具备有能力和负责任的职员。组织应该寻求致力于实现组织使命的、有能力和负责任的雇员和志愿者。

（2）培训和工作条件。组织应该为新职员提供恰当的任职培训，并且提供给他们合适的工作条件。

（3）书面的人力资源政策。如果组织具备十名或者更多的职员，其应为职员具备书面的人力资源政策，包括雇佣的基本方面（收益、假期、病假等）和其它基本的政策，如信息的保密、计算机政策（为个人工作使用计算机资源、计算机资源的所有权）、吸毒和酗酒政策、利益冲突和抱怨程序。如果组织有十名以下的职员，其也被鼓励有适用其职员的人力资源政策。

（4）职员成长和发展。组织应该为职员提供个人成长和发展的机会，并且促进鼓励职员成长的环境的形成。

（5）公正和权利。所有的职员应该被公平和公正地对待，个人的权利应该被尊重和防御。他们结社、良心和表达自由的权利应被尊重和保护。

（6）道德和行为标准。每个职员都应被提供非政府组织道德和行为准则及书面的人力资源政策。

（7）对严重事项的交流。关键职员应该向管理机构的董事会或者办公人员就严重事项进行交流。

（8）标准和责任。职员应该被鼓励和引导在职业和个人行为时保持最高标准，并且为其行为和决定承担个人和职业责任。

（9）保密性。必须指导职员在获取办公文件和有关维持整体性、保密性和保护相关人隐私时的保密要求。

2. 利益冲突

（1）书面政策。管理机构应该提供给具备决策权的职员，就怎样处理潜在利益冲突的书面陈述。理想状态下，陈述必须在每个人开始他们为非政府组织服务时和以后有周期性的签署。

（2）信息披露。每个办公人员应该披露每个组织分支机构，以保证其有机会处理涉及的利益冲突。

（3）礼物。非政府组织应该就职员接受礼物制定政策，如要求职员应拒绝因他们的职位所获取的贵重礼物，或者把该礼物上交给组织。

（4）为个人利益使用职位。职员应该禁止使用他们的职位，不管是长期的还是志愿者，去为了他们自己寻求特别的权利、所得或者利益。

（5）贷款。如果组织具备向职员提供贷款的条款，就应该具备贷款怎样运行的政策和向管理机构进行披露。

（6）非政府组织的最高利益。雇员和职员必须把组织利益放在个人利益之前，把整个项目的最高利益放在个人需求之前。

六、公共信任

信任是非政府组织的生命线，被公众、媒体、政府、公司、捐赠人、其它非政府组织、受益者、雇员和志愿者所信任。为了发展和获取信任，每个非政府组织应该实践真正的公共问责和透明，应保持信息的真实并且使公众获得。

1. 非政府组织的公共信息

（1）准确和及时。提供给捐赠者、成员、代理人、职员和大众的非政府组织的信息应该是准确和及时的。

（2）年度报告。至少每年，组织应为组织准备和知晓有关其项目和服务的公共信息，并且向公众提供获取这些项目和服务的途径。

（3）财务信息。非政府组织应该每年制作及使公布获得的有关组织的基本财务信息，包括资金的来源、使用这些资金、用作服务项目资金的百分比、行政活动、募集资金和提供给管理机构的报酬。非政府组织也应提供给公众获取这些恰当财务记录的获取方式。

（4）管理机构和管理人员的名单。组织应该使公众知晓其管理机构的名称和管理人员的姓名，公开其管理董事会的变化，并且提供获取管理机构每次会议备忘录的方式。

（5）合作关系。组织应该以及时和正确的方式披露其有关进入的合作或者其它合资企业的信息。

（6）保密性。组织应该对有关职员、代理人和其它人员的信息进行保密，除非该个人放弃了该权利或者按照法律的需求而披露该信息。

（7）比较。组织应该按照自己的成绩来描述自己，而不是以贬低其他非政府组织的方式作出。作出有关另外非政府组织的交流不能以牺牲他们而使自己获利的方式作出。

（8）交流途径。组织应该为需要了解非政府组织和其活动的公众提供交流途径。

（9）披露。非政府组织应指派至少一人保证对公众披露的信息符合国家和地方的法律。

2. 公共倡议活动

（1）准确和符合背景。组织选择提供给媒体、政策决策者或者公众的信息必须是准确的并且反映了正确的背景。这包括非政府组织所提供的其反对、支持或者正在讨论的尊重任何法律、政策、个人、组织或者项目的信息。期望的预期应该被正确地叙述，而不是作为事实。

（2）口头和书面陈述。组织应该具有就有关事项的指南和批准程序的口头和书面陈述。

（3）偏见的披露。组织应该以公正和无偏见的方式陈述信息。当不可能避免或者固有的偏见产生时，应该进行披露。

（4）陈述的权力。非政府组织的陈述必须反映其真实的权力。具备成员资格的非政府组织应该陈述其成员资格，如果该资格是由其管理文件所提供和以其他正确的方式所赋予的。具备公信力的非政府组织不能不恰当地假设在其服务社区的权力。

七、财务和法律

非政府组织应该具有恰当的财务、法律程序和保护措施，不仅仅是为了满足法律的需要，而且是保证组织的健康运转和向捐赠人、成员和公众保证组织的投资是安全和被正确使用的。非政府组织应该采用可行的内部财务程序，保证仔细地进行财务记录并且使财务陈述使公众知晓。他们应该使他们的财务记录有周期地被有资质的检查者检查，其可以确定组织是合法的运作并且遵守普遍接受的会计实践。非政府组织必须谨慎地使其符合现行联邦、州和地方法律的要求。

1. 财务透明和问责

（1）财务责任。组织管理机构的成员应对他们的组织负财务责任，并且应该清楚财务陈述和报告要求。

（2）年度预算。组织的年度预算应该被管理机构批准，并且列明为项目活动、密集资金和行政所需的花费。非政府组织应该按照预算进行运作。

（3）内部财务陈述。内部财务陈述应该有规律地制作并且提供给管理机构。任何有关预算花费和真实花费、有关预算收入和真实收入之间小的和所有重大的变更应该被确定并且向管理机构进行解释。

（4）财务陈述。非政府组织应该按照组织的规模，设置有关接受和分配财务资源、资产投资、购买行为、内部控制程序等的财务政策。

（5）内部控制程序。组织的内部控制程序应该具有保障有权利进行自我核查的人的政策，如要求其额外的签名。组织的内部控制程序也应该有保障应对具有特定数额权利个人的政策（如超过 5000 美元的数额，需要两个签名）及有对核查现金的政策。

（6）审计。组织应该由独立的及有资质的会计对财务报告的年度收入及准确性进行审计。有小部分收入的非政府组织应该被有资质的会计进行检查。对于有非常小收入的非政府组织，只要具备完整的财务陈述就足够了。

（7）职业标准。非政府组织应该遵守国内法律中确定的有关会计和审计程序的职业标准，并且满足所有的财务和报告要求。

2. 遵守法律

（1）法律与规章制度。组织的活动、治理和其它事项都必须遵守其注册国和行为地国的法律及规章制度。（组织可以寻求改变这些法律及规章制度，如果该项活动与其使命相符。）

（2）律师审查。组织应该就其管理文件通过律师的审查，以保证他们是遵守现存的法律及规章制度的，并且保证在行为的过程中继续寻求律师的帮助以保证其行为继续遵守法律。

（3）责任保险。如果可以获得及可行的话，组织应该考虑具备责任保险。

（4）内部审查。组织应该周期性地审查其遵守现行法律和规章制度的情况，并且应该把这种审查的摘要通知给管理机构的成员。

八、募集资金

为了资助他们的行为和项目成本以实现他们的目标，大多数的非政府组织从外部募集资金，通过寻求来自基金公司、商业公司、个人捐赠者和政府部门的自愿财务支持达到该目标。但是，这些财务支持大多数只是简单地把钱从上述机构转移到非政府组织。这是人与人相互之间的关系，包括了对捐赠者的价值和义务。作为这些资金的接受者，非政府组织保持公开和透明、对捐赠者负责、按照捐赠者的意愿使用资金及允许捐赠者个人和组织监督项目是非常重要的。保证募集资金活动与非政府组织的使命保持一致也是非常重要的。

1. 一般募集资金原则

（1）管理机构。管理机构必须在募集资金的活动中非常积极，包括积极参与募捐和制定个人贡献。

（2）与使命保持相符。组织只能接受与其使命相符的资金，不能与其核心原则相冲突，不能限制其自由、整体和主观地致力于相关事项的能力。

（3）诚实。组织应该诚实地处理有关募集资金和他们使用的所有事项。

（4）使命优先。项目应该按照满足非政府组织的使命而设计而不是仅仅为满足捐赠者的需求而设计。

（5）非道德行为。非政府组织不能进行任何的非道德行为，如为了一项项目投入两次资金、不是为了所陈述的目的使用捐赠资金、夸大成绩。

2. 募捐

（1）募捐材料。非政府组织应该谨慎地保证所有的募集资金和行为材料都是真实的，并且很清楚地代表非政府组织、其使命和项目。所有的募捐资料都应该准确地反映非政府组织对募集资金的使用，并且募集资金只能做出非政府组织能够实现目的的陈述。不能有任何事实的夸大或者缺失材料，也不能有能够导致任何错误和误导性的印象。

（2）税务利益。非政府组织应该保证捐赠者接收到正式的、准确的和道德的有关潜在礼品税务的信息。

（3）募集原则。募集资金活动应该正确反映非政府组织的使命，不能有任何的强迫、不正确的动机、不恰当的行为、不合理的回报或者个人所得。

（4）多余资金。当为了特殊的目的从公众处获取资金，应该有处理任何多余资金的计划，在可能的时候，应该包括多余资金怎么加以使用的信息。

（5）募集资金者的报酬。组织不能按照募集资金或者预期募集资金的比例提供给募集资金者报酬，也不能提供任何的中间人佣金。以比例为基础的报酬可能会阻碍实现捐赠者和非政府组织的最高利益，也会产生募捐者的不道德行为或者不恰当行为。它也能对保持志愿者的精神和把非政府组织使命放在最核心造成阻碍，并且会因多人的成绩做出的大量捐赠物的情况下，不分贡献地提供奖励。组织可以在技能、努力和花费时间、进行的行为的基础上提供报酬，如红包，要根据非政府组织以往的实践提供红包，不能建立在所获得的慈善贡献的基础上给予红包。

（6）促进销售。促进募捐，包括在活动期间对产品和服务的销售，使非政府组织或者项目受益的购买价格真正的或预期的部分使非政府组织或者项目受益。

（7）筹款花费的比例。在筹款中的花费应该相对于获得的受益是合情合理的。根据非政府组织近年来的实践，非政府组织用于募集资金活动的平均花费不超过从这些活动中获得资金的三分之一，理想状态是募集资金的成本应该少于募集资金收入的25%。如果一个组织在五年内没有满足这个最低三分之一的标准，就应该表明其正朝着这个目标前进，或者解释为什么他的募集资金成本是合理的（如新成立组织的高募集资金成本、或者独特的捐赠者、社会或者政治因素）。

（8）对募捐者的信息披露。非政府组织必须有政策保护捐赠人被告知捐赠者是否为领取薪水的职员、志愿者或者非政府组织代理人的权利。

3. 使用资金

（1）使用贡献物。组织应该保证按照在募捐申请中使用或承诺的或者按照捐赠者的意愿使用贡献物。

（2）对接收物的承诺。当组织接受捐赠物时，其就进入了按照双方同意的方式进行项目活动的合同，并且具有尊重该承诺的道德和法律责任。

（3）捐赠者对变化的同意。组织只能在获得捐赠者明示的同意后才能改变捐赠物或者赠与的条件。

（4）有效地利用。组织应该保证有效地利用赠与物和慈善捐赠。

4. 问责

（1）追踪花费。非政府组织应该设置有组织的体系去追踪花费。

（2）及时报告。非政府组织应该对花费和资金管理进行及时的报告。

（3）财务陈述。有关捐赠物的财务陈述应按照捐赠者和有关利益方的要求而获得。

5. 与捐赠者的关系

（1）捐赠关系。非政府组织董事会成员、管理者、职员和志愿者不能因为个人利益、或者任何亲戚、朋友、助理、同僚等的利益寻求与捐赠者或者未来捐赠者的关系。

（2）保密性。有关捐赠者或者捐赠物的优先或者保密信息不能披露给非授权方。

（3）捐赠者隐私。捐赠者的隐私必须得到尊重，非政府组织必须保护有关捐赠者或者礼物的隐私信息。捐赠者有保持匿名的机会，使自己的名字不出现在任何他们所出卖、出租或者给予他人的物品的名单中，除非捐赠者已经同意该名单或者有使自己名字被移除的机会。

（4）隐私政策。非政府组织应该具备以下保护隐私的政策：通知公众获取有关个人和捐赠者的信息、信息怎么被使用、怎么同非政府组织联系审查被搜集的个人信息和要求改正、怎么通知非政府组织个人不希望他或者她的个人信息在非政府组织之外被分享，及具备什么样的政策来保护个人信息。

（5）不道德的募捐。非政府组织或者他的代理人不能使用过分的压力、胁迫、不正当的影响或者其它不道德的方式进行募捐。

九、合作关系、协调和网络状工作关系

在合适的时候，非政府组织可以寻求与其它的公民社会组织、政府、政府间机构和营利公司合作，可以促进其目标的实现。这样为了共同利益的协调可以减少服务的重复及缩少出于竞争目的而不是为了服务社区的目的使用资源的机会。协调可以允许组合不同的力量和资源并且促进在实现优先权时的有效性。总之，非政府组织可以进入任何与其使命相符的合作关系。

1. 合作和协调的一般原则

（1）与使命保持一致。如果合作关系与非政府组织的使命保持一致，非政府组织就应该与其它实体建立合作关系。

（2）共享价值。非政府组织应在共享价值目的、共同原因和为社会利益考虑的基础上发展合作关系。

（3）共同利益。非政府组织应该在平等互利的基础上与其它组织建立合作关系。

（4）透明度。非政府组织合作关系应该允许财务透明和信息、主意和经验的互相交流。

（5）适应变化。合作关系应该要适应环境变化。关系的变化应该通过合作、而不是由一个或者其它非政府组织的强迫而发展。

2. 与其它非政府组织和公民社会组织的关系

（1）共同目标。在合适的时候，即当对共同目标群体和实现共同目标有利的时候，非政府组织应该与有重叠使命、价值和目标群体的非政府组织和公民社会组织建立合作关系。

（2）竞争和服务重复。非政府组织应该禁止与其目标、价值和目标群体相重叠的非政府组织和公民社会组织进行竞争，并且应该禁止不必要的服务重复和干涉相互之间的计划。

（3）信息共享。非政府组织应该与其使命、价值、目标群体相重叠的非政府组织和公民社会组织共享相关信息，并且互相支持。

（4）支持其他非政府组织。在不影响到非政府组织整体性和价值的基础上，非政府组织应该与其它非政府组织的活动和行为保持团结，并且促进其它非政府组织的有效性和成功。

（5）网络状工作关系。非政府组织应该与其它道德非政府组织建立网络

状工作关系，作为促进非政府组织部门成长、有效性和效率及实现社会公益能力的一种方式。

3. 与政府部门和政府间机构的关系

（1）非政府组织的目标和独立性。非政府组织应该在有利于实现非政府组织目标并不与组织的独立性或者自我控制性相冲突的基础上，与政府机构或者政府间部门建立合作关系。

（2）合适和利益共享。非政府组织应该和政府及政府间机构建立对话和合作，但是这种合作关系应该对双方都是合适的即利益共享，并且能够促进非政府组织在处理事项和计划中优先权的有效性。

（3）以使命为导向。非政府组织不能仅仅为了促进可持续存在及保持非政府组织的竞争性优势，而不是为了独立地实现其使命目标而与政府或者政府间机构建立合作关系。

（4）政治施舍。非政府组织不能因为讨好政府而改变其政策或者非党派性质。

4. 与营利组织的关系

（1）非政府组织目标和独立性。非政府组织应该在对实现其目标有利、不影响其独立性或者自我控制的情况下，与营利组织建立合作关系。

（2）使命导向。非政府组织不能仅仅因为财务原因，而不是为了实现其使命目标而与营利组织建立合作关系。

（3）政府利益。非政府组织不能把实现优于竞争对手的市场利益作为与营利公司建立合作关系的主要动机。

透明国际秘书处行为准则

‖‖

第一部分　准则

一、介绍

本针对透明国际组织秘书处职员的行为准则建立在 2001 年在布拉格召开的透明国际年度会议上通过的透明国际使命、价值和指导原则伞式陈述的基础上。它与 2004 年在奈落比召开的透明国际年度会议上所陈述的利益冲突政策保持一致，并由透明国际组织的国际董事会在 2004 年 10 月通过。

伞式陈述为我们全球的行动、个人道德原则提供了坚实的道德框架，如本为透明国际秘书处提供的行为准则，反映了在我们行动内部特殊的需要、条件的多样性和强烈的愿望。

据了解，透明国际秘书处，作为透明国际组织行动的一个部分，已经进行了包括整个职员参与的行动——为指引其职员的日常工作、互动和决策制定了下述的行为准则。

透明国际秘书处的成员承诺遵守保持整体性和透明的高标准、根据透明国际的核心价值和指导原则进行行为和促进这些标准和原则的实施。透明国际秘书处的成员注意到他们在促进其向其它利益相关者运动和理想中扮演着特别的角色。

本行为准则是正在使用中的文件。它对于透明国际行动的价值在于其创造、增强整体文化环境的能力。

二、透明国际秘书处行为准则的范围

透明国际秘书处的使用指南已经为透明国际秘书处的职员形成（包括行政和非行政职员）。他们作为志愿者或者收费的咨商者与透明国际进行工作，被期望在涉及他们活动的范围内遵守本行为准则的精神。

三、透明国际秘书处的一般原则

我们的理想

我们主要致力于创造一个政府、政治机构、商业、公民社会和人民生活的没有腐败的世界。

我们的价值

透明、问责、整体、团结、勇气、正义和民主。

我们的使命

1. 根据在董事会所定义的透明国际的使命，我们与国内分会和管理机构共同工作并通过他们在世界范围内的工作，服务于他们的需要。

2. 通过我们的倡议工作有效地致力于全球和区域问题、通过搜集和提供有关腐败、善治的信息、知识、有创新的产品和工具支持全球反腐败运动，帮助遏制腐败。

我们的指导原则

作为国际秘书处的职员，我们承诺遵守以下原则。

1. 作为联盟的创造者，我们承诺根据我们管理机构的政策和优先权，与承诺致力反对腐败的所有个人、群体、营利和非营利公司与组织、政府和国际机构进行合作。

2. 我们与我们共同工作的个人之间的关系中要保持公开、诚实和问责。我们努力做到诚实地、善意地和有效地执行我们的工作，尊重国内分会和我们同僚的权利。

3. 我们保证在我们工作的非党派性和非宗教派别性。

4. 虽然我们不寻求揭露个人腐败案例，但是我们要勇敢地和有活力地谴责已经被确认的受贿和腐败。

5. 我们努力地在合理的、客观的和职业分析与高标准研究的基础上进行工作。

6. 我们仅仅接受不与我们自由、全面和客观地处理问题的能力相冲突的方式接受资金。

7. 我们承诺向我们的利益相关者提供有关我们活动的准确而及时的报告。

8. 我们尊重并鼓励尊重基本人权和自由。

9. 在我们的雇佣政策中，我们会努力地按照我们服务需要的运动的多样化，根据性别和区域保持平衡和代表多样化。

四、实用的指南

（一）分会关系

1. 我们会在形成和实施影响到他们的政策和活动时，积极地与我们国内的分会进行协商。

2. 我们会努力地以公正而迅速的方式回应来自我们国内分会的要求。

（二）职员关系

1. 我们会保持相互间的尊重和考虑。

2. 我们会公开、和谐并且以能够帮助我们每个人忠实而有效地实现我们的职责和责任的方式保持相互间的交流和协商。

3. 我们在处理个人信息的时候应尊重我们同事的隐私和私人生活。

4. 我们应保证在制定有可能影响到特定职员的决定之前，与该职员进行足够的协商。

（三）利益冲突

在我们的工作中，会出现我们的个人利益与透明国际秘书处、国内分会或者其它利益相关者之间的利益冲突。我们应该披露该冲突，并且以透明的方式、以符合透明国际和国际运动的方式进行解决。接下来的段落是建立在2004年透明国际利益冲突政策中设置的一般原则的基础上，并且详细地为透明国际秘书处的雇佣者为有关政策设置了义务。

1. 不能优先对待家庭成员、朋友或者职员

我们承诺采用公正、客观和公平的招募、雇佣和采购程序，特别是：

（1）与我们、我们的家庭成员或者朋友相关的家庭成员、朋友和组织不能优先对待

（2）如果没有董事会主席的授权，我们不能雇佣我们现在家庭的成员即

配偶、父母、孩子或者兄弟姐妹，成为董事会或者咨询委员会的成员。

（3）我们只能按照下述内部和外部的说明，在对接受的所有申请者进行正当考虑之后才能做出对所有职位的选定。

2. 礼物和招待

在不同的文化背景下有很多有关给予和接受礼物的习惯。在接受礼物会产生义务的情况下，我们会避免接受和给予礼物，对有关职员责任做出的感谢和报酬应该按照下述原则进行办理：

（1）我们不能直接或者间接接受可能会影响到或者被认为影响到我们的职能或者我们职责以及判断执行力的折扣、礼物、招待或者报酬。

（2）对于价值在 20 到 100 美元之间的礼物应该按照下一段所提供的条件进行登记，所有价值超出 100 美元的礼物都应该拒绝。

（3）注册程序：所有的礼物应该向监督人员报告并记录在案，并使所有的透明国际秘书处的职员都能获取。

3. 旅行和透明国际的财产

（1）工作人员的旅行只能在与秘书处的工作直接相关的时候才能进行，并且只有在必要的时候才能进行。只有合理的和真正的旅行费用才能被报销。只有支付经济舱飞机票价，除非有执行董事根据董事会设置的指南所作出的决定。

（2）我们应该保证透明国际的资源应该被有效地使用。在我们控制下的资产不能用于实现透明国际目标以外的目的。

（3）当我们的个人旅行和透明国际相关旅行重合的时候，我们应该在旅行之前通知我们的监督者并且应该补齐由此产生的所有额外费用。

4. 私人行为和私人财产

（1）我们不能接受与我们的职责不相符或者减损职责执行力的任何活动、交易、获取职位或者职能，不管是领取报酬与否，因为这样做会使整个透明国际组织整体名声下降。

（2）我们不能把我们的个人事项加入到组织的行为中，因为会破坏透明国际秘书处的可信度，并且会留下这样的印象：透明国际秘书处并没有按照透明国际的价值去行为，而是为了实现个人、公共或个人机构的利益。

（3）我们不能使用透明国际秘书处的商务关系去实现或获取个人的不当利益。

（4）我们不能允许我们加入的政治分支机构或者行动会不正当地影响或者干涉作为透明国际行动特点的政治中立。

5. 报酬

如果我们因下列原因接受报酬：演讲、写作出版、媒体出现、涉及到透明国际的组织信息或者是因身为透明国际秘书处的雇员而出现，则该报酬应该直接支付给透明国际秘书处。但是执行董事可以决定该报酬是全部还是部分归属于某单独职员。

6. 雇佣后

我们不能允许我们在工作的过程中所作出的行为和决定受到与他人将来雇佣关系的影响。

7. 保密和透明

（1）我们应该根据在透明国际服务中获得的信息的性质或者根据明确的要求而保持保密，并且不能因为个人利益去使用任何的信息。这个义务一直持续到职员离开透明国际秘书处之后。

（2）我们应该尽可能地在考虑到上述对保密性需要的基础上，尽可能地对我们采取的决定和行为保持公开。

（四）财务透明

1. 我们应该以容易获取的方式提供和出版审计后的财务陈述。财务报告应以合适的方式被提供和出版。

2. 我们应该把每年获得的超过 1000 美元的资金进行出版。并且根据捐赠人的要求针对资金的使用向捐赠人做准确和及时的汇报。

（五）财务独立

我们应该根据董事会的政策，不能接受会影响透明国际使命独立性的资金。为了此目的，透明国际秘书处应：

（1）仅仅从共享我们反腐目标的捐赠人处接受资源；

（2）寻求平均分配从公共部门、私人部门、基金会、慈善组织和成员贡献处获得的资源；

（3）在上述类别中寻求大量的捐赠者；

（4）不能接受符合以下条件会损害透明国际秘书处独立行为的资源，

——追求进行与组织使命不相符的活动，或者

——禁止从事与组织使命相符的活动。

第二部分　实施

一、熟悉行为准则

1. 透明国际秘书处应该积极鼓励内部有关道德的对话，为职员提供指南，保证内部制度、政策和程序与行为准则保持相符。

2. 行为准则的副本应该提供给每一位职员并挂在我们的网页上。

3. 行为准则应该附在所有的雇佣合同中，并且进行签名。

4. 应该有针对行为准则遵守的年度审核并评估其在秘书处对整体文化所起到的影响。审查应该由道德顾问和道德委员会进行。

5. 应该召开由所有的透明国际秘书处职员参加的周期性会议，为讨论和审查行为准则的影响提供论坛。

二、提请注意及揭发者保护

1. 针对任何有关职员或者其它利益相关者对行为准则的解释、适用或者疑似违反的担忧都可以提请道德顾问注意。如果申诉者或者顾问都对协商的结果不满意，则该事项应该提请透明国际秘书处道德委员会注意。如果认为先把该事项提交给道德顾问不合适，则可以把该事项直接提交给道德委员会。

2. 任何人都不能因为向道德顾问或者道德委员会报告了有关行为准则的担忧或者要求提供指南而被歧视、处罚或者谴责。而不管该提起的事项担忧是否被证实了。

三、道德顾问

道德顾问是在执行董事的推荐下，经过与非执行职员委员会协商后由董事会指定的，被告知透明国际秘书处的行为准则和给予应职员或者其它利益相关者要求的道德问题的机密建议。另外，道德顾问应该按照本准则：

1. 为职员提供培训并且召开有规律的会议讨论假设问题，

2. 接受当职员或者其它利益相关者有理由相信可能发生了对本准则违反的控诉，并且向相关人提供建议，

3. 向所有关系人通知已经获取的结果，

4. 向执行董事在合适的时候报告提及的担忧和已经获取的结果，但是不能透露担忧的匿名报告之人的身份，

5. 保留礼物的登记，

6. 评估行为准则的影响，

7. 搜集修改准则的建议并且与所有的利益相关人协商，并且

8. 每年向董事会报告。

道德顾问每年进行指定一次，并且可以根据董事会、执行董事和非执行职员委员会的同意进行更新。

四、透明国际道德委员会

1. 道德顾问、任何职员或者任何的利益相关者都可以要求在透明国际道德委员会的会议上进行陈述事项和主张。在道德委员会的会议上，道德顾问不能透露提交匿名报告人的身份。

2. 道德委员会按照请求，应该迅速地处理和审查提交的问题和主张，并且针对被涉及的人进行讨论，除了作出匿名报告的人。在讨论进行过程中，道德顾问应该在保密的基础上对前期讨论的内容进行保密，除非相关人放弃保密。道德委员会应该在没有道德暗示的情况下处理任何涉及个人问题的事项。

3. 道德委员会应该得出结论，并且向所有涉及的人做出书面建议，在合适的时候也应该向非执行职员委员会、执行和非执行职员、执行董事、董事会主席和董事会提供。

4. 道德委员会应该由一名透明国际秘书处的高级管理人员（由执行董事指定）、一名非执行职员委员会的代表（由非执行职员委员会选出），和第三人（由另外两人同意），其可以由非执行职员委员会的成员也可以由透明国际秘书处的外部人员组成。按照多数选票得出结论。

5. 如果道德委员会的成员自己涉及到嫌疑违反行为准则，他自己不能进行仲裁。其代替者应该由剩余的成员共同选出，保持非执行职员委员或和执行职员的平衡。

6. 另外，道德委员会针对本行为准则，应：

——保持行为准则的效率，

——保持与道德顾问进行对话，并

——协助道德顾问进行培训。

7. 任何职员或者其它利益相关者如果认为其提及的有关本行为准则的担忧没有在透明国际秘书处被正确地处理，或者认为这一事项已经超出了透明国际秘书处道德委员会的管辖范围，其有权利将该事项提交给透明国际董事会道德委员会，透明国际道德委员会的工作范围都被陈述在透明国际道德委员会的有关条款中了。

五、修改

行为准则的修改应该与所有的利益相关者讨论，并且由透明国际董事会进行批准。

援助组织良好行为准则

‖‖

■ 介绍

援助组织的良好行为准则已经成为灾难救助和发展部门人力资源管理的公认标准。应对 20 世纪 90 年代早期被大型及其他各种非政府组织群体承认的需要，本行为准则为国际层面和国内层面的非政府组织部门努力提高自身质量、效率和问责做出了关键的贡献。

本行为准则是因为认识到职员没有得到其可能得到的管理和支持，职员也没有做到其应该做到的工作而产生。本行为准则，起初是 1997 年的最佳行为准则，是为了使所有部门得以确定职员和志愿者在管理中的缺陷而产生。使用本准则将增加非政府组织在确定职员和志愿者应怎样被支持、管理、奖励、准备、培训、激励及其它事项的执行力。本行为准则反映了职员是否进行有效项目及应对全世界数以万计人民需要的关键。

本行为准则为非政府组织评估其人力资源的质量提供全面的框架并且概括了所有的事项。行为准则中的原则被经常使用，作为专职人力资源的手册、人力资源和组织策略陈述的指导性原则。有些机构使用指示作为他们政策和实践的自我审计。许多机构承诺使用行为准则来提高本组织质量并且成为区别其与其它同样组织的验证程序。

本行为准则是一个标准，而不是一系列的标准。它为每一个机构确定了怎样最好地应对为明确政策和增强管理实践的需要。援助组织为承诺恪守本行为准则的机构提供了除了支持以外的许多服务，都是为了使组织能够持续地提高其执行力。援助组织起到了中枢机构的作用，我们所提供的广泛的资源主要包括示范政策、手册、实践指南、工厂、会议、网络状工作会议和研究。这些从我们世界范围内成员处和多个部门处得到的良好实践，为本行为准则中所涉及的人力资源领域提供了更为详细的细节。

■ 原则一 人力资源策略

人力资源是我们策略和行为计划中不可分割的部分。

我们的人力资源政策是我们组织策略的中心。我们的人力资源策略长期的并存于组织的每个部分。

指示

1. 我们的组织策略或者商业计划充分地尊重职员及他们为组织和行为目标所作出的贡献。

2. 组织策略应该为实现人力资源策略提供足够的人力和财务资源。

3. 行为计划和预算应该完全反应我们对职员管理、支持、发展和福利的责任。这些计划和策略的监督应该促进任何必要的提高。

4. 我们的人力资源策略反应了我们对促进融合多样性的承诺。

■ 原则二 职员政策和实践

我们的人力资源政策应是有效的、公正的和透明的。

我们认识到我们的政策必须使我们能够实现我们工作的效率并且提高我们职员工作生活的质量。我们不能仅仅为了应对最低的法律、职业或者捐赠者的需求。

指示

1. 有关职员雇佣的政策和行为应该是书面的，并且当由于法律或者工作环境而发生重大变化时应该被监督和审查。

2. 我们使用的政策和实践应该适用于所有的职员，但是考虑到相关法律条文和文化规则的除外。

3. 职员应该熟悉并应用到他们的政策和实践中。

4. 应该提供给管理者适当的指引，为的是使他们能够有能力并有效地实施政策。

5. 每个角色的奖励和利益都应该被明确地设置并以公正与连贯的方式得

到适用。

6. 政策和实践应该根据他们是否满足以下需要而被监督：

· 组织和行为目标

· 是否对效率、公正和透明进行了合理的考虑。

■ 原则三　管理人员

对我们职员进行良好地支持、管理和领导是实现效率的关键。

我们的职员有权利期望能使他们更好地准备工作和实现我们使命的管理。我们的管理政策、程序和培训能够使我们的管理者支持职员有效地发挥出他们的角色、发展他们的潜力和鼓励与承认好的执行力。

指示

1. 提供给管理者与实现他们职责相关的培训、支持和资源。领导者是培训的一部分。

2. 职员有明确的工作目标和执行标准，知道他们应该向谁报告和他们会得到什么管理支持。应该有审查职员执行力的机制并且应该明确地被职员知晓。

3. 在评估执行力的时候，管理者应该遵守组织的程序和价值。

4. 所有的职员应该注意抱怨和惩罚程序。

■ 原则四　协商和交流

与职员交流有可能影响到他们雇佣的事项，有利于提高我们政策和实践的质量和有效性。

我们认识到有效的发展、实施和监督人力资源政策以及实践都依赖于与为我们工作的人的协商和交流。我们的目标是面向所有的职员，不管其是领薪职员、合同工还是志愿者。

指示

1. 当我们发展或者审查影响到职员的人力资源政策时，他们应该被通知并得到充分协商。

2. 管理者和职员应该明白协商的范围及怎样参与，是个人还是集体。

■ 原则五　招募和选择

我们的政策和实践应该致力于吸引和选择具备能够满足我们所需求的能力和技能的不同劳动者。

我们的招募和选择程序应该告知候选者我们的机构。我们怎样招募和选择职员将在很大程度上影响到他们实现我们目标的效率。

指示

1. 应该具备怎样为我们组织招募职员和选择职位的书面政策和程序。

2. 招募方法应该致力于吸引大量的合适的及有资质的候选人。

3. 我们的选举程序是公正的、透明的以便能够保证选择出最适合的人选。

4. 应该恰当地保存档案，有关入选或者没有入选的回应应该告知候选者。如果需要我们应该提供反馈。

■ 原则六　学习、培训和发展

应该在整个组织内部促进职员的学习、培训和职员发展。

我们认识到帮助职员有效及职业地工作，个人及职业方面相关培训、发展和学习机会的重要性。我们的目的是在组织中植入学习文化，以使我们和职员能够共享学习共同发展。

1. 对每个角色的充分诱导和充分介绍应该给予所有的职员。

2. 组织应该具备书面的描述培训、发展和学习机会的政策。

3. 应该在计划和预算中列明培训花费。应该提供给所有的职员相关培训。

4. 管理者应该知道怎样评估职员的学习需要，以使他们能促进个人发展。培训和发展应该与外部条件相连接。

5. 我们具备的监督学习和培训的方法能够保证组织也是在学习。他们也监督在满足组织和项目目标需求及职员对公正和透明期望的学习和培训的效率。

■ 原则七　健康、安全与保障

我们职员的保障、安全和健康是我们组织首要的责任。

我们认识到救济工作和发展机构经常致力于职员对复杂性和风险的需要。我们就谨慎的职责保证我们的职员在其工作期间之前、之中和完成后的身体及心理的健康。

指示

1. 应该具备使职员获得有关保障、个人健康、护理、支持、及安全的书面政策。

2. 应该具备包括对特别国家和地区的保障、旅行健康风险书面评估的项目计划，并且应该不时地予以审查。

3. 在进行国际任务之前，所有的职员应该接受健康检查。另外他们及其伴随者应该接受口头和书面的有关其要承担角色的所有风险及应对这些风险的措施，包括保险。有关可能风险的机构义务和个人义务应该被明确地讨论。当新设备、程序或者风险被确定后，简报应该及时更新。

4. 保障计划及撤离程序应该被有规律的审查。

5. 应该保存与工作有关的伤员、病员、灾难和灾难的记录，并且被监督帮助减少对职员的未来风险。

6. 不能设置超过个人合同里的超时工作计划。在书面政策基础上的假期是义务性的。

7. 所有的职员合同和职务的最后都应该有任务报告和离职谈话。应该有健康评估、个人咨询和职业建议等服务。管理者应该具有保证提供这些服务的培训。

8. 应对紧急任务的职员，管理者应该保证提前设置以获得正确预防和其他支持的健康体检、免疫和程序。

■ **援助组织行为准则的实施**

援助组织良好实践行为准则是保证组织能够提高管理他们职员方式的国际承认的管理工具。

本行为准则可以在你的组织中为了下列目的使用：

· 监督和评估你们既存人力资源政策的实施

· 确定需要改进的地方

· 向关键的利益关系人宣称你们的职员是实现你们使命的关键

援助组织行为准则的实施建立在社会审计程序的基础上。正式承诺遵守行为准则的机构，被援助组织认定为承诺遵守援助组织行为准则。自我实施通过独立地保证程序，使成功的机构成为援助组织行为准则被核准为遵守者的标准。

　　为实施该行为准则，所有的机构都可以得到来自援助组织的全面支持。

　　实施程序是一个持续的过程，具备四个关键的阶段：

　　承诺限定实施程序的范围、计划审查组织实践、保证高级管理承诺、保证为实施程序提供足够的资源。

　　利益相关者应该参与包括审查组织行为、与利益相关者就决定关键问题进行协商、审查所得和产生行为计划。本行为准则的原则和指示为对话、审查和分析提供了框架，并且为提高设置了目标。

　　为组织怎样实施该行为准则和活动计划设置准备全面报告的义务，是独立外部审计的基础，并且被援助组织批准。

　　当组织实施其行为计划、监督实现目标的成就和根据审计程序继续进行社会审计的时候坚持持续性增长。

后　记

‖‖‖

　　正如我的博士生导师何志鹏教授所言：写作的灵感是在写作的过程中获得的。对非政府组织的行为准则感兴趣是在准备我的博士论文过程中产生的，由于我的博士论文的选题是与国际非政府组织有关，所以在查阅大量的资料过程中，发现除了主权国家、国际政府组织对国际非政府组织进行约束之外，还存在着大量的行为准则也担当起了约束规制国际非政府组织的重要作用，对国际非政府组织的合法性与问责性的提升都起到了非常重要的作用。所以我就付出了一部分精力对非政府组织的这种自我约束方式进行了研究，已经形成论文《国际非政府组织的自我约束方式：评述与思考》，刊载于《聊城大学学报》2013 年第 6 期，并且作为了我的专著，收录于法律出版社于 2013 年12 月出版的《国际非政府组织国际法规制研究》中，再者就是这本《非政府组织行为准则译汇》，也已出版。

　　虽然我国正在探讨对慈善法的立法，但是我国还是相当缺乏有关非政府组织的法规，所以对国外已形成一定体系有关非政府组织的法律、法规进行借鉴则是我国在现时期必须要做的事情。实际上，我们国家的相关学者早已经开始了对国外非政府组织的相关法规进行翻译并出版，从而将其介绍到国内来。如李本公主编：《国外非政府组织法规汇编》中国社会出版社 2003 年版、金锦萍、葛云松：《外国非营利组织法译汇》北京大学出版社 2006 年版、金锦萍：《外国非营利组织法译汇》（二）中国社科文献出版社 2010 年版及杨道波、刘海江等：《外国慈善法译汇》中国政法大学出版社 2011 年版等。本译汇与上述译作最大的区别是对非政府组织的主动自我约束方式进行了介绍，

　　而不是如上述译作是从国家立法方面被动接受约束，这在中国将是首次对非政府组织的自我约束方式进行翻译、整理进而出版。当然，本译汇出版的主要目的不仅仅是介绍国外的先进经验，而是译者想以此作为一个研究的开始。由于译者是在撰写博士论文的过程中翻译此书的，所以认为自己是"不务正业"，必将有急促的心理作怪，再加上自己的年轻，缺乏相关翻译经验，所以必将会出现一些错误。希望读者念及译者的各种苦心，不要耻笑，而真正使本书起到抛砖引玉的作用。

　　这本译汇的出版，绝不是译者的个人努力能够达成的，在此过程中获得了诸多的帮助，特别值得在此表示感谢！

　　首先，感谢聊城大学法学院的领导，本译汇完稿后，怀着惴惴的心情去请示张兴堂院长和杨道波副院长，希望得到资助，没有想到两位院长在审查之后认为与学院的"十二五"重点学科建设项目"慈善法研究"的内容完全相符，所以很痛快地予以了资助，其中杨道波教授应译者之邀慷慨为本书作序。如不然，凭借译者目前作为一名在读博士的经济实力，此书的面世将遥遥无期。在此，我表示衷心的感谢！

　　其次，感谢中国政法大学出版社的丁春晖编辑，其在本书的出版过程中给予了极大的帮助，不厌其烦的与译者进行沟通与解释，并对文稿进行详细周密的校对审核。没有丁编辑的辛勤付出，也没有该书高质量的出版。

　　最后，在本书的翻译过程中，我的家人对我提供了完全的支持和照顾！有些行为准则的原文在国内由于各种原因很难查到，感谢内弟赵培超博士在英国给予的大力帮助！

　　感谢你们！我会继续努力的！

刘海江
2014 年元旦于聊大花园东苑